달라이 라마, 깨달음을 말하다

뛰어난 스승이자,

뉴저지주 워싱턴의 불교 사원

Buddhist Monastery of America의 창건주이신

박시 게쉐 왕겔 스님을 추모하며

| **일러두기**

• 이 책에 나오는 표기법은 국립국어원의 맞춤법 규정에 기초합니다. 다만 티베트 인
  명이나 지명, 불교 용어 등은 옮긴이가 추천한 방식을 따랐습니다.

• 본문에 인용된 3대 달라이 라마의 《황금 정련의 요체》는 게시 하람빠 소남 갈첸 스
  님의 번역을 바탕으로 티베트 원문과 편역자 글렌 멀린의 번역을 참고하여 수정을
  최소화하였습니다.

• 본문에 등장하는 용어나 내용 중 어렵거나 생소한 것은 독자의 이해를 돕기 위해 역
  자 주와 괄호, 한자를 붙여 부연하였습니다.

REFINING
GOLD

STAGES IN BUDDHIST CONTEMPLATIVE PRACTICE

달라이 라마, 깨달음을 말하다

불교 사상과 수행의 단계를 집대성한 《황금 정련의 요체》

달라이 라마 가르침 | 글렌 멀린 편역 | 이종복·게시 하람빠 소남 갤첸 옮김

담앤북스

용진 티장 린뽀체

삼계^{三界}에 으뜸이신 3대 달라이 라마, 소남 갸초 존자께서는 알탄 칸의 초대로 몽골에 다녀오신 적이 있다. 전반적인 불법을 몽골에 널리 알리고, 특별히 제2의 붓다로 여겨지는 쫑카빠대사의 가르침을 펴기 위해 노력한 그의 뛰어난 업적은 몽골에 영원히 남을 것이다.

3대 달라이 라마 존자의 주요 저작 가운데 하나인 《황금 정련의 요체》는 쫑카빠대사의 《보리도차제론》의 정수를 뽑아 놓은 책이다. 이 책은 붓다의 모든 가르침의 뜻을 적은 분량으로 요약해 쉽게 실천에 옮길 수 있도록 되어 있다.

몇 년 전 불법의 모든 가르침을 통달한 14대 달라이 라마 존자께서 3대 달라이 라마 존자의 《황금 정련의 요체》를 복 있는 여러 수행자에게 가르치신 적이 있다. 이 책은 3대 달라이 라마의 원문과 14대 달라이 라마의 가르침을 바탕으로 글렌 멀린이

번역하고 집성한 것이다. 이 책이 불법이라는 깨달음의 길을
걷고자 하는 수행자들에게 영속적인 이익을 줄 수 있기를 기원
한다.

용진 티장 린뽀체

제14대 달라이 라마의 유년기 스승

티베트력 1981년(철-새의 해) 4월 15일에

로버트 서먼

3대 달라이 라마, 소남 갸초 존자의《황금 정련의 요체》를 14대
달라이 라마 존자께서 주석하신 책에 머리말을 쓰게 되어 기쁘
고 영광스럽다. 특히 감격스러운 것은 글렌 멀린이 고^故 게쉐 왕
겔 스님께 이 책을 헌정한 것이다. 이 분은 달라이 라마 존자를
도와 미국에 불법을 알리는 데 진력을 다한 나의 첫 스승님이시
다. 미국에 불법을 펴는 것은 3대 달라이 라마께서 몽골에 불법
을 펴신 것과 여러 면에서 유사하다.

티베트의 달라이 라마 존자들은 우리 지구 역사의 놀라운 일
중 하나이며 이들의 공헌은 여전히 지속되고 있다. 달라이 라마
존자들은 티베트의 정치적·종교적 지도자이자 폭력의 역사 속
에서 우리 감정의 황야를 '다스리고' 지적 혼란을 깨우쳐 주는
관세음보살의 화현이다.

거친 몽골에서 불법을 펴신 소남 갸초 존자의 고귀한 행들은

깨달음과 깨달음에 수반하는 무집착, 사랑 그리고 지혜가 자아주의, 탐욕, 폭력을 타파할 수 있다는 것을 극명하게 보여 주었다. 티베트 문헌의 뛰어난 번역가인 글렌 멀린이 세심하게 고른 용어에는 현 14대 달라이 라마에 대한 신심과 불법을 깨닫겠다는 굳건한 결의가 잘 드러난다. 이는 언어를 배우는 것은 단지 번역의 첫발에 지나지 않는다는 것을 증명한다. 이 첫걸음은 원문의 진의를 고스란히 드러내겠다는 굳건한 서약, 자신이 속한 문화에서 형성된 에고를 가라앉히고 원문헌의 문화를 고스란히 드러내겠다는 헌신, 원어 원문의 생명과 본연의 모습을 다시 이루어 내겠다는 한결같은 자기 단련으로 이어져야 한다.

불교 문명을 티베트어로 소개한 위대한 역경사들은 절대 그들 개인의 영달과 이익을 돌보지 않았다. 그럼에도 그분들은 '세계의 눈♦'으로서 동시대 사람들에게 국가의 경계를 넘어 세계의 지혜와 아름다움을 보여 주는 나라의 보물로 존경받았다. 훌륭한 번역으로 우리에게 모든 달라이 라마 존자들의 내적인 삶과 외적인 행을 드러내 전해 준 글렌 멀린 또한 이 고래古來의 모임

♦ 티베트어 lotsāwa, 산스크리트어 lokacakṣur로, 티베트의 존경받는 역경사들을 일컫는 칭호.

에 들어갔다고 할 수 있다. 모든 독자가 평화의 왕자인 글렌 멀
린의 번역서를 즐거이 읽고 번뇌와 어리석음에 대한 온건한 승
리에서 영감을 받으시기를 바란다. 그리고 달라이 라마 존자께
서 행하는 현시대의 전 지구적 행적이 그분의 자서전에 끊임없
이 새롭게 기록되기를 기원한다.

로버트 서먼

(현 컬럼비아 대학교 명예 교수)

1985년 3월 14일

매사추세츠주, 앰허스트 대학에서

편역자 서문

3대 달라이 라마 소남 갸초 존자께서는 마법과 같은 신비로운
일들은 떼어 두고 오직 불법 수행의 근간, 즉 마음을 계발할 수
있는 간단한 일상 수행 방법만을 가르치셨다. 이는 그 가르침을
들으러 온 이들에게 심오한 영향을 끼쳤다. 어느 곳에 가시든 그
의 족적을 따라 사원과 수행처가 일어났으며, 머문 곳의 문명을
새롭게 일으키셨다. 존자의 업적에 힘입어 오직 충돌과 전쟁밖
에 모르던 칠흑 같던 땅에 붓다의 온유한 가르침이 햇살처럼 뻗
어 나갔다.

　3대 달라이 라마 존자께서는 가르침을 펴는 데 전력을 다하
시느라 많은 저작을 남길 수 없었다. 그럼에도 불구하고 그가 남
긴 수십 권의 저서 가운데 가장 유명한《황금 정련의 요체》가 이
책에 담겨 있다. 나는 이 책이 3대 달라이 라마 존자가 가진 저
자와 스승으로서의 명료함과 간결함이라는 면모를 잘 드러내

주기를 바란다. 나는 이 책의 마지막에 체촉링 예쉐 겔첸의《제 3대 달라이 라마 전기》를 부록으로 실어 아시아의 정신적·문화적 발전에 크게 이바지한 수행자이자, 가장 높은 스승이신 이 3대 달라이 라마 존자의 수행과 행적을 독자들이 대략적으로나마 알 수 있도록 했다.

3대 달라이 라마 존자의 저작들은 대체로 내용과 형식이 간략하다. 이는 중앙아시아 사람들이 수행서들을 쉽게 접하게 하는 데 알맞았다. 중앙아시아 사람들은 책을 거의 읽지 않던 데다가, 규모가 큰 대중 법회 또는 작은 사적 모임에서 전통을 계승하는 스승들의 낭독을 듣는 것을 선호했다.* 스승이 낭독으로 전승하는 책의 전통은 반드시 원저자가 살아 있을 때부터 세대를 거쳐 끊이지 않고 구전口傳되는 것이어야만 했다. 낭독은 보통 그 문헌에 대한 해설(주석註釋), 일화 그리고 그 문헌을 낭독하는 스승의 견해를 더해 그 책에 생명을 불어넣고 그 문헌의 중요성을 특정 청중이 원하는 바에 맞추어 설명하는 작업을 포함하는 것이었다. 고래古來의 출처가 불분명한 문헌들은 우리 시대에 맞

◆ 역자 주: 낭독을 통한 가르침의 전승을 '룽lung'이라고 한다. 역자를 가르쳤던 조낭빠의 라마는 룽이 없는 텍스트는 출처가 불분명한 것이라고 말씀하시기도 했다.

도록 약간의 변형을 거쳐 소개되었다. 나는 1972년부터 1984년까지 12년간 인도에 살면서 현 14대 달라이 라마 존자와 그의 두 주요 스승이 낭독 전승하는 많은 대중 법회에 참석하는 기쁨을 누렸다. 몇몇은 나가르주나(Nāgārjuna, 용수龍樹)의 예닐곱 가지 문헌을 포함한 고대 인도의 문헌에, 어느 때는 보다 근세의 티베트 문헌에 중점을 둔 낭독이었다. 존자께서는 매번 고전 문헌을 낭독 전승과 주석을 연결해서 하루에 다섯 시간에서 여섯 시간씩, 한 주에서 한 달까지 가르치셨다. 마치 고전 문헌이라는 우유를 휘저어 현대적 이해라는 신선한 버터를 만들어 내는 것 같았다.

나는 1976년에 처음으로 달라이 라마 존자께 3대 달라이 라마의 《황금 정련의 요체》를 전승받았다. 그때 존자께서는 인도 다람살라의 남겔 사원에서 낭독하셨다. 수백 명의 라마와 학자, 수행의 성취를 이룬 수십 명의 수행자 그리고 수천 명의 재가자가 그 가르침을 들었다. 존자께서는 다양한 배경을 가진 청중의 이해를 돕기 위해, 때로는 심오하게 때로는 간단하게 가르침을 베푸셨는데 법회에 참석한 모든 대중이 마술을 보는 듯한 신기함과 경외감을 가지게 되었다.

어느 정도 공부를 한 서구인 대부분은 이제 달라이 라마의 전통과 이 전통이 무엇을 의미하는지 잘 알고 있다. 또한 많은 사람이 14대 달라이 라마 삶의 중심적인 사건을 자세히 알고 있다. 세계적으로 많은 독자들이 존자의 자서전《유배된 자유를 넘어서Freedom in Exile》◆를 읽었으며, 개개인과 세계의 평화를 향해 나아가고자 하는 존자의 핵심 메시지는《달라이 라마: 자애의 정치학The Dalai Lama: A Policy of Kindness》과 같은 수많은 책으로 전해지고 있다. 그리고 1989년 노벨 평화상을 받았을 때, 존자께서는 극적으로 국제 무대의 중심에 올라서게 되었다.

　이 훌륭하신 분께 관심이 급증하는 것뿐만 아니라 전 세계 사람들이 이분의 메시지에 점점 더 귀를 기울이는 것을 관망하는 것은 개인적으로 참 즐거운 일이다. 존자께서는 수행자로서 동양의 불교 사회를 가르치는 데 대부분의 시간을 할애하지만, 또 그만큼의 시간을 세계 종교 지도자와 정치 지도자들을 만나고, 대학교에서 강연하며 종교 간 대화를 이끄는 등의 활동에 쓰고 계신다. 이러한 여행을 하는 중에도 존자께서는 서구인들을 불교도로 '개종'시키려는 어떠한 시도도 하지 않으신다. 오히려 여

◆　역자 주: 한국에서는 2003년 고 심재룡 교수의 번역으로《달라이 라마 자서전: 유배된 자유를 넘어서》(정신세계사)라는 제목으로 소개되었으나, 현재 절판되었다.

러 종교가 공통적으로 강조하는 사랑, 연민, 지혜 등을 추구할 마음을 품도록 진력하신다. 언젠가 존자께서 "나의 종교는 자애와 연민이다. 이것이 모든 살아 있는 존재가 필요로 하는 자질이기 때문이다. 어떠한 종교 전통을 따르는지에 관계없이, 자애와 연민은 모두에게 고귀한 것이다."라고 말씀하신 것처럼.

내가 다람살라에 머무는 동안 가톨릭 신부님들이 예닐곱 번에 걸쳐 존자를 찾아와 불교의 계를 받고 싶다고 한 적이 있었다. 존자께서는 그 요청을 거절하시고 당신은 좋은 신부님이 되는 것으로 충분하며, 만일 불교에 관심이 있다면 불교의 어떤 교리가 그들에게 도움이 될 것인지 공부해 보고, 그 교리를 기존의 가톨릭 수행을 보조하는 역할로 통합 수행하라고 말씀하셨다. 내가 강연 여행을 떠나기 전에 존자를 찾아뵈었을 때, 존자께서는 "기억하세요. 우리의 목적은 불교 신도를 늘리는 것이 아니라 더 많은 깨달은 자를 만드는 것입니다. 불교를 가르치며 그 사람들에게 불교 신도가 되라고 하지 마세요. 그분들이 자애와 연민, 이 세상을 사는 이들이 가져야 할 보편적인 책임 그리고 지혜를 그들 안에서 닦도록 장려하세요. 만일 아주 강한 업의 끈이 닿은 특별한 사람들이 정식으로 불교도가 되기를 원한다면, 그것은 받아들일 수 있습니다. 그러나 대체적으로는 어떠한 종교 전통에도 치우치지 않은 내적인 정신적 가치를 계발하는 데 중점을 두어야 합니다."라고 말씀하셨다.

내 인생에 있어 가장 소중한 시간이 언제인지 묻는다면 나는 서슴없이 다람살라에 머물렀던 12년이라고 말할 것이다. 나는 그곳에 머무는 동안 존자께서 인도 곳곳에 해마다 행하신 여러 가르침과 밀교 관정식에 참석하고, 수십 번에 걸쳐 존자와 사적으로 만나는 영광과 기쁨을 누릴 수 있었다. 나는 개인적 능력과 겸손함, 열정, 천진난만함 그리고 재치가 유쾌하게 조합된 존자의 모습에 늘 놀라움을 금치 못했다.

가장 기억에 남는 대중 법회 가운데 하나는 델리 대학에서의 오전 강연이었다. 존자께서는 델리를 통해 유럽으로 가시는 길이었는데, 강연 후 인도 대통령과 점심 약속이 있었다. 강연을 마친 뒤 질문을 받았는데, 존자의 답변이 대중을 아주 신나게 만들었다. 그러다 뒤편에 서 있던 한 학생이 던진 터무니없는 질문에 청중들이 낄낄거렸다. 존자의 수행원이 벌떡 일어서 이제 존자께서 점심 일정을 위해 떠나실 시간이며, 덧붙여 대통령을 기다리게 할 수 없다고까지 말했다. 그런데 존자께서는 의자에 꿈쩍없이 앉아 이렇게 말씀하셨다. "우선 이 질문에 대답을 해야겠네요." 수행원 한 명이 다시 존자께 대통령의 성함을 알려 주며

가실 시간이라고 상기시켜 주었다. 존자께서는 조용히 앉아 아주 나지막한 목소리로 이렇게 말씀하셨다. "문제는 말이죠, 만일 내가 한 나라의 대통령과 대학교 신입생을 차별해야 한다면 나는 더 이상 나 자신을 달라이 라마라고 부를 수 없다는 것이죠." 그러고는 매우 진중하고 심오하게 그 질문에 대답하셨다. 존자의 답변은 너무나 심오해서, 어느 누구도 그 학생의 어리석은 질문에 그 정도의 깊이 있는 답변을 하리라고는 예상하지 못했을 정도였다. 그럼에도 존자께서는 당신에게서 나온 아름다운 말씀을 그 학생의 공功으로 돌리고 기립 박수를 받으셨다.

1959년 중국 공산당의 티베트 침공으로 달라이 라마께서는 난민의 신분으로 인도에 피신하셔야 했다. 이에 보태어 존자의 오랜 망명 생활까지 고려했을 때, 평범한 사람이라면 이미 무너졌을 테지만 존자께서는 이러한 고난들을 견뎌 내면서 쉼 없이 앞으로 나아가셨다. 존자께서는 종종 대승 계율의 한 대목인 "자신을 해하는 이를 나에게 힘과 용기를 가르치기 위해 현현하신 스승으로 여겨라."를 인용하신다. 존자께서 이 가르침을 당신의 삶 속에서 실천해 왔고, 그 수행의 결과를 거둬 오셨다는 것은 매우 확실한 사실이다.

아마도 달라이 라마의 가장 큰 매력은 존자께 다가온 모든 이들이 지구상에서 가장 사랑받고 존경받는 사람처럼 느끼게 해 주시는 것이 아닐까 싶다. 1973년 보드가야에서 열린 깔라차 끄라(시륜時輪) 딴뜨라 관정식이 끝난 뒤, 나는 천오백여 명의 대중과 함께 존자의 축복을 받기 위해 줄을 서 있었다. 뜨거운 햇살 아래 줄 서서 기다린 지 사흘 만에 나는 겨우 존자 앞에 있는 사원까지 나아갈 수 있었다. 나는 이렇게 고생하셨으니 존자께서 피곤하거나 아니면 지겨워하고 계실 것으로 생각했다. 하지만 존자께서는 마치 아주 오랜 여행 끝에 돌아온 친구를 만난 듯 내 턱수염을 살짝 잡아당기더니 웃으며 내 귀에 티베트 말로 속삭이셨다. "최끼독뽀닝뽀 따쉬델레." 이 말은 "오랜 법우法友여, 반갑습니다."라는 뜻이다.

달라이 라마께서는 종종 자신을 "나는 전혀 특별한 사람이 아니다. 그저 한 사람의 승려일 뿐이다."라고 말씀하신다. 그리고 실제로 그렇게 살고 계신다. 이는 당신의 소박함은 사람들의 가슴을 어루만지며 단지 인간으로서 가질 수 있는 본연의 선함과 기쁨에 대한 깊은 희망을 일으킨다.

나는 내가 보기에 존자께서 가장 소중하다고 여기시는 그 겸손함을 본연의 기쁨과 선함과 함께 담아 보고자 시도해 왔다.

《황금 정련의 요체》는 '람림' 또는 '수행의 점차적 단계(차제
次第)'이다. 이 용어는 수행법의 전통 계승을 가리키며 또한 이 방
법을 상세히 설명하는 것을 목적으로 하는 문헌의 장르이기도
하다. 람림의 문자 그대로의 뜻은 '수행의 단계들'이다.◆ 이 전통
은 1042년 아띠샤 디빵까라 슈리즈냐냐(Atiśa Dīpaṃkara Śrījñāna,
982-1054)가 인도에서 전해 온 것이다.◆◆ 이 장르의 원형은 아
띠샤의 《보리도등론菩提道燈論(bodhipathapradīpa)》으로 아띠샤가 티
베트에 온 수년 뒤에 쓴 책이다. 이 책은 단박에 인기를 얻었으
며, 수 세기에 걸쳐 이 책의 중심 주제에 대한 티베트인들의 수
백 편의 주석서 혹은 람림 문헌이 쓰였다.

아띠샤의 람림 전통은 사실상 다양한 인도 불교 전통을 담아
체계화한 것이다. 그러나 이 책의 두 가지 중심 요소 가운데 '지
혜의 가르침'은 붓다로부터 문수보살로, 나가르주나로 계승된
것이며 '방편·에너지의 가르침'은 붓다로부터 미륵보살로, 아상

◆ 역자 주: 도차제道次第라고 부르기도 한다.
◆◆ 이 책과 자주自註는 티베트의 삼장三藏 가운데 논장論藏인 뗑귤에 속하는 문헌이다. 예
닐곱 개의 영어 번역이 현존한다.《Atisha and Tibet》(A. Chattopadhyaya와 Lama Chinpa,
Calcutta: Indian Studies Publishers, 1967)를 참고하라. 최근 아띠샤의 보리도등론 자주自註
는《A Lamp for the Path and Commentary》(Richard Sherburne, London: Allen & Unwin,
1983)를 참고하라.

가로 전해진 것이다.♦ 이 두 전통은 세대를 거쳐 끊이지 않고 계승되어 11세기 아띠샤께서 통합한 것이다. 아띠샤께서는 지혜의 가르침을 인도의 비드야꼬낄라(Vidyākokila, rigs pa'i khu byug) 형제 가운데 동생인 아와두띠빠(Avadhutipa)에게서 전수받았다. 방편의 가르침을 전수받기 위해 그는 인도네시아로 가야만 했다. 이 전통은 다르마끼르띠♦♦라는 법명의 인도네시아 스승에게 전해져 온 것이며, 그가 본국으로 돌아가자 그 전통도 그쪽으로 옮겨간 것이었다. 아띠샤는 이 전통에 대해서, 그리고 어떻게 해서 인도에서 이 전통이 사라지게 되었는지를 익히 들어 왔기에 뱃길을 따라 오랜 여정에 올랐다. 열세 달 후에 그는 인도네시아 또는 수와마드위빠^{Suvadvipa}, '황금 섬의 제도^{諸島}♦♦♦'에 이르렀다. 그곳에서 아띠샤는 위대한 스승 다르마끼르띠의 제자가 되어 그의 지도에 따라 아띠샤가 성취하고자 하는 가르침을 완

♦　인도 스승들의 생몰연대는 전해지는 자료의 부족으로 정확하게 가늠하기 힘들다. 일반적으로 나가르주나는 1-2세기, 아상가는 3-4세기 경의 인물로 추정한다.
　　역자 주: 나가르주나의 활동 연대는 2세기이다.
♦♦　인도 경량부의 다르마끼르띠와 동명이인이다.
♦♦♦　이 제도는 현재의 인도네시아이다. 대부분의 학자들은 아띠샤가 수마트라 어딘가에서 공부했다는 것에 동의하고 있다. 그러나 티베트 전통에 의하면 자바섬의 보로부드르 근처라고 전해진다. 편역자는 이 설이 더 맞지 않을까 추측한다.

성할 때까지 12년간을 수행하고 나서야 인도로 돌아왔다.

아띠샤는 오십 명 이상의 스승에게서 배웠다고 전해진다. 그는 특히 다르마끼르띠에게 깊은 은혜를 입었다고 생각했다. 아띠샤는 이 스승에게서 전수받은 전통을 티베트에 뿌리내리고자 하는 열정을 보였다.◆

아띠샤가 티베트에 오게 된 데에는 매우 가슴 아픈 사연이 있다.◆◆ 예쉐외 왕은 수년에 걸쳐 아띠샤를 모셔 와 히말라야에 있던 그의 왕국에 가르침을 펴려고 했다. 그렇지만 아띠샤의 중요성 때문에 인도 불교 사원의 승원장들은 허락하지 않았었다. 그러던 어느 날의 사건이 그들의 마음을 바꾸었다. 티베트 남서쪽 구게왕국의 예쉐외 왕이 튀르크 몽골인인 콸룩(Qarlug) 지방의 왕에게 포로로 잡혀 몸값을 치러야 풀려나는 처지가 된 것이다. 몸값은 왕의 몸무게에 버금가는 금이었다. 스님인 왕의 조카, 장춥외가 가까스로 금을 모아 가져갔지만 몇 킬로그램이 모자랐

◆ 역자 주: 여기서 아띠샤의 계맥인 설출세부說出世部(Lokottaravāda, `jig rten`das pa smra ba)의 계율을 티베트에 전하고자 했으나 이 당시 티베트의 스님들은 11세기에 중앙티베트에 다시 전수된 기존의 설일체유부(mūlasarvāstivāda, chos thams cad yod par smra ba)의 계율을 따르고 있었기 때문에 아띠샤는 설출세부의 계율을 전할 수 없었다.

◆◆ 《Atisha and Tibet》를 참고하라.

다.♦ 그러나 예쉐외 왕은 그 금을 다른 곳에 사용할 생각을 하고 있었다. 그는 조카에게 그 금을 인도의 사원에 공양 올려 아띠샤를 티베트로 모셔 올 수 있도록 허락해 줄 것을 부탁하고, 더불어 그 금이 자신의 목숨과 맞바꾼 것임을 전하라고 했다. 결국 예쉐외 왕은 콸룩 몽골인의 손에 죽고, 대신 그의 몸값인 금이 인도로 보내졌다. 이에 인도의 승원장들은 아띠샤가 티베트에 삼 년 동안 가는 것을 허락했다. 삼 년이 육 년이 되고, 마침내 십삼 년 뒤 입적할 때까지 아띠샤는 티베트에 남아 있었다.

아띠샤는 티베트에서 수백 명의 제자를 가르쳤고, 가장 특출난 제자는 라마 돔뙨빠였다. 그는 종종 달라이 라마들의 전신으로 여겨지기도 한다. 돔뙨빠는 아띠샤께서 이 책의 주제인《황금 정련의 요체》가 속한 람림(수행의 단계)을 포함한 대부분의 계승을 맡긴 사람이다. 돔뙨빠는 전승된 가르침을 세 가지 전통으로 나누었으며, 이 세 전통은 삼백 년 동안 다시 합쳐지지 않다가 14세기 1대 달라이 라마 겐뒨둡(dge 'dun grub, 1391-1474)♦♦의 근본 스승, 고귀한 라마 쫑카빠(tsong kha pa blo bzang grags pa, 1357-1419)께서 각각 전승된 전통을 한곳으로 모은 뒤로 완전한 가르

—

♦   역자 주: 전해지는 이야기로는 머리 무게만큼의 금이 모자랐다고 한다.

침의 전통이 완벽하게 계승되고 있다.

티베트 종교사를 논하고 종파를 구분하는 방법에는 여러 의견이 있다. 그중 대부분이 동의하는 것은 인도의 경율론^{經律論} 삼장^{三藏}이 티베트로 건너온 시기를 따라 구분하는 방법이다. 11세기 이전[인도 불교의 전기전래^{前期傳來}(ca. 600-850 C.E.)와 파편의 시대(ca. 850-950 C.E.)]에 형성되었으며 8세기 스승 빠드마삼바바(Padmasaṃbhāva, 연화생^{蓮花生})의 번역 용어를 따르는 종파를 일반적으로 닝마빠 혹은 구파^{舊派}라고 한다.◆◆◆ 티베트 불교사 초기에는 많은 부파^{部派}가 이 종파에 속했지만, 오늘날 이러한 의미는 어느 정도 희석되어, 일반적으로 한 종파로 보고 있다.

11세기 중반 티베트는 일종의 르네상스, 즉 불교의 중흥기를 맞게 된다. 그리고 인도에서 온 문헌을 다시 점검하고자 하는 움직임이 일어났다. 이 시기에 번역 용어들이 개정되고 정립되었

◆◆ 역자 주: 본서의 중심 주제인 《황금 정련의 요체》를 저술한 3대 달라이 라마 소남 갸초는 겐뒨둡의 세 번째 환생이며, 소남 갸초의 전신은 2대 달라이 라마인 겐뒨 갸초(dge 'dun rgya mtsho, 1476-1542)이다. 3대 달라이 라마는 '달라이 라마'라는 칭호를 알탄 칸으로부터 받았다. 겐뒨둡을 1대 달라이 라마로 칭하는 것은 제3대 달라이 라마의 전생과 후생 모두를 달라이 라마라고 부르기 때문이다.

◆◆◆ 역자 주: 역자는 빠드마삼바바가 번역에 참가하거나 번역 용례를 만들었다는 역사적 증거를 찾지 못했다. 8세기의 번역 용어는 《번역명의대집^{飜譯名義大集}, Mahāvyutpatti》으로 정립된 번역 용어를 사용한다.

다. 이 당시 형성된 새로운 종파를 신파新派라고 하며 새롭게 일어난 종파는 까규빠, 사꺄빠 그리고 까담빠이다. 특히 까담빠는 아띠샤의 업적을 기반으로 일어난 종파다.

이들 각각의 티베트 불교 종파는 특정한 인도 스승에게 직접적인 뿌리를 두고 있다. 닝마빠는 빠드마삼바바, 까규빠는 나로빠, 사꺄빠는 위루빠 그리고 까담빠는 아띠샤를 각각 그 종파의 근본으로 삼는다. 이 전통들의 교학을 종합적으로 얽어 내는 일은 또다시 삼백 년이 지난 뒤, 쫑카빠대사께서 마흔다섯 명의 스승들께 배우고 주요 종파의 교리를 집대성하여 가르쳤을 때 비로소 완성되었다. 1400년대 초, 쫑카빠대사께서는 간덴 사원을 건립하고 당신께서 원융한 네 종파의 사상에 근거한 전통을 보전하셨다.

기존의 여러 티베트 전통들을 원융圓融하면서, 쫑카빠대사는 이 모든 사상을 아우르는 공통분모를 찾을 필요가 있었다. 쫑카빠대사는 그 열쇠를 아띠샤의 람림 전통에서 찾았다. 람림은 다른 모든 티베트 종파에 이미 깊이 스며들어 있었기 때문이다. 아띠샤의 람림 전통은 밀라레빠의 수제자 감뽀빠(sgam po pa bsod nams rin chen, 1079 - 1153)가 《해탈장엄론解脫莊嚴論》*을 지었을 때 까규빠의 기반이 되었으며** 사꺄빠에 대한 영향은 매우 깊어서 잠양 켄쩨 린뽀체께서는 사꺄빠가 까담빠의 전통에 토대를 두고 있다고 말씀하신다.♦♦♦ 더 나아가 닝마빠의 업적을 체계화한 롱첸 랍잠빠(klong chen rab 'byams pa dri med 'od zer, 1308-1363)는 까담빠의 람림 전통이 옛 닝마빠의 전통을 입고 있다며 그 시대 닝마빠에 대한 까담빠의 지대한 영향을 언급했다.

까담빠 람림 전통의 중요성을 강조하기 위해 쫑카빠대사께서는 람림 전통에 대한 저작을 남기고자 람림 체, 딩, 충 또는 《보리도차제론菩提道次第論》의 대론大論, 중론中論, 소론小論을 지으셨다. 이 세 저작 가운데 첫 번째 대론은 수천 장에 걸쳐 아주 상세하게 설명하는 것이었고, 두 번째 중론은 대론의 반 정도 분량으로 덜 형식적인 방법으로 람림을 지도한다. 그리고 세 번째 소론은 쫑카빠대사의 수행 경험을 토대로 한 아주 간략한 저술이다. 이 세 번째 문헌은 《람림남굴lam rim nyams mgur》 또는 《보리도차제섭송》이라고 한다.

♦   dam chos yid bzhin nor bu rin po che'i rgyan 또는 dwags po thar rgyan.
♦♦ 티베트어로는 lam rim thar rgyan. 《The Jewel Ornament of Liberation》(Guenther, Herbert V., London: Rider and Co., 1959) 참조.
♦♦♦ Alexander Berzin과 쉐르빠 툴쿠가 번역한 잠양 켄쩨 린뽀체의 《진정한 다르마의 문을 개방함(The Opening of the True Dharma)》을 참조할 것.

람림의 수행법에 대한 티베트 논서는 수백 편에 이른다. 티베트 스승들은 이들 가운데 여덟 권의 저서를 특히 주목할 만한 것으로 여긴다. 이 논서들은《람림첸뽀게lam rim chen po brgyad》또는 《람림의 팔대 주석서》라고 하는데, 이 가운데 첫 세 권은 앞서 말한 쫑카빠대사의 논서 세 권이다. 그다음으로는 3대 달라이 라마의《황금 정련의 요체》이다. 다섯 번째는 1대 빤첸 라마의 《람림의 안락의 길》*이고, 여섯 번째는 5대 달라이 라마의《문수보살의 가르침》**이다. 일곱 번째는 2대 빤첸 라마의《지름길로의 안내》***이고, 마지막 여덟 번째는 닥뽀 나왕닥빠의《람림의 핵심 단계》****이다. 여기에 나열한 목록은 중요도나 분량에 따른 것이 아니라 저술 연대순이다.

우리의 목표에 맞는 두 개의 중요한 람림 저술은 쫑카빠대사의《람림 수행의 노래》와 3대 달라이 라마의《황금 정련의 요체》이다. 후자는 전자의 '문자-주석註釋(tshig `grel)'이며 많은 부분을 인용하고 있다. 따라서 3대 달라이 라마의 저서인《황금 정

◆　　　bde lam lam rim.

◆◆　　`jam dbyangs zhal lung.

◆◆◆　　myur lam lam rim.

◆◆◆◆　　lam rim snying gu.

련의 요체》는 쫑카빠대사의 철학적이고 오묘한 람림 게송에 대한 주석서이다. 이 책은 스물세 장에 지나지 않는 짧은 주석서임에도, 많은 람림 서적들 가운데 수 세기에 걸쳐 대중들이 가장 좋아하는 서적으로 자리매김하고 있다. 뒤에 현 14대 달라이 라마께서 《황금 정련의 요체》를 설명하며 말씀하시듯, 이 책은 인도 불교 전통의 가장 중심적인 교리와 핵심 수행법을 스승과의 관계를 돈독하게 만드는 첫걸음부터 깨달음의 최종 경험인 환영의 몸(환신幻身), 청명한 빛의 마음을 수행하는 무상 요가 딴뜨라까지 총망라한다.

나는 1978년 인도의 뚜시따 출판사에서 출간한 선대 달라이 라마 존자들의 저작을 담은 얇은 책에 이 《황금 정련의 요체》 영어 번역본을 넣었다. 신기하게도, 그다음 해 존자께서 이번에 환생한 몸으로는 처음으로 몽골을 방문하셨을 때, 금으로 사경한 티베트어본 《황금 정련의 요체》 여러 권을 몽골 사람들에게 선물로 나누어 주셨다. 3대 달라이 라마께서 4세기 전에 이 책을 몽골에서 두루 가르치셨기 때문이다. 후에 나는 존자께서 내 번역본 30권을 준비하여 티베트어를 읽지 못하는 몽골과 러시아 관리들에게 나누어 주셨다는 사실을 알게 되었다.

이 직역에 가까운 《황금 정련의 요체》는 몇 가지 문제점이 있다. 티베트어본은 수긍하게 만드는 뛰어난 힘이 있지만, 너무나 폭넓은 사상을 아주 함축적인 형식으로 23장, 46쪽이라는 적은 분량에 싣고 있기 때문에 충분한 수행의 경험이 없다면 쉽게 이해할 수 없다. 1976년 존자께서는 《황금 정련의 요체》를 강설講說하시어 청중을 아주 훌륭하게 안내하셨다. 존자께서는 3대 달라이 라마의 이 책을 '문자-주석'처럼 특별한 전문 용어 중심으로 설명하지 않으셨다. 이 강설은 '의미-주석註釋(don 'grel)'으로 이 책의 중심 주제를 포괄적으로 그리고 직접적으로 설명하셨다. 1981년에 나는 존자를 뵙고 존자의 강설을 영어로 번역할 수 있도록 허락을 구하고, 독자들을 위해 책을 만드는 것을 축복해 주시기를 부탁드렸다. 이와 더불어 수년에 걸친 존자와의 개인 면담을 통해 내가 배운 내용들이 3대 달라이 라마의 《황금 정련의 요체》에 나오는 주제들을 설명하는 데 도움이 될 수 있다면 그 가르침을 이 책에 첨가해도 된다는 허락도 받았다.

이 책에 부록으로 실은 3대 달라이 라마의 기도문은 람림 수행과 함께 읽을 수 있도록 추가한 것이다. 이 기도문은 대승 불교에 귀의하는 통상적인 절차를 따라 시작한다. 즉 가없는 자애(자무량심慈無量心), 가없는 연민(비무량심悲無量心), 함께 기뻐하는 가없는 마음(희무량심喜無量心), 평등한 가없는 마음(사무량심捨無量心)인

네 가지 가없는 마음(사무량심四無量心)에서 시작해 관상觀想을 통해 현현한 성인들의 모임(성중聖衆)에 상징적인 공양을 올리는 등의 예를 올린다. 그러고 나서 이 기도문은 람림 수행을 전승하신 여러 스승을 청한다. 붓다부터 인도의 여러 스승까지 오실 것을 청한 뒤, 아띠샤의 가르침을 따르는 티베트의 스승을 청하는 것이다. 기도문은 쫑카빠대사의 가장 짧은 람림 게송인《공덕의 근원(yon tan gzhir gyur ma)》으로 끝을 맺는다.《공덕의 자량》은 수행자들에게 람림 수행의 주제들을 상기시켜 주기 위한 게송이다. 가장 이상적인 방법은 수행하는 이가 이 기도문을 읽은 다음 최소 30분 이상 조용히 앉아 명상하는 것이다.

원래 이 기도문은 3대 달라이 라마의《황금 정련의 요체》에 포함되어 있던 것이다. 그러나 돌아가신 선대 캽제 링 린뽀체(현 달라이 라마의 장년기 스승)의 허락하에 별도로 실었다. 독자의 시각에서 볼 때, 이 기도문이 중간에 들어 있는 것이 문맥을 끊고, 명료한 산문체의 흐름을 해친다고 느낄 수 있기 때문이다. 더불어 이 기도문은 그 자체로도 훌륭하다. 사실상 전통의 기도문은 중간보다는 끝에 있는 것이 보통이다. 1대 달라이 라마께서도 아띠샤의 로종 전통에 대한 논서를 쓰시고 끝에 기도문을 놓으셨다.◆

나는 또한 부록으로 3대 달라이 라마 전기를 실었다. 이 전기는《람림 계승 스승들의 전기(람림-라마-규뻬-남탈lam rim bla ma rgyud pa'i rnam thar)》에 실려 있는 것이다. 이 전기는 8대 달라이 라마의 스승인 체촉링 카첸 예쉐 겔쩬 스님께서 지으신 것이다. 이 전기집은 붓다부터 18세기 후반 인도와 티베트의 스승까지의 전기를 요약해 람림 계승의 전통을 실은 훌륭한 역사적 자료이다. 3대 달라이 라마께서《람림 수행의 예비 의식》에서 말씀하시는 모든 스승의 성함이 이 전기집에 모두 들어 있다. 체촉링 스님께서 지으신 3대 달라이 라마의 전기는 스승의 삶, 시대 그리고 수행의 성취들을 훌륭하게 그리고 있다.

3대 달라이 라마의 가르침은 아시아 문명 발전에 지대한 영향을 미쳤다. 나는 3대 달라이 라마의 가르침이 전세계에 이바지할 수 있기를 진심으로 기원한다. 3대 달라이 라마께서 붓다 혹은 쫑카빠대사께서 설하지 않은 새로운 것을 설한 것은 아니지만, 그분들의 가르침에 새로운 의미를 불어넣어 다시 설명하셨다. 이러한 연유로 그분의《황금 정련의 요체》는 400년 전에

◆ 1대 달라이 라마의 이 논서는《Bridging the Sutras and Tantras》(Ithaca, New York: Snow Lion Publications, 1981)에 수록되었으나 기도문은 빠져 있다.

그랬듯 티베트와 몽골 사람들에게 여전한 사랑을 받고 있다.

마지막으로 티베트어와 산스크리트어의 로마자 표기에 대해 잠깐 설명하고자 한다. 나는 티베트어 이름과 용어를 가능한 한 간단하게 제시하려고 노력했다. 티베트어에 있는 전접자, 후접자, 재접자, 유접자, 첨족자 등은 음가를 가지지 않거나 어근의 발음을 바꾼다. 예를 들어 mKhas-grub은 케둡으로 발음하며, bsTan-pa는 뗀빠로 읽는 식이다. 이러한 단어들을 소리 나는 대로 쓰는 것이 티베트어의 모든 요소를 쓰는 것보다 상식적이라고 생각한다. 그러나 필요에 따라 공식 철자가 적절하다고 생각될 때는 철자법대로 적었다. 이 경우 괄호에 넣었다. 더불어 주석과 참고 문헌에는 티베트어를 철자법대로 기록했다.

감사의 글

이 자리를 빌려 이 책을 준비하는 데 도움을 주신 다음의 분들에게 감사를 드린다. 14대 달라이 라마 존자, 걉제 링 린뽀체, 뗀마 로초 린뽀체 그리고 로초 린뽀체의 통역사 툽뗀 탈도, 간덴사의 게쉐 쩨링, 다이앤 쇼트, 케빈 가레스, 쩨꽉 릭진, 로상 다와,

로버르타 맨델 여사, 비비엔 스튜워트, 힐러리 셔먼, 웨인 스켈렙, 게쉐 로상 뗀빠, 게쉐 따시 왕겔, 갸초 쩨링과 티베트 문헌 도서관의 직원 여러분, 그리고 자셉 툴꾸 스님께 감사드린다.

만일 이 책이 단 한 분의 마음속에라도 깨달음의 영혼의 불꽃을 밝힐 수 있다면, 그 한 불꽃이 이 겁劫이 끝날 때까지 남을 긍정적인 에너지의 파도를 일으킬 것이다. 그러나 이 역시 우주적인 눈의 깜박임에 지나지 않을 것이다.

글렌 멀린
1994년 캐나다 오타와에서

시방 삼세 모든 불보살님과 직간접의 모든 스승님께 신구의 삼
문으로 귀의합니다.

   팔만대장경의 핵심은 표면적인 반야의 공사상과 내면적인
수행의 차제 둘로 나눌 수 있습니다. 수행의 차제에 대해 미륵보
살께서 팔사칠십의로 요약해《현관장엄론》을 설해 주셨고, 공
사상에 대해서는 용수보살께서《중관이취육론》을 설해 주셨습
니다. 따라서 팔만대장경의 핵심적인 내용을 수행의 차제로 빠
짐없이 모아 원만구족하게 묶어 수행자가 훨씬 더 쉽게 수행할
수 있도록 한 것이 바로 보리도차제인《람림》입니다.
   이러한 람림에 관한 수많은 논서 중에서도 더 널리 유포되어
온 여덟 가지 논서(람림 티첸 게ལམ་རིམ་ཆེན་ཆེན་བརྒྱད།)는 다음과 같습
니다.

- 쫑카빠대사의 대·중·소《람림》세 가지

  《람림 첸모 ᠳᠵᠳ᠌ᠬᠣᠪ᠌ᠬᠣᠪ᠌ᠬᠣᠪ᠌ᠬᠣᠪ᠌》: 대보리도차제

  《람림 딩뽀 ᠬᠣᠪ᠌ᠬᠣᠪ᠌ᠬᠣᠪ᠌ᠬᠣᠪ᠌》: 중보리도차제

  《람림 냠규르 ᠬᠣᠪ᠌ᠬᠣᠪ᠌ᠬᠣᠪ᠌ᠬᠣᠪ᠌》: 소보리도차제=보리도차제오
  도송

- 제3대 달라이라마 소남 갸초의《람림 쎄르슌마 ᠬᠣᠪ᠌ᠬᠣᠪ᠌ᠬᠣᠪ᠌ᠬᠣᠪ᠌》
  : 보리도차제를 정제한 황금의 가르침

- 제5대 달라이라마 롭상갸초의《람림 잠뻴샬룽 ᠬᠣᠪ᠌ᠬᠣᠪ᠌ᠬᠣᠪ᠌
  ᠬᠣᠪ᠌ᠬᠣᠪ᠌ᠬᠣᠪ᠌ᠬᠣᠪ᠌》: 보리도차제 문수의 구전심요

- 제4대 뻰첸라마 롭상최겐의《람림 데람 ᠬᠣᠪ᠌ᠬᠣᠪ᠌ᠬᠣᠪ᠌ᠬᠣᠪ᠌》: 보리
  도차제 편안한 길

- 제5대 뻰첸라마 롭상예쎄의《람림 뉴르람 ᠬᠣᠪ᠌ᠬᠣᠪ᠌ᠬᠣᠪ᠌ᠬᠣᠪ᠌》: 보
  리도차제 지름길

- 닥뽀 나왕닥빠의《람림 렉쑹닝쿠 ᠬᠣᠪ᠌ᠬᠣᠪ᠌ᠬᠣᠪ᠌ᠬᠣᠪ᠌ᠬᠣᠪ᠌》: 보리
  도차제 선설의 정수

이 중에서《람림 쎄르슌마》는 쫑카빠대사의《소보리도차
제》를 바탕으로《대보리도차제》의 핵심을 더욱더 요약했기에
특히 티베트 불교와 보리도차제를 공부하려는 초심자에게 크게

도움이 되리라 생각합니다. 아울러 람림 공부를 통해 부처님의 교학과 수행에 대해 문사로 배우고 실천 수행할 수 있도록 두 손 모아 기원합니다.

2021년 9월 1일
한국티벳불교사원 광성사 주지
게시 하람빠 소남 걀첸 합장

•••

**차
례**

서문   용진 티장 린뽀체   **004**

서문   로버트 서먼   **006**

편역자 서문   **009**

추천사   **031**

1장.   가르침의 특징   **037**

2장.   수행에 대한 세 가지 견해   **077**

3장.   스승과 제자의 만남, 구루 요가   **097**

4장.   중생의 삶   **141**

5장.   중생의 세 종류의 근기와 수행   **155**

6장.   죽음과 삼악도   **167**

7장.   귀의의 대상, 세 가지 보배   **187**

8장.   업의 법칙   **205**

9장. 소승의 수행, 중사도   **233**

10장. 보리심의 원을 일으킴   **259**

11장. 대승과 금강승의 공통적 수행   **293**

12장. 금강승의 수행   **327**

13장. 요약   **343**

부록 1 「람림 예비 수행 기도문」   **362**

부록 2 3대 달라이 라마의 전기   **398**

용어 해설   **429**

역자 후기   **446**

남곌 사원에 대하여   **462**

1장

가르침의 특징

●●●

14대 달라이 라마

석가모니 붓다께서는 무한한 중생들의 안락을 위해 무한한 정진을 통해 일어나 보리심을 성취하셨다. 붓다께서 어떻게 정진하셨는지는 《본생담》을 비롯한 다른 경전과 후대의 저작에서 찾아볼 수 있다. 깨달음을 성취한 뒤, 붓다께서는 복 있는 중생들을 위해 법륜을 굴려 현 상태를 초월해 보다 나은 다음 생, 윤회로부터의 자유 그리고 완벽한 일체지를 성취하기 위해서 무엇을 극복해야 하며 무엇을 성취해야 할지를 보여 주셨다. 사실상 그분의 가르침은 모든 존재의 실상을 꿰뚫어 보는 눈과 같고, 세상과 궁극의 지혜의 문을 열어 주는 명약과도 같다. 이 금강석처럼 견고한 방법들은 나가르주나, 아상가 등 인도 스승의 가르침으로 끊임없는 전승을 통해 정련되었다. 마침내 이 가르침들은 인도, 동남아시아, 한국, 중국, 일본, 네팔, 티베트를 넘어 중앙아시아 전역에 퍼져 나갔다. 순수한 정통의 불법이 각 나라 전통 스승의 경험에 따라 그 상황에 맞게 주조되었다. 각 나라의 스승은 그 시대와 문화 그리고 수행하는 이들의 성향에 가장 잘 맞는 방식으로 가르침을 폈다.

불교는 여러 전통을 통해 티베트에 전해졌다. 이 전통들은 각 제자와 시대 상황 그리고 장소의 필요성에 따라 약간씩 다른 방식으로 가르침을 펼쳤다. 그렇지만 이들은 모두 불교 교리 가운데 성인의 네 가지 진리(사성제四聖諦)를 받아들이고, 모두 현교顯敎와 밀교密敎를 합친 수행의 길을 닦으며 이번 생에 깨달을 수 있는 방법을 가지고 있기 때문에 그 차이가 크게 중요한 것은 아니다. 다시 말하자면 상좌부, 중국, 일본 그리고 티베트 불교 수행은 상세한 면에서 차이는 있지만, 수행을 엮어 낸 핵심적 실타래는 붓다의 고귀한 가르침에 있다. 이들 전통의 차이점은 특별한 도움이 필요한 수행자들을 기쁘게 하기 위해 실타래 위에 얹어 놓은 장식과 같은 것이다. 세계에 단 하나의 종교만 있을 필요가 없듯이, 불교에도 단 하나의 형태만 존재할 필요가 없다. 모든 인간은 동등하지만 우리는 서로 다른 개인적 배경, 사물을 바라보고 평가하는 독특한 방식, 정신적·철학적 취향을 가지고 있다. 각기 다른 사람들의 기호에 맞추기 위해 다양한 음식이 존재하듯이, 종교가 다양하고 다루는 주제가 다양하다는 것은 수행을 하고자 하는 이들이 각양각색이라는 것을 고려할 때 긍정적인 부분이다. 티베트에서 우리는 이 개개인의 종교적 자유를 매우 장려해서 "라마(스승) 한 분 한 분이 각각의 종파이다."라는 말이 나올 정도다. 다양성은 아름다운 것이며 또한 필수불가결한 것이다.

지난 세기 동안 종교적 관심이 전 세계적으로 급격히 줄었다. 그러나 지난 십 년간 정신적 기반 없이 물질주의적 접근 방식만으로는 지속적인 행복을 추구할 수 없다는 사실을 알게 되었다. 사람들은 다시 동물적 욕구를 충족하는 일상에 반하는, 내적 발전의 중요성을 느끼기 시작했다. 기술과 물질적인 노력 그 자체가 부정적인 성향을 띤 것은 아니지만, 정신적인 수련을 동반하지 않을 때는 마음에 깊은 앎이나 행복을 일으키지 못할뿐더러 세계 평화에 큰 위협이 되어 버리고 만다. 초현대적인 감시와 살인 기계로 통제되는 폭탄, 화학 무기로 인한 오염 그리고 경찰국가적 사회가 그 몇몇 예라고 할 수 있을 것이다. 만일 기술과 정신적인 발전이 함께 나아갈 수 있다면 이 세상에 큰 희망이 있을 것이다. 그렇지만 만일 우리가 기술과 과학적 지식을 사람과 환경을 착취하기 위해서, 그리고 무력 외교와 국제적 사업의 관심을 위해서 쓰는 작금의 방향을 계속 이어 간다면 그 결과가 좋을 것이라고 말하기는 매우 어렵다.

여전히 많은 종교적·정신적 전통이 세계 곳곳에서 번창하고 있다. 문제는 가르침의 부족이 아니라 우리에게 가르침을 배우고 수행하고자 하는 의지가 없다는 데 있다. 오늘날 우리에게 나아가야 할 길과 수행법을 제시할 많은 스승이 있다. 그러나 우리는 그분들을 따라 수련하고자 하지 않는다. 이런 식으로 하면서 수행의 경험을 일구지 못한 것에 대해, 우리 자신 말고 누구를 비난할 수 있겠는가?

3대 달라이 라마

삼보三寶의 현신이신

존귀하고 청정한 바른 스승들(제쮠 라마)의 발에

지극한 존경의 마음으로 귀의하오니,

가피를 내려 주소서.

인간의 몸이 가진 이점을 바라는 모든 중생이 수행해야 할 것은 붓다의 모든 가르침의 정수이며 과거, 현재, 미래의 삼세^{三世} 모든 성인께서 나아가셨던 단 하나의 수행의 길이다. 이는 두 분의 태두^{泰斗}이신 나가르주나(Nāgārjuna, 용수^{龍樹})와 아상가(Asaṅga, 무착^{無著})의 전통에 기반한 일체지^{一切知}(sarvajñāna)의 땅을 걷는 수승한 분들의 교학 체계이며, 하·중·상 중생의 모든 수행 단계를 완벽하게 요약한 쫑카빠대사의 《보리도차제^{菩提道次第}》(람림)이다.

가장 먼저 수행자가 실천해야 하는 법은 그 근원이 청정하고 수승해서 믿을 수 있어야 하며, 이 청정한 법 또한 한 부분만이 아닌 수행의 모든 면에서 원만히 모두 갖추어 틀림이 없어야 한다. 내가 지금도 수행하는 《보리도차제》의 수행의 단계는 완전한 분이신 붓다의 가르침을 나가르주나와 아상가 두 분으로부터 차츰차츰 이어받은 것이기 때문에 법의 근원이 청정하고 믿을 수 있다.

이처럼 믿을 수 있고 바르게 전승된 《보리도차제》는 해탈을 원하는 자들의 원을 모두 채워 주기에 여의주와 같은 가장 수승한 가르침이며, 소승과 대승의 모든 훌륭한 경론의 핵심을 모았기에 드넓은 바다와 같은 큰 가르침이다. 또한 현교와 밀교의 핵심을 모두 요약해 설하였기에 내용이 원만하고, 마음 닦는 차제를 중심으로 하기에 실천하기 쉽고 편하다. 나가르주나의 심오한 견해에 정통한 비드야꼬낄라(Vidyākokila, 릭뻬쿠죽^{rigs pa'i khu byug})와 아상가의 광대한 수행 체계에 정통한 아띠샤의 스승, 다르마마띠(Dharmamati/Dharmakīrti, gser gling pa)의 가르침으로 장엄했기 때문에 이와 같은《보리도차제》를 듣고, 사색하고, 수행하는 세 가지(문사수^{聞思修})로 실천하는 것은 스스로에게 큰 복이다. 쫑카빠대사께서 지은《보리도차제^{菩提道次第略論}》에서는 이렇게 말씀하신다.

남염부주의 모든 현인의 왕관의 보석들이
유명한 분들의 빛나는 승리의 깃발에 옮겨 왔네.
나가르주나와 아상가 두 분이 차츰차츰
훌륭하게 계승한《보리도차제》는
중생이 이루고자 하는 모든 목적을 이루어 주기 때문에,
여의주와 같은 가르침이네.
수천의 오묘^{奧妙}한 가르침의 강이 모여 있으니,
영광의 공교^{功巧}한 말씀(선설^{善說})의 바다이기도 하네.

14대 달라이 라마

람림의 전통을 건립하신 두 분의 스승은 나가르주나와 아상가이시다. 두 분께서 이 세상에 출현한다는 것은 모두 석가모니 붓다께서 많은 수뜨라(sūtra, 현교의 경전經典)와 딴뜨라(tantra, 밀교의 경전經典)를 통해 예언하신 바이다. 이렇게 두 분이 계시지만 궁극적인 람림 전통의 기원은 현재의 겁劫을 사는 중생들에 대한 자애慈愛의 마음이 현 겁의 수천의 붓다들 가운데에서 백련白蓮과 같으신 석가모니 붓다이시다.♦ 석가모니 붓다께서는 팔만 사천 가르침의 법륜法輪을 굴리셨으며, 이는 나가르주나에게 계승된 지혜의 전통과 아상가에게 전승된 방편의 전통이라는 두 주요 전통 계승자를 통해 이어져 왔다. 이 두 스승은 가르침을 폭넓게 학습하고, 매우 엄격한 안거安居 수행을 하였으며 위대한 깨달음을 얻으신 분들이다. 이들은 불교의 교리를 밝히는 많은 저술을 남겼으며, 이 교리를 배우고 수행하는 데 효율적인 체계를 구축하셨다. 이 두 전통은 디빵까라 아띠샤(Dīpaṃkara Atiśa)께서 하

♦ 석가모니(샤꺄무니Śākyamuni)는 '샤꺄족의 성인'을 뜻하며, 역사에 기록된 붓다의 다른 이름이다. 붓다는 이 칭호로 불리는데, 이는 붓다의 일족이 샤꺄족이었기 때문이다.

나로 통합하여 티베트에 소개하셨다. 티베트인의 습성에 가장 잘 맞는 구술 전통의 방법으로 이 가르침을 펴 달라는 청을 받았을 때, 아띠샤께서는 람림의 가르침을 펼치셨다. 이후 람림의 전통은 단 한 번도 끊기지 않고 오늘날까지 계승되고 있다.

람림은 최고의 가르침이다. 람림이 현교와 밀교의 가르침을 포함하여 붓다께서 주신 모든 가르침을 체계적으로 회통하고 있기 때문이다. 근간이 되는 가르침뿐만 아니라 상위의 가르침까지 두루 담고 있는 람림의 가르침은 모든 앎과 수행의 단계에 있는 사람들이 따를 수 있다. 따라서 람림은 모든 불법의 수행 방법이라는 보석을 품은 큰 바다와 같다. 람림은 이번 생뿐만 아니라 후생의 이익까지도 일으키며 더 나아가 윤회로부터의 해탈과 일체지의 깨달음까지도 일으키는 고귀한 보석과도 같은 가르침이다. 만일 우리가 람림의 근본적인 수행을 완성할 수 있다면, 그리고 무상 요가 딴뜨라의 비상非常한 가르침까지도 완성할 수 있다면 이번 생에 완전한 깨달음을 성취하는 것도 가능하다.

람림 수행의 '낮은 단계'에서는 인간의 삶이 가지고 있는 가능성을 제대로 알고 인간의 생보다 낮은 생, 즉 축생, 아귀, 지옥이 나쁨을 인식하는 것을 목표로 한다. 그러고 나서 우리는 업의 법칙을 마음에 새기고 깨달으신 분들(불佛), 그분들의 가르침(법法) 그리고 그분들의 가르침을 따르는 성인들의 모임(승僧)으로부터 감화를 받는다. '중간 단계'의 목표는 인간의 생보다 높은 생인 아수라, 즉 천상에 태어나는 것을 바라는 것과 니르바나(열반涅槃) 또는 알아차리기 쉽지 않은 가장 미세한 윤회의 고통◆으로부터의 자유를 성취하겠다는 열망을 일으키는 것이다. 니르바나는 보다 높은 수준의 수행인 계율의 실천, 선정의 확립 그리고 지혜의 깨침(계정혜戒定慧)을 통해 성취할 수 있다. 따라서 이 법회에서 소개할 것이다. 마지막으로, 이 두 단계를 안정적으로 성취하면 수행자는 자신만이 아니라 모든 중생이 윤회의 괴로움 속에 빠져 있다는 것을 깊이 생각하게 된다. 이를 통해 수행자는 보리심을 일으킨다. 보리심은 대승의 마음을 일으킨 이들이 갖는 모든 중생에 대한 책임감이다. 따라서 '높은 단계'에서는 세상의 모든 중생을 복되게 할 수 있는 가장 수승한 방법

◆ 역자 주: 세 종류의 고통(삼고三苦) 가운데 '행고行苦'를 지칭하는 것으로 보인다. 어떠한 현상이 일어날 때와 머물 때 괴롭고 소멸할 때 즐거운 '고고苦苦'와 어떤 현상이 일어날 때와 머물 때 즐겁고 소멸할 때 괴로운 '괴고壞苦'는 불교를 믿지 않아도 느낄 수 있는 고통의 종류이지만, 진리에 대한 무지에 기인한 업과 번뇌를 따라 부지불식간에 일어나는 괴로움인 '행고'는 불교를 배운 중생들만 알아차릴 수 있는 괴로움이라고 한다.

인 일체지를 깨닫는 것을 목표로 한다.♦♦ 그리고 나서 수행자는 '보시布施, 지계持戒, 인욕忍辱, 정진精進, 선정禪定, 반야바라밀般若波羅蜜'의 육바라밀六波羅蜜, '자慈, 비悲, 희喜, 사무량심捨無量心'의 네 가지 가 없는 대상에 대한 마음인 사무량심四無量心 그리고 '생기차제生起次第(bskyed rim, utpattikrama)와 구경원만차제究竟圓滿次第(rdzogs rim, sampannakrama)'로 이루어진 딴뜨라의 두 단계 깨달음을 성취할 방편으로 그리고 자기 자신과 다른 모든 중생을 완벽하게 복되게 할 수 있는 궁극적인 방편으로 수행한다.

이것이 아띠샤의 짧은 논서《보리도등론》에 깃들어 있는 광대하고 심오한 람림의 수행법이다. 아띠샤께서는 이 가르침을 까담빠를 건립하신 돔뙨빠에게 전수하셨고, 돔뙨빠는 세 개의 전통, 즉 까담빠의 삼 형제라 불리는 게쉐 뽀또와, 첸아와, 푸충와 세 분의 스승에게 전수하셨다.♦♦♦ 그리고 이 세 스승은 람림의 가르침을 널리 펴셨다. 이 세 전통은 각각 뽀또와의 교전

♦♦ 역자 주: 여기서는 진제와 속제의 보리심 가운데 보리심을 성취하고자 하는 원을 일으키는 속제의 발보리심을 뜻하는 것으로 보인다.

♦♦♦ 역자 주: 까담빠의 세 형제는 게쉐 뽀또와 린첸셀(po to ba rin chen gsal, 1027-1105), 게쉐 첸아와 출팀발(spyan snga ba tshul khrims `bar, 1033/8-1103) 그리고 게쉐 푸충와 슌누곌첸(phu chung ba gzhon nu rgyal mtshan, 1031-1106)을 말한다.

^{教典} 전통(슝빠와 gzhung pa ba), 첸아와의 교언^{教言} 전통(맹악빠 man Nāgārjungag pa) 그리고 푸충와의 도차제^{道次第} 전통(람림빠 lam rim pa)으로 '까담빠의 세 줄기 흐름'이라고 한다. 쫑카빠대사께서는 이 세 전통을 모두 계승받아 하나의 전통으로 회통하셨다. 그리고 '까담빠의 세 줄기 흐름'의 정신을 따라 아띠샤의《보리도등론》에 대한 세 개의 주석서를 쓰셨다.

세 주석서 가운데 첫 번째는《보리도차제대론^{菩提道次第大論}》으로,《보리도차제광론^{菩提道次第廣論}》으로도 알려져 있다. 여기에서는 가르침의 곁가지와 이파리를 제쳐 두고 사마타(śamatha, 지^止)와 위빠사나(vipaśyanā, 관^觀)를 특히 강조하면서 핵심적인 수행들을 직접 논한다. 이 부분들은 특히 당신의 수행 경험에 대한 고찰에서 비롯된 것이며 명상 경험을 기반으로 수행에 대한 훌륭한 접근 방식을 제공한다. 이 논서는 이전 인도의 경전과 논서를 많이 인용하여 다양한 람림 수행의 근거를 제시하고 있다. 두 번째 주석서는《보리도차제중론^{菩提道次第中論}》으로 람림 전통에 대한 교언 전통을 담고 있다.◆《보리도차제대론》보다 훨씬 분량이 적고

◆   역자 주:《보리도차제약론》의 한국어 번역은《보리도차제약론》(시륜)을 참고할 것.

'대론'만큼 방대한 지식을 담고 있지 않으며 수행을 집중적으로 논하는 책이다. 마지막으로 세 번째 주석서는《보리도차제소론 菩提道次第小論》으로《보리도차제섭송菩提道次第攝頌》또는《보리도차제 오도송 菩提道次第悟道頌》으로도 알려져 있다. 이 짧은 주석서는 게송 의 형식으로 람림 수행에 대한 쫑카빠대사의 개인적인 수행 경 험을 담고 있다. 3대 달라이 라마의《황금 정련의 요체》는 이 세 번째 주석서의 뜻을 논한 저서이다.

위대한 수행자들과 전통을 계승한 스승들이 수 세기에 걸쳐 많은 람림 문헌을 쓰셨다. 이러한 주석서들 가운데 가장 중요한 저서 중 하나는 3대 달라이 라마의《황금 정련의 요체》이다. 이 논서는 400여 년 전 저술된 이후 지금까지 대중들에게 가장 사 랑받는 람림 수행서 가운데 하나이다.

람림 수행의 관점에서 볼 때, 모든 중생을 움직이는 가장 깊 은 동력은 행복을 원하며 괴로움을 피하고 싶어 하는 것이다. 전 세계 다양한 문화에서 어떻게 하면 이 두 가지 목표를 성취할 수 있을지 체계적인 연구를 해 왔다. 인간의 행복에 대해 사색하 는 많은 철학자가 나타났고, 행복을 가질 수 있는 많은 방법이 계발되었다. 그러나 대부분의 방법은 이번 생에 국한된 한 유형 의 행복만을 일으키는 것을 목표로 한다. 이러한 방법과 시각은 근본적으로 물질주의에 밑바탕을 두고 있다. 이 방법들은 죽음과 죽음의 중요성에 대한 지식이 놀라울 정도로 부족하다. 이번 생에 마음에 평안을 가져다 줄 정신적인 진보와 죽음 이후의 단계를 겁내지 않고 자신감 있게 들어가게 해 줄 지식이 결여되어 있다. 이러한 관점에서 석가모니 붓다께서는 "겁먹을 원인이 없는데 겁을 내는 사람은 어리석은 사람이다. 겁을 내야 할 원인이 있는데도 겁먹지 않는 사람은 어리석은 사람이다. 이 두 종류의 사람 모두 깨달음의 길에서 멀리 떨어져 있는 사람들이다."라고 말씀하셨다. 죽음이라는 사실을 외면하고 죽음이 가지고 있는 의미를 무시하는 것은 우리의 죽음을 막지 못할뿐더러 죽음 이후의 단계에 정신적으로 성숙한 상태로 들어갈 수 있게 도와주지도 못한다.

마음의 모든 측면을 무시하는 것과 더불어 삶을 순전히 물질적인 시각으로 해석하는 것은 이 생의 문제를 효과적으로 다루지 못한다. 물질주의적인 마음은 아주 불안정한 마음이다. 이러한 마음의 행복은 언젠가는 사라질 물질적 환경 위에 건립된 것이기 때문이다. 부유한 사람도 가난한 사람만큼이나 마음의 병을 많이 가지고 있다. 이것은 물질주의적 행복에 한계가 있다는 것을 명확히 보여 준다. 생존할 수 있을 정도의 적당한 물질적 기반은 필수적인 것이다. 그러나 이와 더불어 행복의 정신적·심리적 원인을 한 사람의 일생 동안 계발하는 것의 중요성이 강조되어야 한다. 인간의 마음은 아주 강력하며, 우리가 살아가는 데 필요한 물질이 우리의 모든 정신을 거기에 쏟아부어야 할 정도로 대단한 것들은 아니다. 특히 물질적 성공이 남성이나 여성이 그들의 삶 속에서 맞닥뜨려야 했던 수많은 도전과 역경을 거의 해결해 주지 못했다는 견지에서, 그리고 이러한 성공이 죽음의 순간에 아무런 힘이 되지 못한다는 견지에서 그러하다. 반면에 만일 우리가 정신적 조화, 겸양, 무집착, 인내, 자애, 자비, 지혜 등 정신적 자질을 계발한다면 그때 우리는 현생의 문제를 효과적으로 다룰 수 있는 힘과 지혜를 갖추게 될 것이다. 우리가 모은 재산은 물질적인 것이 아니라 정신적인 자량資糧, 즉 밑천이기 때문에 죽을 때 놓고 가지 않아도 된다. 죽음 뒤의 상태에 빈손으로 들어가지 않아도 된다는 말이다.

우리 모두가 죽는다는 것은 절대 불변의 사실이다. 육신이 죽은 다음 어떤 일이 마음에 일어나는지는 눈에 보이는 물질적인 현상과 달리 꺼내어 보여 줄 수 없다. 그러나 성인, 학자 그리고 천안통을 가진 사람들의 설명에 따르면 육신이 소멸한 다음에도 마음은 계속해서 진화한다는 것에 의심할 여지가 없다. 더군다나 윤회 속에서 방황하는 중생들의 유형은 알아차릴 수 있는 조잡한 물질로 구성된 몸을 가진 존재에만 국한된 것도 아니다. 여기서 조잡한 몸을 가진 유형에 속하는 중생들은 우리가 흔히 볼 수 있는 사람, 동물, 곤충 등이다. 불교뿐만 아니라 세계 도처의 많은 다른 종교, 정신문화들도 지옥, 중생, 아귀, 여러 천인天人들과 같은 다른 영역의 존재를 알아차려 왔다.

윤회전생輪廻轉生은 생명의 죽음 이후는 무無가 아니며, 인간이 언제나 인간으로 태어나고 곤충은 곤충으로만 태어나는 것도 아니라는 것을 그 특징으로 한다. 우리는 모두 윤회 속에서 다른 영역의 존재로 태어날 업력을 품고 있다. 많은 중생이 좋은 생의 영역에서 덜 좋은 생의 영역으로 떨어지고, 반대로 어떤 중생들은 나쁜 생의 영역에서 보다 나은 생의 영역에 태어나기도 한다. 어디에서 환생할지 우리 마음대로 정할 수 있는 것이 아니라 우리의 업과 번뇌가 그것을 결정한다. 정신적인 성취를 이룬 이들은 죽음의 시간이 닥쳤을 때 다음 생을 선택할 수 있다. 그러나 일반적인 중생들에게 죽음과 환생의 과정은 업의 종자種子들과 습관적인 마음의 자동적인 연쇄 반응이라고 할 수 있다. 죽음 뒤에 중음신中陰身으로서 맞닥뜨릴 상황에 전혀 준비가 되어 있지 않은 미숙한 사람들은 혼돈과 공포의 구덩이 안으로 내동댕이

쳐진다. 이 상황에서 일어나는 의식의 상태를 인식하거나 이해할 수 없는 상태에서, 이들은 결국 후회와 괴로움을 피하겠다고 그들이 들어갈 자궁을 찾고, 그들이 몸을 받을 중생의 종류와 정신적 수준, 그들을 이 상황까지 몰아온 과거 행위들의 업력에 가장 잘 맞는 환경을 찾을 때까지 헤맨다.

어떠한 정신적인 계발도 경험해 보지 못한 평범한 사람들에게 죽음이란 전혀 가망이 없는 사건이다. 죽음을 무시하고 죽음에 대한 생각에서 도망다니며 평생을 살아온 이들은, 죽음이 그들에게 닥쳤을 때 완전히 얼이 빠져 모든 용기와 신념을 잃고 만다. 그들이 마주해야 하는 모든 것은 미지의 현상일 뿐이다. 그들은 마음, 생, 삶 그리고 죽음의 본질을 드러낼 수 있는 방법들을 닦는 데 단 한 순간도 투자해 보지 않았기 때문이다. 자신의 내생來生을 결정하는 것은 그가 살아 있을 적에 성취해야 하는 것이지 죽음의 순간에 성취할 수 있는 것이 아니다. 티베트의 위대한 요기, 밀라레빠께서는 "죽는 게 무서워서 나는 산속에 숨었었네. 마음의 본질을 깨달은 지금의 나는 더 이상 죽음을 두려워하지 않는다네."라고 말씀하셨다. 정신적 발전의 근본 원인은 자기 자신이다. 붓다께서는 "우리가 자신의 구원자일 수도, 자신의 원수일 수도 있다."고 말씀하신다. 지금까지 우리는 대부분의 삶을 번뇌의 힘에 휩쓸려 살아왔다. 그 결과 우리는 본능적으로 행복을 원한다. 그러나 우리는 좌절과 괴로움의 원인만 만들고 있을 뿐이다. 괴로움을 피하고 싶어 하지만 우리의 마음이 지혜 안에서 계발되지 않았기 때문에 불길 속에 뛰어드는 불나방처럼 괴로움을 향해 곧장 달려 나가고 있는 것이다.

끊임없이 반복되는 좌절, 불만족, 정신적 괴로움의 근본 원인은 외적인 요소에 있지 않다. 원인은 주로 우리의 정신적 계발이 부족한 데 있다. 이러한 결핍 때문에 마음은 번뇌煩惱와 전도몽상顚倒夢想에 매여 끌려다니는 것이다. 마음은 무집착, 자애, 지혜를 따라 움직이지 못하며 대신 집착, 화, 무지에 좌지우지된다. 이 간단한 진실을 알아차리고 받아들이는 것이 수행길의 출발점이다.

우리의 현재 상황은 원인 없이 일어난 것이 아니며, 우연히 일어난 것도 아니다. 우리의 현 상황은 예전에 내린 일련의 결정과 그 결정에서 비롯된 몸, 말, 뜻의 삼업三業이 점진적으로 쌓아 올린 것이다. 다른 사람 혹은 사물을 우리가 처한 현 상황의 괴로움의 원인으로 생각하고 비난하는 것은 더 큰 혼란을 자아낼 뿐이며, 현 상황의 어려움을 악화시킬 뿐 해소해 주지 못한다.

어떻게 하면 이 충동적이고, 어찌할 수 없는 윤회전생의 사슬을 끊어 버릴 수 있을까? 이는 우리를 잡아매고 뒤에서 조종하는 번뇌에 사로잡힌 마음, 헛되고 나쁜 일에 얽히게 만드는 번뇌에 가려진 마음을 멈출 때만 가능하다. 붓다께서는 "마음은 모든 것을 이끈다."라고 말씀하신다. 지혜롭고 자비로우며 강력한 마음을 지닌 현자는 기쁨 속에 살며 오직 기쁨의 원인만을 만든다. 이와 반대로 번뇌에 사로잡힌 사람은 점점 더 자신의 상황을 비참하게 만들뿐만 아니라, 일생을 거쳐 기쁨의 원인을 깎아낼 뿐이다. 깨달은 사람들은 존재 자체로 자신뿐만 아니라 다른 사람까지 행복하게 만드는 향기를 낸다. 반면 깨닫지 못한 사람들은 자신뿐만 아니라 다른 사람들에게 괴로움과 혼란만을 가져온다. 번뇌는 마음속에 있는 것만으로 불안을 조장하며, 업의 미래 흐름에 괴로움을 일으킬 씨앗을 무한히 심을 뿐이다. 평온한 마음은 평화를 일으키며 어디에 가든지 주변을 차분하게 만든다. 이와 달리 부정적인 마음은 오직 나쁜 것만을 퍼뜨릴 뿐이다. 만일 우리가 자신의 행복을 원한다면, 그리고 다른 사람들과의 관계 속에서 행복을 가져다주고 싶다면, 정신적으로 조화로운 상태를 계발하는 것 외에 다른 방법이 없다. 의식이 진리에 대한 무지와 번뇌를 정화한 상태가 될 때 무지가 지혜로 바뀌고, 약점이 강점으로 바뀔 때 일련의 행동들은 저절로 행복과 기쁨의 씨앗을 무수히 낳을 것이다.

마음의 행복은 물질적, 정치적 혹은 사회적 성공을 통해 얻을 수 있는 것이 아니다. 이러한 유형의 성공은 어느 순간 상황이 바뀌면 삽시간에 우리에게서 사라질 것이다. 그리고 어찌 되었건 죽을 때는 내려놓아야만 하는 것이다. 물질적 기반, 특정한 환경, 특별한 상황은 끊임없이 변한다. 그러므로 믿고 의지할 만한 것이라고 할 수 없다. 깨달음은 물질적 토대, 특정한 환경, 특별한 상황에 의지해서 일어나는 것이 아니기 때문에 마음의 행복은 이러한 조건 이상의 토대를 가지고 있다고 할 수 있다.

마음을 정화한다는 것은 번뇌와 두 유형의 무지-존재의 실상에 대한 철학적·교리적 오해에서 비롯된 개념적 무지無知 또는 무명無明과 날 때부터 있는 본래적 무지- 그리고 이와 더불어 무시 이래로 우리가 수많은 생을 살면서 마음의 흐름, 즉 심상속心相續에 쌓아 둔 이전의 업의 힘을 대치하여 송두리째 뽑아내는 것을 뜻한다. 무지가 완전히 사라질 때, 우리는 악업을 짓게 만드는 정신적 조건을 소멸시킬 수 있다. 그리고 악업의 씨앗이 정화될 때, 우리는 좌절과 괴로움의 원인을 완전히 내려놓을 수 있다. 행복을 원하고 괴로움을 넘어서고자 하는 사람들이 정신적인 계발을 위해 스스로를 단련하는 이유다. 나가르주나께서는《보행왕정론實行王正論》에서 "우리는 행복을 바라지만 괴로움을 좇지 않는다. 우리는 괴로움을 피하고 싶어 하지만 괴로움에 뛰어든다."고 쓰셨다. 유익하고 좋은 방법을 정신적으로 계발하는 대신 피상적이고 쓸모없는 방법을 단련하느라 우리의 시간을 허비하고 있다는 뜻이다. 만일 마음의 흐름을 조종하는 업과 번뇌를 없애 버리고 싶다면, 반드시 그에 효과적인 방법을 써야 한다. 모든 생명을 가진 존재는 행복을 추구하지만 대부분 어떻게 그 행복을 성취할지에 대해 알지 못하며, 오직 계속해서 좌절과 괴로움에 빠져 허우적대고 있을 뿐이다.

윤회의 여섯 영역 가운데 우리가 태어나 보지 않은 곳은 없다. 그리고 윤회하며 누려 보지 못한 행복 역시 없으며 무수한 이전의 삶 속에서 살아 보지 않은 유형의 삶도 없다. 그러나 인간의 모습을 한 우리는 여전히 눈먼 짐승처럼 살고 있다. 인간들은 우리 안에서 전개되는 삶의 반복적인 형태를 알아차리지 못한 채, 정신적인 목표를 제쳐 두고 오직 감각의 즐거움만 충족시키는 동물적이고 감정적인 요구를 탐하고 있다. 영원히 누릴 수 있는 열반의 기쁨을 일궈 내는 방법이 있다는 것을 알지 못한 채, 우리는 가치 없는 것들을 숭상하며 고귀한 것들을 혐오해 왔다. 허무하고 부정적인 삶의 목표를 갖는 대신에, 뀐탕 린뽀체의 이 말씀을 가슴 깊이 새겨야 한다. "인간의 몸을 받은 것이 얼마나 귀하고 드문 일인지를 이해하고 나서 이 삶을 깊은 사유라는 장대로 보호하고 윤회로부터의 자유, 즉 열반을 향해 힘껏 정진하라."

우리가 인간의 몸과 마음을 가지고 대승大乘이라는 대도大道의 심오한 가르침을 만난 지금 이 순간, 반드시 이 좋은 기회를 잡아 수행의 길에 들어서야 한다. 깨달음을 성취하기 가장 좋은 환경에서 태어난 지금 수행하지 않는다면 어떻게 미래에 진일보할 수 있다는 희망을 가질 수 있겠는가? 사찰 주변에 사는 개와 곤충, 여러 종류의 중생들은 불법의 가르침을 만나지만 그 가르침을 이해하고 수행하기에 적합한 신체와 정신적 기반을 가지지 못했다. 따라서 그들은 가르침을 들어도 윤회를 벗어날 방법이 없다. 아무리 동물을 사랑해도 동물에게 명상하고 공덕을 쌓는 방법을 가르칠 수는 없다. 아띠샤께서는 개를 마주치실 때마다, 자애를 담아 쓰다듬으시며 "과거에 행한 악업이 지금의 그대가 불법을 닦지 못하게 하고 있구려."라고 귀에 속삭이셨다고 한다. 아띠샤께서 이렇게 하신 것은 연민의 마음이 없어서가 아니라 수행할 수 있는 여건을 갖추지 못한 그 개의 마음속 흐름에 가르침의 씨앗을 심어 주고자 하신 것이었다.

동물과는 달리 우리 인간은 이번 생에 최상의 명상을 닦고 깨달음의 수행을 실천할 수 있다. 더군다나 우리가 깨달음을 향한 마음 수양을 하는 대신 나쁜 일과 잘못된 견해에 빠져 있거나 우리가 불법의 전통이 없는 외딴 곳에 태어났다면, 이러한 인간의 삶이 지금 누리고 있는 것과 같은 정신적 성장의 기회를 가지지 못할 것이다. 그 예로 티베트는 대승 불법을 배우고 수행할 수 있는 풍부한 환경을 갖춘 곳이지만, 중국 정부는 수십 년에 걸쳐 종교 활동을 법적으로 금하고 있다. 이러한 자유의 부재는 깨달음의 성취에 아주 큰 장애물이다. 불법을 배우고 수행할 수 있는 기회를 누리고 있는 우리는 사실상 굉장히 복이 많은 것이다. 8세기 인도 스승, 샨띠데바(Śāntideva, 적천寂天)께서는 불법을 수행할 수 있는 능력이 있고, 불법을 만난 지금, 반드시 수행을 해야 한다고 말씀하신다.◆

　　인간의 삶은 굉장히 귀하고 드문 것이지만, 영원하지 않다.

◆　역자 주: 샨띠데바의 《입보살행론》의 7장 14게송을 요약한 것으로 보인다.
　　VII.14
　　인간(의 생)이라는 배를 타고
　　괴로움이라는 큰 바다를 벗어나라.
　　이 배는 (이번 생) 후에는 받기 힘드니,
　　어리석은 이여, 지금 이 시간은 잠잘 때가 아니다.

우리가 여기 앉아 있는 이 순간에도 우리는 끊임없는 변화를 겪고 있다. 우리 주변의 사람들과 자신에게 지난해 얼마나 많은 친구와 지인이 돌아가셨는지를 물어 보라. 우리의 삶에 반드시 끝이 있다는 것, 즉 무상無常이 만고불변의 진리라는 것이 확연히 드러날 것이다. 어떤 이가 죽으면, 그의 친구들과 친지들이 굉장히 슬퍼하겠지만, 그 무거운 감정은 점차 사라질 것이다. 그의 시신은 화장되거나 매장될 것이며 그의 모든 소유물은 정리될 것이다. 그리고 머지않아 고인의 이름은 잊혀질 것이다. 우리 모두 언젠가 죽을 것이라는 사실을 머리로는 알고 있지만, 마음은 늘 이 불변의 사실을 가리고 외면하려 한다. 죽음이라는 사실을 아주 머나먼 미래의 일인 것처럼 착각한다. 그러나 죽음은 순간순간 우리를 향해 조금씩 다가온다. 그리고 누구도 오늘 저녁까지 살아 있을 것이라고 장담할 수 없다.

죽음의 여러 가지 측면 중 사람들이 가장 두려워하는 것은 갑자기 철저히 혼자가 되는 것과 수행을 통한 앎 이외 어느 것도 그 순간을 도와줄 수 없을 것이라는 사실이다. 이러한 공포를 처절하게 느낄 때, 우리는 죽음이 가져올 모든 상황을 효과적으로 다룰 수 있게 된다. 그렇지만 이 공포를 약하게 느낄 때 우리는 죽은 뒤 이번 삶과 다음 삶 사이, 위험한 바르도(bar do)의 여정에 아무런 준비 없이 들어가게 될 것이다. 그러고 나면 우리는 매우 후회하며 보다 깊은 삶의 목표를 추구하지 않은 잘못을 깨닫게 될 것이다.

불교에는 세 가지 고귀한 귀의의 대상이 있다. 이는 깨달으신 분인 붓다, 붓다의 가르침인 다르마 그리고 붓다의 가르침을 따르는 무리인 상가(saṃgha, 승가僧伽)이다. 깨달으신 붓다는 궁극의 귀의처이다. 그분들이 깨달음에 이르는 가르침을 주시기 때문이다. 그러나 사실상 궁극적인 귀의처는 붓다가 아니라 붓다께서 가르치신 다르마이다. 다르마를 철저히 배우고 실천에 옮김으로써 우리는 깨달음을 성취하고 괴로움으로부터 자신을 보호할 수 있기 때문이다. 여기서 다르마는 두 가지 뜻이 있다. 하나는 배움과 수행의 대상인 다르마의 전승이고, 다른 하나는 수행을 통해 성취한 깨달음의 전승이다. 다르마를 실천함으로써 과오를 없애고 정진의 힘을 증장시킬 수 있다. 그리고 깨달으신 분들이 가르치신 이 다르마를 통해 깨달음을 일으킬 수 있다. 따라서 다르마는 가장 직접적인 귀의의 대상이며, 그다음 단계의 대상이 붓다들과 선지식善知識인 스승(불佛)과 상가(승僧)이다.

람림의 체계는 세 가지 목표를 논한다. 이 세 가지 목표란 보다 나은 존재로 환생하는 것, 열반 그리고 무상정등각無上正等覺

(anuttarasaṃyaksaṃbodhi 또는 무상정등보리심^{無上正等菩提心})의 성취이
다. 이 세 가지 가운데 인간 또는 천상이라는 보다 나은 존재로
환생하는 방법은 세계 대부분의 종교가 대체로 비슷하게 가르
치는 것이다. 모든 불교의 가르침 체계(승^乘)는 첫 두 가지 목표
인 보다 나은 존재로 환생하는 것과 윤회로부터의 자유, 열반
을 상세히 설명한다. 대승 불교^{大乘佛敎}는 유일하게 일체지로 나
아가는 방법을 제시한다. 대승 불교 학파 가운데에서도 딴뜨라
수행 방법을 갖추고 있는 유식학파와 중관학파 두 학파만이 인
간의 몸으로 태어난 이번 생에 무상정등각을 성취할 수 있는
길을 제시한다. 오로지 수뜨라의 가르침에만 의존하는 두 학파
를 따르는 사람들은 반드시 이번 생에 열반의 길로 나아가겠다
는 신념을 세우고 미래에 여러 생을 거쳐 닦은 후에 깨달음을
완성할 수 있다. 불법의 수행에는 많은 수준과 형태가 있지만
이 모든 수행은 중생을 어둠에서 빛으로, 악에서 선으로 그리
고 무지에서 명료한 앎으로 이끌겠다는 근본적인 목표를 공유
하고 있다.

수행을 시작할 때 우리는 반드시 해롭고 파괴적인 방법을 버
리는 규율을 수련해야 하며 자애, 인내, 비폭력 등의 선근^{善根}을
길러야 한다. 무익한 책을 읽는 대신 옛 스승들의 전기와 글을

읽도록 노력해야 한다. 몸, 말, 뜻의 모든 행위에 주의를 기울이면서 다른 이들 앞에서 뽐내기 위한 장신구로서가 아니라 내면의 보배로 보듬고 부단히 수행하는 삶을 살아야 한다. 이런 티베트 속담이 있다. "마음을 바꿔라. 나머지는 그대로 놔둬라." 이는 특히 초심자들에게 좋은 조언이다.

인간으로 태어난 우리는 인간보다 낮은 수준의 중생들에게서 찾아볼 수 없는 특별한 기회를 가지고 있다. 인간의 마음은 아주 독특하고 귀한 것이다. 지혜를 성취할 수 있는 비상한 유연성과 능력을 가지고 있는 인간의 지능은 다른 유형의 생명에게서 찾아볼 수 없는 비약적인 속도로 진화하고 있다. 인간은 가장 참혹한 나락으로 떨어질 수도, 완전하고 청명한 빛의 마음이라는 최고의 경지를 성취할 수도 있다. 우리에게 어떤 결과가 일어날지는 우리의 손에 달려 있다. 만일 우리가 마음으로 좋은 방법을 닦고 선하고 창조적인 삶의 방법과 삶의 방향을 일으킨다면, 우리에게 이익이 있을 것이라는 점은 의심할 여지가 없다. 그와 반대로 피상적인 목표를 좇기 급급하고 마음이 필요로 하는 보다 깊은 것에 주의를 기울이지 않는다면, 우리는 좌절과 혼돈에 빠질 수밖에 없다.

인간의 삶을 가로막는 모든 문제의 원인을 찾을 때, 우리는 늘

상 정신적인 수양과 깨달음의 부족이라는 근본 원인을 빼고 나머지 모든 것을 책망한다. 이 쇠락의 시대에 세계 분위기는 아주 어둡다. 우리를 둘러싼 환경은 오직 악업과 가치없는 산만한 것으로 이끌고 있다. 이러한 상황에서 수행으로 터득한 지혜로 마음을 보호하지 않는 것은 우리를 부정적인 마음에 무방비 상태로 방치하는 것과 매한가지이다. 이렇게 두면 윤회전생의 악순환이 우리를 생사의 흐름 속에 붙잡아 머지않아 자제 비슷한 것조차 하지 못하게 된다. 우리의 삶은 우리를 어둠으로 몰아갈 것이며, 죽음은 오직 헛된 목적을 추구했던 기억만을 적나라하게 들추어 미래의 생^生들로 끌고 갈 것이다.

바로 지금이 삶의 정수를 뽑아내야 할 때이다. 우리는 깨달으신 분들, 가르침의 전승 전통과 수행을 통해 성취하신 분들의 집단으로 주의를 돌려야만 한다. 그리고 삶에 그 가르침을 적용해야만 한다. 이 말은 오늘 보통 사람이었던 우리가 내일 단박에 모든 가르침을 실천해야 한다는 것이 아니라, 조금씩 주의 깊게 가르침들을 공부하고 나서 다양한 단계의 명상을 통해 천천히 익혀 나아가야 한다는 것이다. 우리의 마음은 무수한 삶을 사는 윤회적 관점에 길들여져 있다. 따라서 깨달음의 길을 빨리 혹은 쉽게 성취할 수 있다고 생각하지 말아야 한다. 흔들림 없는 꾸준한 정진과 명료하고 호기심 많은 마음이 이 깨달음의 길에 필수적인 것들이다. 다양한 수행자들이 각자의 속도로 수행의 진보를 일으킨다. 이는 그들의 업이 이룬 환경과 수행의 힘과 정확함에 달려 있다. 따라서 우리는 이 정도 수준은 되어야 한다는 기대를 버리고 가르침을 실천해야 한다. 출가한 한 서양인이 내게 문제를 털어놓았다. 오 년 동안 열심히 정진했는데 얻은 것이 없다는 것이었다. 나는 그의 마음이 수억 만 년의 생을 거치는 동안 오직 윤회만을 알았기 때문에 더욱더 가행정진해야 한다고 대답했다. 우리가 수행을 잘 해 나가면 어느 날 우리 안에서 그 진보를 성취할 수 있으리라는 것은 너무나 자명한 일이다.

수행이 정말 가치 있는 것일까? 마음속에서 괴로움을 일으키는 힘을 없애는 것이 정말 가능할까? '마음의 궁극적인 본질은 청명한 빛(sems kyi 'od gsal, prabhāsvaracitta)'이라고 한다.♦ 의식은 많은 단계로 이루어져 있다. 조잡한 혹은 거친 단계의 의식들은 염오染汚의 힘, 즉 번뇌의 영향을 받지만 가장 미세한 단계의 의

♦ 역자 주: 정광명淨光明이란 단어로 종종 번역되지만 대장경 등에서 전통적으로 정광명이 sems kyi 'od gsal의 번역어로 쓰였다는 문헌적 근거는 찾지 못했기 때문에 여기에서는 '청명한 빛의 마음'으로 번역하였다.

식은 조잡한 번뇌의 영향을 받지 않는다. 금강승 체계에서는 이 가장 미세한 단계의 의식을 '청명한 빛의 마음'이라고 부른다. 전도몽상과 번뇌, 이와 더불어 옳고 그름을 분별하는 마음, 사랑과 증오 등은 오직 알아차리기 쉬운 조잡한, 거친 단계의 의식과 연결되어 있다. 이 순간에도 우리는 이러한 조잡한 수준의 의식 작용에 몰두하고 있다. 따라서 우리는 반드시 이 조잡한 수준의 마음 안에서부터 수행을 시작해야만 한다. 이 말은 곧 의식적으로 증오를 누르고 사랑을 증폭시키며, 성냄의 자리에 인내를 놓고, 집착하는 대신 정서적 자유를 누리고, 폭력을 넘어 자애를 일으키는 등의 수행을 하는 것부터 시작해야 한다는 뜻이다. 이렇게 수행을 시작하는 것은 우리의 마음에 즉각적인 평화와 고요를 가져다 줄 것이다.

그다음으로, 자아와 현상이 진짜로 존재하는 것처럼 인식하는 것이 광대한 영역의 잘못된 마음 상태를 일으키는 원인이기 때문에 우리는 사람과 현상의 '참나(자성自性, 진아眞我)'를 없앨 수 있는 지혜를 계발해야 한다. '참나'라는 인식의 오류를 잡아내기 위해서는 모든 수많은 마음의 왜곡을 바로잡아야 한다. 나와 현상에 대한 잘못된 인식은 진리에 근거한 것이 아니다. 이는 우리가 왜곡을 바로잡을 수 있는 대처 방법을 적용하면 간단히 사라진다. 왜곡된 인식은 있지도 않은 참나에 대한 뿌리 깊은 믿음에 근거하고 있기 때문에, 지혜와 수행을 통해 성취한 다른 여러 자질을 통해 재빨리 뿌리 뽑을 수 있다. 이것이 마음속에 있는 부정적인 영향력을 떨궈 내고, 괴로움을 극복할 수 있는 방법이다.

윤회로부터의 자유를 성취하기 위해서 우리는 반드시 세 가지 상위 수행을 완벽하게 해야 한다. 이 세 가지 수행은 계율, 선정 그리고 공성의 지혜이다. 이들 가운데 가장 중요한 것은 공성의 지혜이다. 우리는 공空, 즉 자아와 현상의 자성의 결여를 이해함으로써 참 존재로서 자아와 현상을 잘못 인식해 일어나는 수많은 마음의 번뇌들을 올바르게 제거할 수 있다. 그러나 지혜를 계발하는 수행을 하기 위해 성숙하고 강해져야 한다. 그러기 위해서는 반드시 지혜의 계발에 앞서 선정을 길러야 하며, 선정을 기르고 지지하기 위해서는 반드시 계율, 즉 자기 절제를 수양해야 한다. 이 계율은 우리의 마음을 진정시키고 명상에 이로운 환경을 조성해 준다. 우리가 이 세 가지 수행을 모두 닦고 이 수행을 완벽하게 만들면 윤회로부터의 자유를 반드시 성취할 수 있다.

계율, 선정, 공성의 지혜라는 이 세 가지 상위 수행은 기본적으로 소승불교의 체계에 속한다. 소승은 람림 수행 체계 안에서는 불교의 학파로 분류되지 않고 통달해야 할 수행과 명상의 체계로 언급된다. 그러나 람림 수행의 본질은 대승불교 체계 안에 있다. 민주주의 사회에서 우리가 하듯, 우리는 모든 중생을 이롭게 하는데 필요한 모든 수단과 방법을 찾아보아야 한다.

이렇게 생각해 볼 수 있다. "다수의 생명이 나 같은 한 개인보다 훨씬 중요하다. 더군다나 이번 생과 수많은 이전의 생 동안 다른 이들은 나에게 크나큰 사랑을 보여 주었다. 어떻게 내가 자신의 열반만을 위해 수행하면서 다른 이들을 소홀히 할 수 있겠는가? 붓다와 스승들의 가르침을 내가 수행할 수 있는 것조차 그들의 사랑 덕분이다. 그들에게 보답하기 위해 내가 언제나 그들에게 이익을 주는 존재로 나타나기를 소망한다. 그러나 가장 궁극적으로 그들을 도울 수 있는 지혜라는 선물을 얻기 위해 나 자신이 우선 더 깊은 수준의 진리에 대한 통찰의 눈을 길러야만 한다. 그리고 모든 것을 아시는 붓다들께서 다른 중생들의 근기와 필요에 완벽하게 맞추어 소통하는 완전한 능력과 지식을 가지고 계시기 때문에, 나는 반드시 완벽한 붓다의 지위를 성취하기 위해서 부단히 정진해야 한다." 세상에 최상의 이익을 보답하기 위해서 깨달음을 얻겠다는 이러한 서원을 계발해야 하며, 수면에서 명상까지 우리의 모든 행동 속에 이러한 서원이 자연스럽게 충만할 때까지 이 서원을 의식적으로 붙들고 있어야 한다. 대승의 기본과 핵심은 육바라밀六波羅蜜, 사섭법四攝法 그리고 무상 요가 딴뜨라의 생기차제生起次第와 구경원만차제究竟圓滿次第의 두 단계를 수행할 수 있는 기회를 열어 줄 것이다. 또한 일상의 생각, 말 한마디 한마디와 행동을 구경究竟을 깨닫는 잠재적 원인으로 변화시킬 것이다. 따라서 3대 달라이 라마의《황금 정련의 요체》는 짧은 논서이지만 소승, 대승, 금강승의 방법을 포함한 불교의 사상과 수행을 집대성한 수행 안내서라고 할 수 있다. 이 논서에 대한 가르침은 단 몇 시간 만에 끝낼 수도 있고, 몇 달에서 수 년에 걸쳐서도 할 수 있다.

람림 전통의 소의경전은 붓다께서 설하신 어머니 수뜨라(불모경佛母經) 또는 반야경부般若經部이다.[◆] 나가르주나께서는 반야부의 경전을 문수보살과 공부하고, 붓다께서 가르치신 공성의 교리에 대한 최고의 이해를 얻어, 반야경부의 가르침을 요약해 쓰셨다. 나가르주나의《근본중송根本中頌(중론中論, Mūlamadhyamaka-kārikā)》은 교학적 극단주의를 넘어선 중도의 사상을 펴는 중관

◆ 역자 주: 반야경은 중생을 붓다로 태어나게 해 준다는 뜻에서 붓다의 어머니라고 한다. 그래서 반야경을 불모경佛母經이라고 부른다.

학파中觀學派의 근간이 되었다. 나가르주나의 교학은 대비바사부大毘婆沙部(설일체유부說一切有部, Sarvāstivāda-Vaibhāṣika와 경량부經量部)의 논리적 오류를 넘어선 가장 심오한 것이며 붓다께서 뜻하신 바에 가장 적확하게 이른 것이다.

람림 전통의 근간이 되는 또 다른 저서는 미륵彌勒(Ajita)의《현관장엄론現觀莊嚴論, abhisamayālaṃkāra》이다.◆ 전해 오는 이야기에 따르면, 아상가가 그의《반야경부》에 대한 이해에 만족하지 못해 12년간 안거에 들어 용맹정진을 했다. 그러나 큰 성과가 없자 실망하여 그곳을 떠나려 했다. 떠나오는 길에 그는 간신히 살아 있는 암캐를 보았다. 큰 연민의 마음을 일으킨 아상가는 그 암캐의 몸에 들러붙은 벌레들을 떼어 내 주기로 마음먹었다. 그렇지만 벌레들을 해칠 수 없어 그의 살을 저며 그 벌레들을 옮

◆ 아상가(Asaṅga, 무착無著)가 12년 동안의 안거 끝에 미륵보살의 현현에게 받은 다섯 주요 논서 가운데 하나. 이 다섯 논서는 미팜데아라고 불린다. 서구권의 학자들은 이 다섯 논서를 아상가의 저서라고 하는데, 아상가가 받아썼기 때문이다. 그러나 전통적인 불교도들은 이 다섯 권을 미륵보살의 저작이라고 보는데, 이는 미륵보살께서 이 다섯 저작의 영감을 주었기 때문이다.
역자 주: 원역자는 미륵오부彌勒五部의 티베트어를 미팜데아(mi pham sde lnga)라고 했는데, 보다 널리 알려진 이름은 잠최데아(byams chos sde lnga)이다. 특히《현관장엄론》은《현증장엄론》이란 제목으로 출판되었다. 참조:《현증장엄론 역주》(불광출판사).

기려 했다.* 그러자 갑자기 그 암캐가 미륵보살로 변해 아상가의 안거는 결실을 맺게 되었다고 한다. 미륵보살의 화현에 힘입어 아상가께서는 후에《현관장엄론》을 쓰셨다.《현관장엄론》은《반야경부》에 있는 모든 광대한 수행의 방향, 수행의 방법 그리고 수행의 단계를 명료하고 간략하게 집대성한 것이다. 람림은 근본적으로《현관장엄론》의 핵심을 가르친 것이라고 말하기도 한다.

람림 전통을 티베트에 가져온 아띠샤께서는 아상가의 전통을 계승하신 셀링빠 아래서 12년간 수학하셨다. 아띠샤께서는 55번째 스승인 셀링빠가 가장 자상하신 분이었다고 종종 말씀하셨다고 한다. 이와 더불어 비드야꼬낄라 형제의 동생 아와두띠빠에게서 나가르주나로 전해 내려오는 지혜의 전통을 이은 것과 흑산黑山의 라훌라굽따(Rāhulagupta, sbas pa'i rnal 'byor sgra gcan 'dzin pa)에게서 많은 딴뜨라의 교리를 배운 것도 아띠샤의 인생에 중요한 역할을 했다. 그 뒤로 람림의 전통은 까담빠 스승

---

* 역자 주: 아상가는 벌레들을 손가락으로 집어서 옮기다가는 벌레들의 연약한 몸이 다칠 것을 걱정해서 자신의 혀에 옮겨 와 벌레들을 자신의 저민 살 위에 놓아주려고 했다. 그러나 그가 눈을 감고 벌레들이 붙은 개의 몸에 혀를 가져가도 개의 몸에 닿지 않아 눈을 떠 보니 미륵보살이 계셨다고 한다.

들을 통해 전승되었고, 수세기를 거치면서 티베트 불교의 모든 주요 종파에 커다란 영향을 미쳤다. 신까담빠 또는 겔룩빠는 람림의 가르침을 불법 수행에 대한 가장 근본적인 접근 방법으로 받아들였다. 쫑카빠 대사께서는 그의《보리도차제대론》서문에서 이 수행서는 아띠샤와 아띠샤께서 지으신《보리도등론》에 감화를 받아 쓰게 된 것이라고 분명하게 말씀하신다.♦

《황금 정련의 요체》를 쓰신 3대 달라이 라마께서는 티베트의 뙤룽(stod lung) 지역에서 태어나셨다. 태어난 지 얼마 되지 않았을 때, 이 지역의 천안통을 가진 한 요기가 방금 태어난 분이 최근에 입적한 걜와 겐뒨 갸쵸(rgyal ba dge `dun rgya mtsho, 1476-1542, 2대 달라이 라마)의 환생신이라고 예언하였다. 이 예언이 널리 퍼져, 사절단이 와서 아이의 몸을 점검하고, 환생신 후보 목록에 올렸다. 후에 네충의 신탁이 이 아이가 겐뒨 갸쵸 스님의 환생신일 뿐만 아니라 빠드마삼바바의 화현이라는 것을 확인해 주었다. 소남 갸쵸 존자는 유년기에 쫑카빠의 현현을 보는 경험을 하셨다고 한다. 어릴 적에 수많은 신기한 일들이 일어났다.

♦ 역자 주: 실제로 쫑카빠 대사가《보리도차제론》을 쓰신 작은 암자는 까담빠의 중심지이자 아띠샤의 거처였던 레팅 사원에서 십 분 정도 거리에 위치한 아름다운 곳이다.

그는 후에 데풍 사원에서 수 년간 교육을 받고 수행하셨다.

흥미로운 일화가 있다. 1대 달라이 라마의 법명은 겐뒨 둡(dge 'dun grub, 1391-1475)이었고, 2대 달라이 라마의 법명은 겐뒨 갸쵸였다. 3대 달라이 라마의 원래 법명은 예언에 따라 "'겐뒨'이라는 이름으로 널리 알려질 분"이라는 뜻의 겐뒨 닥빠(dge 'dun grags pa)였다. 후에 3대 존자께서 빤첸 소남 닥빠(panchen bsod nams grags pa, 1478 - 1554)께 수계를 받을 때, 소남 닥빠께서 3대 존자의 법명을 소남 갸쵸로 바꾸셨다.♦ 데풍 사원의 스님들이 이에 대해 불평했지만, 그럼에도 불구하고 3대 달라이 라마께서는 소남 갸쵸라는 법명을 유지하셨다. 이렇게 보면 3대 달라이 라마께서는 당신의 일생을 예언과 반대되는 이름을 가지고 사신 것이다. 5대 달라이 라마께서는 여러 곳에서 겐뒨 닥빠라는 이름을 소남 갸쵸로 바꾼 빤첸 소남 닥빠의 흔치 않은 결정을 비판했다.

3대 달라이 라마, 소남 갸쵸 존자께서는 특히 중앙아시아의 외딴 곳과 원시적 삶을 사는 사람들에게 더욱 자상하셨다. 몽골

♦ 역자 주: 빤첸 소남 닥빠는 겔룩빠의 수장인 제15대 간덴티빠로, 로셀링 사원 교과서의 전체적 틀을 만들었다.

과 동부 티베트의 여러 지역을 다니며 불법을 가르치고, 사원을 짓고, 람림의 가르침을 전파하시는 데 전념하셨다. 3대 달라이 라마께서 지으신 동북부 티베트 암도 지방의 꿈붐 사원은 티베트의 가장 큰 사원들 가운데 하나가 되었다.

2장

수
행
에
대
한
세
가
지
견
해

...

14대 달라이 라마

3대 달라이 라마의《황금 정련의 요체》는 수행을 성취하신 존경스러운 스승, 제쮠 라마(rje btsun bla ma)*에 대한 귀경게로 시작한다.

3대 달라이 라마

삼보三寶의 현신이신

존귀하고 청정한 바른 스승들(제쮠 라마)의 발에

◆　성스러운 스승을 뜻한다.

지극한 존경의 마음으로 귀의하오니

가피를 내려 주소서.

14대 달라이 라마

제쮠 라마의 '제(rje)'는 조잡한 활동에 마음이 끌리지 않는 정신적인 자유를 뜻하며, 더 높은 선함을 추구하며 즐거워하는 마음이다. 이러한 마음의 상태를 성취하는 것은 람림 수행의 세 단계 중 첫 번째 단계의 자질이다. '쮠(btsun)'은 윤회의 수레바퀴 안에서 가장 높은 수준의 행위에도 마음이 끌리지 않고 열반의 적정함에도 마음이 끌리지 않는 정신적 자유를 뜻한다. 이는 각각 람림 수행의 두 번째와 세 번째 단계의 자질이다. 음절 '제'와 '쮠'은 또한 무상 요가 딴뜨라의 두 단계, 생기차제^{生起次第}와 구경원만차제^{究竟圓滿次第}로 완전히 발현한 청명한 빛의 마음 형상과 지혜의 성취를 뜻한다. 이 귀경게는 과거의 전통을 계승하신 스승들에 대한 귀의이자 수행자 자신의 스승을 뜻하며 수행의 결과로 미래에 깨달음을 성취할 존재로서의 자신을 귀의한다.♦ 우리는 이 논서의 초입에서 감화를 받고 깨달음에 유리한 틀 안으로 수행을 데려오기 위해 이 '제쮠 라마'에 대해서 생각해 봐야 한다.

람림은 붓다의 모든 가르침의 정수라고 불리는데, 이는 람림의 소의경전이 반야경부의 가르침에 기반하여 붓다의 가르침에서 일어난 소승, 모두에게 열려 있는 대승 그리고 비밀 수행인 금강승의 가르침을 두루 회통한 수행의 단계와 방법을 제시하기 때문이다. 람림의 주요 근거는 존재의 심오한 본질을 주제로 하는 반야경부이다. 이 반야경부는 과거, 현재, 미래의 모든 성인이 여행하는 유일한 길이다. 오직 이 심오한 진리만이 월등한 사람을 배출할 수 있다. 여기서 월등하다는 것은 전도顚倒된 마음, 번뇌 그리고 악업을 지으려는 충동보다 위에 있는 면을 뜻한다. 람림은 소승, 대승, 금강승이라는 세 단계 수행을 회통하여 아우르지만, 그 목적이 세상을 복되게 하기 위해 일체지의 광휘로 이끄는 수행의 최상 수준의 것이기 때문에 '최상근기의 수행자를 위한 다르마'로 불린다.

람림은 여의주와도 같다. 수행자는 람림의 다양한 수행법을

◆ 역자 주: 귀의처에는 두 가지가 있는데, '원인으로서의 귀의처'는 귀의함으로써 깨달음을 성취할 수 있는 원인, 즉 불법승 삼보를 말한다. '결과로서의 귀의처'는 수행을 통해 장래에 깨달음을 성취할 미래의 붓다인 자기 자신, 마음의 흐름 안에 있는 깨달음의 길인 미래의 법 그리고 성인의 지위를 성취하는 것으로 미래 승의 삼보를 일컫는다.

통해 니르바나와 불성을 포함한 모든 환희, 힘 그리고 깨달음의 단계를 얻을 수 있다. 람림은 셀 수 없이 많은 인도 불교 전통의 강줄기가 흘러들어 오고, 모든 수행이라는 보석을 채취할 수 있는 큰 바다이다. 각 수행법은 꼼꼼하게 그리고 서로 배치되지 않게 고안된 체계 안에 담겨 있다. 예를 들어《황금 정련의 요체》에서 다루는 첫 번째 수행 주제는 '스승에 대한 올바른 자세를 갖추는 방법'이다.《황금 정련의 요체》는 이 주제를 하위 수행 체계, 즉 소승과 대승의 입장에서만 설명하는 것이 아니라 무상 요가 딴뜨라의 교학을 가미하여 설명한다. 이렇게 원용한 접근 방법은 수행 효과를 극대화할 수 있다. 수행자가 기초적인 수행 방법에만 몰두하고 있을 때에도 그의 마음이 보다 높은 단계의 수행 방법을 향해 성숙해 가도록 인도하기 때문이다. 이와 반대로 수행자가 무상 요가 수행법에 몰두하고 있을 때에도 보다 일반적으로 통용되는 계율을 어기지 않게 주의를 기울일 수 있도록 돕는다. 이렇게 우리는 "눈에 보이는 소승의 수행, 모두에게 열려 있는 대승의 내적 수행 그리고 금강승의 비밀 수행"이라는 말을 구현할 수 있다. 람림의 체계 안에서 다루는 수행 주제의 범주는 지적 만족을 위한 것이 아니라 순전히 쉽고 효과적인 수행을 위한 것이다.

람림의 수학修學은 수행자에게 네 가지 큰 이익을 준다. 붓다의 다양한 교리를 서로 상충되지 않게 이해할 수 있고, 다양한 가르침을 개개인에게 적합한 가르침으로 받아들일 수 있으며, 붓다께서 의도한 뜻을 쉽게 찾을 수 있고, 성스러운 다르마의 어떤 측면을 무시하는 막중한 실수를 저지르지 않을 수 있다.

3대 달라이 라마

이러한 연유로 이《보리도차제》의 가르침은 다른 가르침들보다 특별히 수승한 네 가지 위대함을 갖추고 있다.

첫째,《보리도차제》에 의지해서 붓다의 모든 가르침 중 일부는 수행도修行道의 핵심이고, 또 다른 부분은 이 도道의 핵심을 이해하는 데 도움을 주는 방편임을 알게 된다. 직간접적으로 나 같은 사람도 성불할 수 있게 하는 원인임을 알게 해 주기에 '모든 가르침을 어긋남 없이 깨닫게 하는 위대함'이 있다.

14대 달라이 라마

붓다께서는 50여 년간 인도를 떠돌아다니며 개개인의 근기에
알맞은 가르침을 펴셨다. 때로는 큰 요기, 학자 그리고 수행자
들을 가르쳤고, 때로는 왕과 왕비들을 가르쳤으며, 때로는 평범
한 사람들을 가르치셨다. 따라서 경전에 기록된 붓다의 말씀은
다양한 수준과 목적을 가지고 있다. 그중 몇몇은 표면적으로 서
로 상충되는 것처럼 보인다. 예를 들어 소승의 '바라제목차', 즉
계율 가운데에는 먹을 수 있는 유형의 고기를 설명하는 대목이
있다.♦ 이와 반대로, 대승 경전인《입능가경入楞伽經》은 육식을 완
전히 금하고 있다. 그리고 몇몇 금강승의 딴뜨라 문헌에서는 육
식을 해야 한다고 훈계하는 장면도 찾아볼 수 있다. 우리가 람림
을 공부하고 수행할 때, 우리는 근간이 되는 수행 방법과 부수적
인 수행 방법이 수행의 단계에 따라 또는 수행자의 다양한 근기
에 따라 끊임없이 점차적으로 발전하는 것을 볼 수 있다. 우리는

♦ 역자 주: 비구나 비구니가 탁발한 고기를 먹어도 되는 세 가지 경우로 삼정육三淨肉을 일
컫는다. 나에게 보시하기 위해 죽여서 고기를 취하는 장면을 보지 않은 고기, 나에게 보
시하기 위해 죽여서 얻은 고기라는 말을 듣지 않은 고기 그리고 나를 위해 죽인 것이 아
닌가 하는 의심이 들지 않는 고기는 먹어도 된다고 한다.

붓다께서 특정 단계와 유형의 수행자에게는 특정한 수행의 방법을 가르치고, 다른 단계와 근기를 가진 수행자에게는 사뭇 다른 방법을 가르치신 이유를 이해할 수 있게 되었다. 이러한 이해는 우리들이 어떤 논서를 읽거나 전통의 가르침을 학습할 때 표면적으로 보이는 모순에 헷갈리거나 방해받지 않고 이해할 수 있도록 도울 것이다. 이를 통해 우리는 특정한 환경, 수행 수준, 수행자의 근기에 따른 모든 고유의 가르침이 가지는 가치를 제대로 이해할 수 있게 된다.

3대 달라이 라마

둘째, 현교顯敎·밀교密敎의 경전과 그 주석인 바른 논서들이 마음을 닦는 수행법이 아닌 외부의 지식만 강조해 가르치는 것이라는 생각과 이에 담긴 가르침 외에 수행의 핵심이 따로 있다고 보는, 전도된 두 가지 잘못된 생각에서 완전히 벗어나야 한다. 모든 현·밀의 경전과 그 주석인 바른 논서들의 의미를, 올바른 선지식을 의지하는 것부터 사마타와 위빠사나까지 수행의 차제로, 수행의 핵심으로 삼아 마음에 깊이 새겨야 한다. 이 또한 논리적 분석이 필요한 내용에 대해서는 분석 명상을 하고(쬐곰), 집중이 필요한 내용에 대해서는 집중 명상을 하는 것(즉곰)이 수행의 핵심임을 이해할 수 있기에 '모든 가르침을 요의법으로 깨닫게 하는 위대함'이 있다.

14대 달라이 라마

우리가 다양한 수행의 길과 수행법에 전반적인 관점을 성취한다면 우리는 모든 가르침이 상호 모순되지 않는다는 것을 이해할 수 있을 것이다. 더불어 이 모든 가르침을 자신의 수행에 적용해 융화시킬 수 있을 것이다. 쫑카빠대사께서는《보리도차제대론》에서 "우리는 어떤 수행을 중점적으로 닦아야 하는지, 수행의 다양한 단계들 속에서 어떤 수행법을 그 근간으로 삼아야 하는지 그리고 자신의 근기와 상황이 허락하기 전까지 중심적 가르침 이외의 다른 모든 가르침을 어떻게 일시적인 부수적 가르침으로 삼아야 하는지 잘 알 수 있게 될 것이다."라고 말씀하신다. 우리는 람림을 통해 붓다의 모든 가르침을 안전하고 이익이 되는 방향으로 탐험할 수 있는 능력을 갖추게 될 것이다. 따라서 우리는 마음을 조복하게 계발하는 것을 목표로 하는 모든 계율이 마치 붓다께서 우리 한 사람 한 사람의 사정에 맞추어 가르치신 것처럼 느낄 수 있다. 앞서 예로 든 육식의 경우 우리가 특정한 소승 수행을 닦을 때에는 오직 특정한 유형으로 보시 받은 고기만 먹을 수 있으며 다른 유형으로 보시된 고기는 거부 해야 한다. 현교의 대승 수행과 행行 딴뜨라(kriya tantra) 등을 수 행할 때에는 어떠한 유형의 고기든 모두 배제해야 한다. 그러나 우리가 무상 요가 딴뜨라를 수행할 때에는 의례儀禮와 명상이 정 하는 바에 따라 고기를 먹어야 한다. 이처럼 모든 단계의 수행을 모순되지 않은 것으로 이해하고, 수행 중에 일어나는 다양한 능 력을 일으키고 성취하기 위해 실천에 옮기는 방편으로 이해할 수도 있을 것이다.

람림은 모든 수행의 방법을 각각 수행하는 데 적합한 방법으 로 소개하는 것과 더불어 지적으로 만족할 수 있는 실질적인 수 행의 길을 제시한다. 예를 들어 람림의 수행 체계는 구루 요가 (guru yoga)의 수행자가 단순히 스승을 영상화映像化하여 관觀하거 나 스승을 관하는 것을 목적으로 하는 것뿐만 아니라, 올바른 스 승을 찾아야 하는 이유를 공고히 사유하며 스승과 도움이 되는 관계를 길러 나갈 것을 권장한다. 이러한 수행의 실천과 지적인 탐구의 조합은 람림 수행의 근간을 이루며 깨달음을 갈망하는 수행자에게 수행의 모든 단계에 대한 폭넓고 투철한 이해를 제공한다. 람림은 불교의 수행에서 중요한 두 가지 덕목인 개개인의 수행에 대한 확신과 책임감을 가지도록 북돋운다.

3대 달라이 라마

셋째, 붓다의 원음原音과 후대 주석가들의 가르침이 순수한 가르침이라는 것은 당연하다. 그러나 초심자가 감당하기 힘들 정도로 다양하여 이 가르침의 뜻을 제대로 이해하는 것은 무척 어렵다. 따라서 우리가 이러한 가르침들을 공부하고 사색하더라도, 이 가르침의 정수를 경험하기는 힘들 것이다. 설령 그러한 경험을 획득할 수 있다 하더라도 이는 막대한 노력과 지대한 시간을 공들여야 가능한 것이다. 그러나 람림의 가르침은 아띠샤의《보리도등론菩提道燈論》을 그 원천으로 하고,《보리도등론》은 수승한 인도의 스승들께 직접 받은 다양한 가르침을 원용하고 있기 때문에 나 자신과 같은 사람이라 할지라도 이 길을 따라 붓다의 가르침에 쉽고 빠르게 도착할 수 있다.

14대 달라이 라마

붓다의 원음은 방대하고 광활하다. 깡귤(티베트어로 번역한 붓다의 가르침인 경전들)만 보더라도 수백 권의 매우 두꺼운 경전들이며, 뗑귤(티베트어로 번역한 인도 스승들의 논서들)은 이백 여권이 넘는다. 초심자가 이토록 방대한 자료를 읽는 것은 무척 힘든 일이며, 혹자가 이 모든 전적을 읽을 수 있다 하더라도 이를 지적으로 소화하거나 자신에게 가장 알맞은 일관된 수행 체계로 회통한다는 것은 거의 불가능하다고 할 수 있다. 대부분의 저작들이 불법의 특정한 측면을 설명하고 있기 때문이다. 그러나 아띠샤의 《보리도등론》과 같은 구전 전통에 의지한다면 붓다의 가르침을 매우 쉽게 획득할 수 있으며 모든 가르침에 의거한 완벽하고 포괄적인 수행 체계를 이번 삶 안에서 빠르게 계발할 수 있을 것이다.

3대 달라이 라마

넷째, 이처럼 쉽게 이해함으로써 붓다의 모든 직간접적인 가르침들이 다양한 중생이 필요로 하는 바를 충족시킬 수 있는 지혜롭고 능숙한 방편이라는 것을 이해할 수 있게 된다. 불법을 전승하는 특정 전통은 완전하며 닦아 수행해야 하는 것이고, 다른 전통은 불완전하며 무시해야 한다고 보는 견해는 '불법을 저버림'이라는 아주 나쁜 악업이다. 그러나 만일 수행자가《보리도차제》를 수행한다면, 그는 붓다에게서 비롯한 모든 가르침과 전통들이 전혀 모순되지 않는다는 것을 이해할 수 있게 되고, 불법佛法의 한 측면을 저버리는 막중한 실수를 절대 범하지 않을 것이다.

14대 달라이 라마

수행의 체계와 방법들에 대한 총괄적인 관점을 가지고, 경전과 논서들에서 붓다께서 왜, 누구에게 그리고 어떠한 특징을 가진 수행을 상세하게 설명하시는지를 사유해야 한다. 이로써 모든 가르침을 그들의 기반 위에서 제대로 이해하게 되며 "이 가르침은 뛰어나고 저 가르침은 쓸모없다. 이 학파는 좋고, 저 학파는 나쁘다."라는 평가의 말을 하는 막중한 실수에 빠지지 않을 수 있게 된다.

경전에서는 종파주의*가 천 명의 붓다를 죽이는 것보다 더 막중한 악업이라고 한다. 왜 그럴까?

붓다께서 불법을 가르치는 핵심적인 목적은 마음의 미세한 인식의 오류, 즉 전도몽상顚倒夢想과 괴로움의 경험을 제거하려는 것이다. 이 목적을 달성하기 위해 중생은 열반을 성취해야 한다. 붓다께서 가르침을 펴는 단 하나의 동기는 다른 중생들에게 이익을 주기 위해서이며, 그 이익은 이러한 가르침들을 통해 성취할 수 있는 것이다. 따라서 이러한 가르침 가운데 단 하나라도 낮추보는 것은 붓다를 경멸하는 것보다 더 나쁜 것이다. 이것이 하나의 전통을 따르며 다른 전통을 낮추보는 것의 결과이다.

더불어 모든 붓다께서 모든 전통의 가르침을 존중하시는데 우리가 그렇게 하지 않는다는 것은 일체제불을 모욕하는 꼴이 되어 버리고 말 것이다. 붓다의 본분이란 무엇일까? 다르마를 가르치시는 것이다. 그리고 이 다르마야말로 붓다를 깨달음으로 이끈 것이다. 붓다의 다르마 체계 안에서는 창조주를 받아들이지 않는다. 모든 현상은 상호의존적으로 존재한다. 따라서 붓

◆　역자 주: 여기서 종파주의란 오역죄五逆罪 또는 오무간죄五無間罪 가운데 화합의 승가를 깨뜨리는 파화합승破和合僧의 죄를 지칭하는 것으로 보인다.

다들께서는 중생들을 돕겠다는 목적을 직접적으로 달성할 수 없다. 그들은 오직 가르침이라는 매개체를 통해서만 중생을 도울 수 있다. 직접 구원하지 못한다는 면에서는 붓다들의 능력에 한계가 있다고도 볼 수 있다.♦ 따라서 그분들께서 하는 가르침, 즉 다르마가 붓다 자신들보다 더 소중하고 중요한 것이라고 말할 수 있다. 중생의 근기와 성향 또는 습기習氣가 천차만별이기 때문에 붓다들께서는 다양한 교리와 수행 방법을 가르치셨다. 만일 우리가 이들 가운데 하나만을 따르며 다른 가르침과 수행 방법들을 깔본다면, 이는 우리가 다르마를 버리는 것이고 더 나아가 붓다를 저버리는 꼴이 되고 말 것이다.

♦ 역자 주: 이 대목은 조금 설명이 필요하다. 창조주의 존재는 모든 인과의 시작이며 인과법에서 벗어난 존재이다. 따라서 창조주를 설정하는 종교 전통에서는 창조주가 인과법을 무시할 수 있는 힘을 가지고 있다. 그러나 불교의 입장에서 인과법에는 예외가 없다. 따라서 누가 누구를 윤회에서 구제해 주는 것은 불가능하다. 그러므로 불보살의 중생 구제 방식은 '건져 내 주는' 것이 아니라 진리를 설해서 중생으로 하여금 스스로를 괴로움의 바다에서 벗어나도록 도와주는 것이다.

3대 달라이 라마

이와 같이 경전의 뜻을 분석하여 지니거나 배우기를 바라는 이
들은 인도와 티베트의 훌륭한 스승들께서 의지하고, 마음 속 깊
이 배운 수승한 가르침인 세 중생의 수행 단계를 기쁜 마음으로
단단히 붙잡아 가르침을 듣고, 사유하며, 수행하는 것이 옳다.
이 가르침, 람림은 앞서 설명한 것과 같은 네 가지 위대한 면모
를 가지고 있기 때문이다.

쫑카빠대사께서도 이렇게 말씀하신다.

람림의 수행을 통해

모든 가르침을 서로 상충하지 않게 이해할 수 있으며

모든 경전의 가르침이 개개의 가르침으로 나타나며

붓다의 가르침을 어렵지 않게 찾을 수 있으며

막대한 실수의 벼랑에서 떨어지지 않도록 보호받을 수 있다.

인도와 티베트의 많은 훌륭한 현자^{賢者}들께서

의지하신 이 수승한 가르침인

삼사도^{三士道}의 수행 단계를

14대 달라이 라마

모든 경전의 정수를 취한 구전口傳의 가르침을 통해 우리는 가르침을 모두 공부하고 수행하는 이익을 성취할 수 있다. 그러나 이 교리의 정수에 다가가 이러한 이익을 받기 위해서는 공부와 수행의 방법을 올바르게 할 필요가 있다. 선입견과 미신을 마음속에서 떨쳐 내고 정신을 집중하며, 항상 일정한 시간에 정기적으로 수행할 수 있도록 노력해야 한다. 선입견에 사로잡힌 채 다르마를 수행하고 공부하는 것은 정갈한 음식을 더러운 항아리에 담는 것과 마찬가지이다. 주의가 산만한 것은 음식을 위아래가 뒤집힌 항아리에 담는 것과 마찬가지이다. 그리고 수행을 이따금 하다 말다 하는 것은 밑 빠진 항아리에 음식을 붓는 것과 같다. 만일 우리가 정진의 대가인 온전한 이익을 얻고자 한다면, 반드시 이러한 세 가지 그릇된 태도를 버리고, 마음을 열고, 명료한 의식으로 공부하며, 공부한 것을 언제나 변함없이 정기적으로 적용해야 한다.

우리는 여섯 가지 인식을 언제나 염두에 두어야 한다. 여섯 가지 인식이란 우리가 번뇌에 병든 환자이며, 깨달은 분들은 의사이고, 다르마는 우리를 치료할 명약이며, 다르마의 수행은 처방에 따라 치료하는 것이며, 붓다 석가모니는 가장 자애롭고 현명하신 분이시고, 붓다의 전통을 계승하는 가르침은 인류에게 가장 고귀하고 가치 있는 보물이라고 보는 것이다.

3대 달라이 라마

이처럼 붓다의 모든 가르침의 핵심을 하나로 모은 위대한 면모를 갖춘 람림의 세 중생의 수행 단계와 방법이 매우 완벽한 것이라는 점은 더 언급할 필요가 없을 것이다.

이 전통을 가르치고 배우는 공덕에 대해 한번 생각해 보자. 스승이신 붓다와 가르침에 대한 공경심을 일으키며, 완벽한 체계로 근기根氣 있는 사람들에게 올바르게 가르침으로써 정법正法의 길을 따라 설명한 뛰어난 공덕을 쌓게 된다. 그리고 세 가지 그릇된 태도를 버리고, 배우는 이가 일으켜야 할 여섯 가지 생각*을 갖추어 틀리지 않게 법의 한 부분이라고 들으면 정법을 들음으로써 생기는 큰 공덕이 반드시 있다. 따라서 정법을 이치대로 설하고 이치대로 들을 수 있도록 정진해야 한다. 왜냐하면 쫑카빠대사께서도 이와 같이 말씀하시기 때문이다.

모든 경전의 핵심을 모으고 모은

이 차제를 단 한 번 설하거나 듣기만 하여도,

정법을 설하고 듣는 모든 공덕을 쌓을 수 있기에

그 뜻을 새겨야 한다.

◆　역자 주: 티베트어로는 뒤세둑(du shes drug)으로, 앞에서 설명한 바와 같이 자신을 병든 환자로 바라보는 등의 배우는 이가 일으켜야 할 여섯 가지 생각을 일컫는다.

3장

스승과 제자의 만남, 구루 요가

· · ·

3대 달라이 라마

《보리도차제》의 가르침을 바르게 듣고 배우는 이에게는 이와
같은 큰 공덕이 일어난다. 그러므로, 이 훌륭한 가르침을 누구에
게서 들어야만 하는지를 묻는다면….

14대 달라이 라마

번뇌와 업의 속박으로부터 우리를 해방해 줄 수행의 길과 단계
를 안전하게 여행하기 위해 우리는 반드시 이 목적을 달성하기
위한 효과적인 방법을 올바르게 적용해야 한다. 가장 확실한 방
법은 자격을 갖춘 선지식에게 의지하는 것이다. 자격을 갖춘 선

지식이란 수행의 결과를 직접 체득하고 자신의 경험을 수행자와 소통할 수 있는 능력을 가진 이이다.

소승과 대승 그리고 금강승 율장은 각각의 전통에 따라 검증된 스승이 갖추어야 할 자격에 대해 설명한다. 금강승 전통에서는 스승이 갖춰야 할 특정한 요건을 하위와 상위 딴뜨라가 각각 다르게 설명한다. 서로 다른 학습 유형과 수행에 따라 요건을 다르게 정의하는 이유는 특정 수준의 수행이 특별한 성격의 스승-제자 관계를 요구하기 때문이다. 일반적으로 더 강력한 수행의 방법을 적용할수록 스승의 자격 요건은 더 엄격해진다. 예를 들어 무상 요가 딴뜨라의 최종 요가를 성공적으로 닦기 위해서는 반드시 완벽한 깨달음을 얻은 붓다를 스승으로 삼아야 한다. 그러나 낮은 단계의 가르침이 필요한 제자는 기본적으로 해당 수행에 대한 배움과 통찰을 잘 가지고 있는 사람을 스승으로 삼으면 된다. 그러나 《황금 정련의 요체》는 아상가께서 《대승장엄경론大乘莊嚴經論(Mahāyānasūtrālaṃkāra)》에서 설명하는 여섯 가지 기본 자질과 네 가지 이타심을 갖춘 스승을 찾으라고 권한다.

람림을 가르치는 스승들이 갖춰야 할 여섯 가지 기본 자격 가운데 첫 세 가지는 수승한 세 가지 수행(삼학三學, triśikṣā)이다. 이 세 가지 수행은 소승에 기반을 두고 있지만, 이 여섯 가지 자격 모두가 소승, 대승 그리고 금강승의 전통 관점에서 해석이 가능하다. 이 여섯 기본 자질들 가운데 첫 번째는 삼학三學 가운데 계율戒律이다. 계율은 수행도의 근본이다. 계율을 지키지 않는 스승은 제자에게 계율을 닦으라고 권장할 수 없다. 계율을 받들지 못하는 스승이 제자에게 계율을 지키라고 한다면 그 제자들이 무상 요가 딴뜨라의 가장 강력한 요가들을 수행하더라도 장난감 병정을 가지고 노는 아이들처럼 진보가 없을 것이다.

두 번째로, 람림을 가르치는 스승들은 삼매의 고요함에 머무는 마음을 가지고 있어야 한다. 거친, 알아차리기 쉬운 조잡한 수준의 번뇌의 격동이 가라앉은 선정의 상태에 들어 있지 않다면, 지도하는 이는 가르칠 만큼의 명상 수행 경험을 얻을 수 없을 것이며 세 번째 자질인 지혜, 즉 혜학慧學을 일으킬 수 없을 것이다. 보다 깊은 수준의 진리에 대한 통찰의 눈을 가지지 않은 이는 수행의 스승으로서 자격이 없다. 그들의 마음은 전도몽상을 잠재우지 못했기 때문에 그들의 가르침은 진정한 불법을 전달하지 못할 것이다. 지혜를 갖추지 못한 스승은 자신뿐만 아니라 다른 이들에게도 위험하다. 수행 경험의 총체적 기반이 그릇된 것이기 때문이다. 그들이 금세 드러내는 종파주의와 물질적 탐욕 등은 자격을 갖추지 못한 스승의 특징이다. 만일 그들이 제자들을 이러한 길로 이끈다면, 상황은 더욱 악화될 것이다.

네 번째와 다섯 번째의 자격은 스승이 불법 경전의 가르침과 수행 경험의 전승을 지니고 있는지에 대한 것이다. 이 두 가지 전승을 계승하고 있는 스승은 광대하고 심오한 수행들을 왜곡과 실수 없이 가르치고 제자들이 교학의 배움과 수행의 경험 사이의 균형을 잡으면서 앞으로 나아갈 수 있도록 지도할 것이다. 교학과 수행이 조화를 이룬 수행도는 늘 굳건하며 안정적이다. 스승은 최소한 제자에게 가르치는 주제에 대해 보다 깊은 통찰의 눈을 갖추고 더 잘알아야 하며,《황금 정련의 요체》에서 말하는 네 가지 이타심을 반드시 갖추고 있어야 한다.

이번 생과 다음 생들에 이익이 되는 모든 선한 자질은 올바른 스승과의 돈독한 관계를 통해 얻어져야 한다. 따라서 우리는 이러한 관계를 신중하고 현명하게 맺고 계발해야 한다. 시간을 헛되이 하고 가르침에 대한 잘못된 경험을 가르칠 스승에게는 귀의할 하등의 이유가 없다.

수행은 반드시 이성과 상식에 기반을 두어야 한다. 우리가 배워야 할 중심 주제는 존재의 두 차원적 실상, 즉 진제眞諦와 속제俗諦의 이제二諦이다. 그리고 이를 배우는 단계는 가르침을 듣고, 사색하고, 명상하는 문사수聞思修를 통해 도달할 수 있다. 여기서 사색(사晛)이란 논리를 통해 가르침을 분석하고 탐구하는 것인데, 늘 배운 것을 잊지 않고 사색하는 것이 매우 중요하다. 진속이제 眞俗二諦는 존재의 실상에 대한 것으로, 지적인 상상이 아니다. 의학도가 그들의 이론을 실제 생활에 적용해 보고 그 이론의 타당성을 직접 검증해 보도록 권장하는 것과 같이 가르침을 비판적으로 탐구하는 것이 절대적으로 필요하다. 불교는 삶과 인간이 처한 상황에 대해 논하기 때문에 그저 과거로부터 전해지는 문화적 유산으로 치부할 수 없다. 인간이 삶 속에서 맞닥뜨리는 보다 깊은 수준의 문제점과 불확실함이라는 본질적인 면에서 본다면 그때나 지금이나 변한 것은 없다. 석가모니 붓다의 가르침을 사색하는 것은 진리의 특정한 측면을 궁리하는 것이다. 그리고 이것이 우리 안에서 자신, 마음 그리고 존재의 본질에 대한 보다 깊은 이해의 문을 여는 계기가 될 것이다. 가르침은 오직 삶의 핵심적인 요소만을 가리킨다. 그리고 이 결정적인 요소를 깨닫는다면 우리는 바람직한 방향으로 발전할 수 있다. 이러한 요소에 대한 비판적인 궁리 또는 사색이 수행자들에게 확신을 불어넣어 줄 것이다. 처음부터 가르침을 잘 사색한다면, 헷갈리거나 의심이 생겨서 뒤돌아볼 일이 없을 것이다. 실천할 수 있는 수준보다 마음이 너무 앞서지 않는 것이 중요하다.

진속이제의 본질은 항상 있는 것이다. 그러나 우리는 아직 그 사실을 깨닫지 못하고 있다. 즉, 우리의 마음이 대상에 투영하는 현실은 우리가 살고 있는 현실의 실상이 가지고 있는 본질과 사뭇 다르다. 불교 수행의 목표는 이 둘 사이의 간극을 좁히는 것이다. 우리가 존재의 본질인 진속이제를 깨달은 스승을 따를 때, 우리는 막대한 기회를 잡을 수 있다. 경전과 논서가 자격을 갖춘 선지식善知識을 구구절절 간곡히 논하듯, 우리 역시 스승을 선택할 때 충분히 생각해야 한다. 불교 전승의 전통은 아주 명확하다. 그리고 스승이 제대로 배웠는지 그렇지 않은지를 확인하는 것은 어렵지 않다. 그렇다면 우리는 스승으로 선택할지를 고민하고 있는 그분이 자신의 습성과 감수성에 잘 와닿는 개인적인 성품과 행동을 하는지를 보고 결정해야 한다. 만일 스승으로 삼은 사람과 가까워지면서 그가 하는 모든 행동이 우리의 마음을 불편하게 한다면 그의 아래에서 수행을 지속하기 매우 어렵기 때문이다. 반드시, 스승이 무엇을 뜻하는지 잘 생각하라. 그러고 나서 논리적 이성의 힘을 최대한 발휘하여 그 문제에 접근하라.

3대 달라이 라마

불법을 들어도 되는 선지식에 대해 소승과 대승, 현교와 밀교 경
전에서 다양한 정의와 자격을 말하지만,《경장엄론經莊嚴論》은 큰
보배와 같은 이《보리도차제》의 은혜를 베풀어 줄 선지식의 열
가지 자격을 말하고 있다.

첫째 계학(戒), 둘째 정학(定), 셋째 혜학(慧)의 계정혜 삼학三學
을 통해 자신의 마음을 닦은 내면적 수행의 힘이 있음. 넷째, 삼
장三藏 등을 배워 교학에 뛰어남. 다섯째, 진리를 바르게 깨닫는
지혜를 갖춤. 여섯째, 제자보다 뛰어남. 이 여섯 가지 공덕은 설
법자가 자신의 면에서 갖추어야 할 자격이다.

일곱째, 수행의 길로 이끌고 뜻을 제자의 귀로 전하는 데 뛰
어남. 여덟째, 얻음과 존경 등을 보지 않고 오직 자비의 마음 동
기로만 설법함. 아홉째, 법을 설하는 등의 이타행을 기쁜 마음으
로 정진함. 열째, 설법하고 제자를 이끄는 데 있어 힘듦을 잘 인
내함. 이 네 가지 공덕은 제자를 이끄는 면에서 갖추어야 할 자
격이다.

이 열 가지 자격을 갖춘 스승을 의지하여 대승의 가르침과 그
핵심을 요약한《보리도차제》를 들어 배워야 한다.

이어서 《황금 정련의 요체》는 람림을 배우는 제자들이 갖추어야 할 자질에 대해서 설명한다. 첫 번째는 '진중한 탐구'이다. 만일 우리가 수행서를 읽고 나서 혹은 수행서를 읽으면서 아무 생각 없이 "나는 이러저러한 종파에 속하는데, 이 수행서는 티베트 불교에 대한 것이네."라고 생각한다든가, "나는 까규 전통인데, 이 책은 겔룩 전통의 교리서네."라고 생각한다면 우리의 배움에 크나큰 이익을 얻을 기회를 저버리는 것과 같다.

편견을 가지고 《황금 정련의 요체》를 읽는 것은 마치 쇠와 금을 구별하지 못하는 모자란 당나귀 귀에 황금 귀걸이를 거는 것과 마찬가지이다. 아띠샤께서 《보리도등론》을 쓰신 것은 서부 티베트 사람들의 요청으로 그들에게 적합한 핵심적 구전口傳의 가르침을 전하기 위한 것이었다. 비록 구전된 것이라고 하지만 《보리도등론》의 근거는 다름 아닌 나가르주나와 아상가께서 붓다의 가르침을 모아 명확하게 정리한 교리들이다. 따라서 모든 불교 전통들은 람림 속에 그들의 독특한 수행 방법이 반영되어 있는 것을 볼 수 있을 것이다. 람림이 소승, 대승 그리고 금강승의 핵심적 수행법들을 석가모니 붓다 이래로 끊기지 않은 전통

속에서 배우고 수행한 대로 원융하고 있기 때문에, 람림을 배우는 것은 종파나 전통에 관계없이 자기 전통의 수행을 향상시킬 것이다. 앞서 말했듯이, 티베트 불교 안에서 람림의 가르침은 직간접적으로 모든 종파에 담겨 있다. 밀라레빠의 스승인 마르빠께서도 네팔에서 아띠샤를 만났으며, 그곳에서 많은 가르침을 주고받았다. 밀라레빠의 수제자인 감뽀빠께서는 아띠샤의 람림 전통을 밀라레빠로부터 물려받은 마하무드라(Mahāmudra, 대인大印)의 전통과 원융한 것으로 널리 알려져 있다. 아띠샤께서 티베트에 오셔서 똘링을 향해 북쪽으로 여행하며, 후에 사꺄라고 불린 산을 넘어가셨다. 이 사꺄는 몇 년 뒤에 사꺄빠 전통의 중심 지역이 된다. 아띠샤께서는 산에서 내려와 사꺄 산을 향해 절하시고는 사꺄 사원이 이곳에 세워질 것이며 사꺄빠 전통 초기 종사들의 맥이 면면히 흐를 것이라고 예언하셨다. 람림을 포함한 아띠샤의 전통은 후에 사꺄빠 전통 교리의 초석이 되었다.

가끔 우리는 겔룩빠 전통이 지나치게 지적인 것에 편중되어 있으며, 그들이 사용하는 분석과 논증이 명상과 수행의 진보에 방해가 된다는 말을 듣곤 한다. 개인적으로 이는 잘 모르는 사람들의 헛소리라고 생각한다. 1대, 2대, 3대, 5대 그리고 13대 달라이 라마께서는 모두 티베트 불교의 모든 전통 안에서, 특히 닝마빠 전통 안에서 폭넓게 수행하셨다. 달라이 라마들은 모두 '데 뿡 사원의 라마들' 그리고 '노란 모자(황모黃帽)파의 종주宗主'로 불렸지만 모든 종파를 동등하게 존중하셨으며 종파에 상관없이 당신들의 관심이 가는 전통의 스승들에게서 가르침을 받으셨다. 종파적 편견에서 비롯된 경론이나 불법의 전통에 대해 좁은 견해를 가지는 것은 명약을 독으로 바꾸는 것과 마찬가지다. 이러한 종교적 우월감에서 비롯된 콤플렉스는 편협한 사람을 명청이로 만들 뿐이다. 나는 겔룩빠 전통에서 계를 받고 수련했다. 그러나 티베트의 모든 전통은 서로 연결되어 있다. 예를 들어 겔룩빠 전통의 중요한 명상 수행들 가운데 하나는 까규빠 전통의 개조開祖이신 역경사 마르빠께서 티베트에 소개하신 것이다. 내 수행의 남은 30퍼센트는 닝마빠 전통 수행을 중심으로 한다. 나는 또한 많은 일본 불교 전통, 테라바다 또는 상좌부 전통을 따르는 분과 여러 전통 스승과 만나 의견을 교환해 왔다. 대부분의 티베트인 라마들은 이렇게 종파를 넘어 폭넓게 수행한다. 우리가 수행길의 본질을 이해했다면, 서로 다른 유형의 불교 수행 사이의 모순을 볼 필요는 없다. 붓다께서 당신의 방대한 가르침을 펴실 때 사람들이 어떤 것이 정통 불교이고 어떤 것이 아닌가, 어떤 것이 우월하고 어떤 것이 열등한가를 헷갈리도록 만드신 것이 아니다. 깨달은 분들의 의도에 기본적인 이해를 얻은 이라면 정통의 불법이 전통이나 계승에 상관없이 모든 스승의 말 속에 녹아 있다는 것을 이해할 수 있을 것이다.

여행자가 여행지의 기후에 맞춰 다른 옷으로 갈아입듯, 불법의 모든 전통은 해당 전통이 발전할 당시의 시대 상황과 문화에 맞추어 약간의 독특한 면모를 취한다. 그렇지만 우리는 그 전통의 원천이 석가모니 붓다로부터 면면히 이어져 온 계승의 연장선에 있다는 것을 이해할 수 있을 것이다. 어떤 전통은 아함경부를 중심으로 하는 초전법륜初轉法輪으로 거슬러 올라갈 수도 있고 사성제四聖諦, 출리심 그리고 계정혜 삼학을 중심으로 하는 소승에 속하는 수행 방법에 속할 수도 있다. 어떤 전통은 반야경부를 중심으로 제이전법륜第二轉法輪에 속하며 대승의 중도中道를 강조할 것이다. 또 어떤 전통은 유식사상唯識思想을 중심으로 하는 제삼전법륜第三轉法輪에 속할 수도 있다. 그리고 어떤 전통은 비밀리에 전승하는, 혹은 수많은 전통을 통합하는 구전 전통을 중심으로 하는 금강승에 속할 수도 있다. 나가르주나, 아상가, 바수반두, 다르마끼르띠 등 초기 인도 불교 스승들이 모으고 홍포하신 폭넓고 심오한 불교 교리를 제대로 배운 수행자는 불교의 전통 하나하나를 그 고유한 모습 그대로 존중할 수 있을 것이다. 과거의 수많은 스승께서 그러한 것처럼 우리 역시 이러한 절충적인 입장에서 다른 불교 전통을 이해해야 한다. 그러나 이 말이 모든 수행 방식을 대충 섞어서 잡탕을 만들어야 한다는 말은 아니다. 그보다 모든 가르침을 깨달은 분들의 생각을 올바르게 계승한 것으로 보는 열린 마음을 가져야 하고, 우리가 추구하는 특정한 전통을 지지하고 강화할 수 있는 지식의 원천으로 보아야 한다는 말이다.

람림 수행자의 두 번째 기본 자질은 '비판적인 지성'이다. 이러한 호기심을 갖추지 못한 학생을 가르치는 것은 목에 사슬을 채운 원숭이를 맴돌게 하는 것과 같다. 아무리 강한 신심을 가지고 있다 하더라도 지속적인 호기심을 가지지 않고 비판적인 태도도 취하지 않는다면, 수행은 늘 시시한 상태에 머무르게 되고 말 것이다. 올바른 마음가짐을 고양하지 않는다면 심지어 무상요가 딴뜨라의 네 가지 관정 역시 가치가 없게 될 것이다.

깨달으신 분의 가르침의 목적은 번뇌에 사로잡힌 마음을 가라앉히고 깨달음을 일으키는 것이다. 그러나 우리가 호기심 또는 탐구심을 가지고 있지 않다면 우리는 특정한 가르침을 삶 속에 어떻게 적용해야 할지 판단하지 못하게 될 것이다. 망나니처럼 날뛰는 마음을 유지하면서 불법을 공부하고 수행하는 데 일생을 바치는 것은 성스런 존재가 악귀가 되도록 방임하는 것이다. 수십 권의 경전과 논서가 우리의 '탐욕, 성냄, 어리석음, 자만, 의심, 진리와 부합하지 않는 틀린 견해'♦를 줄이지 못한다면, 가르침을 우리의 가슴에 담고 생생한 경험으로 이해하기 위한 방법을 다시 생각해 보아야 할 때이다.

특히 초심자들은 교리의 학습과 수행 사이의 균형을 잘 잡는 것이 매우 중요하다. 논리적 사고는 중요하고 필요한 것이지만 우리의 수행이 단순한 지적 사고를 넘어서 마음을 계발하고 내면의 결함을 제거한다는 본래의 목적에 충실할 것을 다짐해야 한다. 우리는 까담빠의 창시자인 아띠샤의 제자 돔뙨빠의 예를 따라야 한다. 돔뙨빠께서는 "교리를 공부할 때마다, 나는 사색하고 명상한다. 그리고 명상을 할 때마다, 언제나 교리를 연구하며 사색한다. 이것이 까담빠의 수행법이다."라고 말씀하셨다. 이렇게 서로 방해하지 않는 삼위일체의 수행법은 수행자들이 잘못된 길로 들어서는 것 또는 잘못된 가르침으로 인도되는 것을 막아 줄 것이다.

이와 같은 비판적 지성과 끊임없는 호기심이 수행자에게 가

♦ 역자 주: 탐貪, 진瞋, 치痴, 만慢, 의疑, 악견惡見으로 여섯 가지 근본 번뇌라고 한다.

장 중요한 두 가지 자질이다. 수행자는 이 두 가지 자질과 더불어《황금 정련의 요체》에서 설하는 사전에 갖추어야 할 다른 자질을 계발하도록 반드시 노력해야 한다. 우리가 수행에 유리한 마음가짐과 자질을 내면에서 계발하는 데 필요한 노력을 하지 않는다면, 어떤 최고의 스승과 최상의 가르침도 우리를 도울 수 없다.

미륵보살께서는 "불성佛性은 모든 살아 있는 존재 안에 있다."라고 말씀하신다.◆ 가장 미세한 의식은 청명하며 염오가 없이 청정하다. 이 가장 미세한 의식은 모든 중생이 가지고 있는 것이다. 이러한 면에서 모든 살아 있는 존재는 동등하다. 우리 모두는 똑같은 상황에 처해 있다. 올바른 조건들이 함께 할 때, 우리의 불성은 전지全知한 깨달음으로 발전할 것이다. 그렇지만 깨달음으로 향하는 길에 관한 한, 인간은 다른 낮은 형태의 존재에 비해 다소간 우월한 위치에 있다. 이는 인간의 몸과 마음이 가지고 있는 특징적 면모 덕분이다. 정교한 신경망을 가진 몸과 뛰어난 분별 인식 능력은 인간의 정신적인 성장에 아주 뛰어난 가능

◆ 이 인용문은 미륵보살의 다섯 논서 가운데 하나인《구경일승보성론究竟一乘實性論》에 나온 내용이다.

성을 준다. 벌레조차도 언젠가는 깨달음을 얻을 것인데 어째서 인간인 우리가 깨달음이 우리 능력 밖의 일이라고 생각해야 하는가? 지금은 많은 오점과 결함을 가지고 있을지 몰라도 우리가 불법을 배우고, 비판적으로 분석하고 수행해서 가르침을 적용한다면 마음속의 나쁜 것들을 제거하는 내적인 자질을 경험하지 못하리라는 법은 없다. 이러한 내적 자질은 부정적인 마음의 유해한 영향력을 대치하는 해독제와도 같은 것이다. 명상을 통해 계발하는 해독제들과 오랜 시간에 걸쳐 익숙해짐으로써, 전도몽상과 번뇌의 힘을 마침내 잠재우고, 청정하고 올바른 상태의 마음이 떠오르게 될 것이다.

산스크리트어 붓다(buddha)에 해당하는 티베트어는 상게(sangs rgyas)이다. 상(sangs)은 모든 염오와 결함을 여읜 상태를 말하며, 게(rgyas)는 존재의 극한까지 지혜를 확장시키는 것을 뜻한다. 모두가 일정 수준의 청정한 빛의 마음, 지혜를 가지고 있다는 점에서 우리는 모두 각양각색의 붓다라고 말할 수도 있을 것이다. 우리 안에 있는 붓다는 완벽하게 깨달으신 분들에 비해 여전히 너무나도 작지만, 완전한 깨달음은 우리 손이 닿지 않는 곳에 있는 어떤 것이 아니다. 마음속의 불완전함은 체계적인 수행을 통해 제거할 수 있으며, 깨달음을 일으키는 모든 자질은 올바른 수련을 통해 일어날 수 있는 것들이다. 우리의 마음에는 불완전함이 더 많지만 이를 대치할 수 있는 다양한 명상법으로 열심히 정진한다면, 그 깨달음의 완전함은 반드시 발현하여 꽃 피울 것이다. 지금 이 순간에도 올바른 가르침을 전하는 많은 전통이 우리를 청정한 앎, 즉 반야지般若智의 상태로 안내할 수 있다. 이 반야지의 상태에서는 모든 내적인 결함이 사라지고, 마음은 전도몽상, 번뇌 그리고 이러한 부정적인 요소들이 일으킨 끝없는 괴로움으로부터 완전한 자유 속에서 환희롭게 머물 것이다. 또한 지금 이 순간에도 많은 스승이 이 지구 위에 살아 계신다. 그렇지만 우리가 이러한 요인을 최대한 이용하려는 노력을 스스로 하지 않는다면, 우리의 이 고귀한 인간의 삶은 결국 그 가치를 증명하지 못할 것이다.

3대 달라이 라마

제자의 자격 또한 첫째, 마음이 어느 한쪽으로 치우침이 없고 둘째, 바른길과 그렇지 않은 길을 충분히 구분할 수 있는 지혜를 갖추고 셋째, 바른 도에 대한 의지를 갖춰 이루고자 노력하고 넷째, 법과 법을 설하는 스승을 공경해야 한다.

특히《보리도차제》의 바른 제자는 첫째, 법에 대한 의지를 갖고 이루고자 하는 큰 노력을 하고 둘째, 법을 들을 때 깊이 집중하고 셋째, 법과 법을 설하는 스승에게 큰 믿음과 큰 공경심을 가지며 넷째, 잘못된 가르침을 버리고 바른 가르침을 지니며 다섯째, 네 가지 자격의 순연인 지혜를 갖추고 여섯째, 네 가지 자격의 역연인 치우침을 버리는 여섯 가지 자격을 갖추어야 한다.

자신이《보리도차제》를 설법하는 스승이 되어 제자를 이끌고 싶다면 앞에서 말한 선지식의 자격을 갖출 수 있도록 노력해야 하고, 이 법을 듣는 제자가 되고 싶다면 제자의 자격을 갖추도록 노력해야 한다.

14대 달라이 라마

인간들은 사실상 깨달음과 멀리 있지 않다. 우리의 오감은 붓다의 화신化身이 가진 감각과 동일하다. 중음신中陰身과 유사한 우리 꿈속의 몸은 붓다의 보신報身과 같은 것이며, 이 두 가지 몸의 기반인 미세하고 청정한 빛의 마음은 붓다의 법신法身과 동일한 특징을 지닌다. 이러한 평범한 요소를 그들의 청정한 본질로 바꾸는 방법을 배우기만 하면, 깨달음은 우리 손안에 있는 것과 같다.

3대 달라이 라마

자격을 갖춘 선지식으로부터 삼사도 차제의 가르침을 받아 수행하는 방법은 다음과 같다. 먼저 마음이 편안한, 좋은 장소를 마련하여 불상, 불탑, 불경을 모시고, 거짓 없는 공양을 여법하게 올리며, 편안한 자리에 가부좌하고 앉는다. 진심을 다해 삼보三寶를 믿어 완전히 맡김으로써 마음에서 우러나오는 귀의심을 여러 차례 일으킨다. 그리고 사무량심四無量心을 수행한다 …(중략: 부록1「람림 예비 수행 기도문」참조)… 하루 네 번 또는 여섯 번 관상하며 수행한다면, 불보살님과 권속이 원래 머물던 곳으로 돌아가시기를 청하는 것은 마지막 한 번만 하면 된다. 이상은 선지식인 스승을 의지하는 수행 방법의 예비 단계이다.

14대 달라이 라마

티베트에는 안거하는 동안 혹은 반안거를 하는 동안 람림을 공부하는 전통이 있었다. 람림을 공부하는 이는 한 번에 한 명상 주제를 배우고 몇 주 혹은 몇 달 동안 수행의 진보를 확인할 수 있는 특징이 일어날 때까지 지속적으로 명상했다. 여기서 중요한 것은 조용하고 마음이 편안한 곳을 수행처로 고르는 것이다. 자연이 아름다운 환경은 우리의 마음에 평온함과 기쁨이 스며들게 할 것이다. 「람림 예비 수행 기도문」부터 시작해서 지금 수행하고 있는 명상의 중심 주제에 따라 매일 두 번, 네 번 혹은 여섯 번을 수행한다.◆ 중심 주제 범위 안의 여러 측면을 사색하는 것으로 시작해서 특정 주제 한 가지에 집중해서 명상한다. 반안거를 하는 동안은 보통 하루에 한두 번 혹은 세 번 정도의 명상 시간을 가진다.

◆ 「람림 예비 수행 기도문」은 부록 1을 참조.

3대 달라이 라마

실제로 스승을 의지하는 방법은 분석 명상(위빠사나, 쬐곰)을 통해서 닦고 익혀야 한다. 나의 은혜로운 바른 스승들께서는 모든 성취의 뿌리이며, 이 생과 다음 생의 모든 안락과 행복의 근원이시다. 스승께서 의사처럼 고통스러운 질병을 낫게 해 주시기에 진정 감사한 것이다. 무시 이래 지금까지 윤회계를 돌고 있는 것은 바른 선지식을 만나지 못했거나 만났더라도 그분께서 가르치신 대로 제대로 수행하지 않은 탓이다.

이제 나는 최선을 다해 스승님을 기쁘게 해 드려야 한다. 음식과 재물이 가득하고 만족스러워 더 이상 바랄 것이 없는 이에게 황금 동전을 가득 쥐어 주는 것보다 배를 곯아 죽기 직전인 이에게 밥을 한 그릇 가득 채워 주는 것이 받는 이에게 더 감사한 일인 것처럼, 나가르주나께서는 《밀교원만오차제》에서 이렇게 말씀하신다.

자재하시는 세존이시며,

수승하신 존귀한 분은 오직 한 분뿐이지만,

가르침을 훌륭하게 전해 주시기에

금강과 같은 고귀하신 스승님이 그보다 더 수승하시네.

이렇듯, 나에게는 붓다들보다 스승의 은혜가 더 크다고

반드시 깊이 생각해야 한다.

14대 달라이 라마

스승에 대한 올바른 자세를 계발하는 실질적인 방법은 스승의
좋은 자질과 그분들께서 우리의 삶을 인도해 주시는 이익에 대
해 깊이 사색하는 명상을 수행하는 것이다. 스승께서 베푸시는
크나큰 은혜를 거듭거듭 생각함으로써 그분 아래에서 수행하는
데 적합한 확신이 일어난다. 이 스승의 역할에 대한 사색의 과정
은 수행의 초입에서뿐만 아니라 보다 높은 수행에서도 중요하
다. 명상을 하며 앉아 있으면 일련의 다양한 일들을 마주하게 되
는데, 수행의 초입에서 이러한 사색을 통해 이해하는 것이 의혹,
혼란 그리고 미신의 마음을 떨쳐 준다.

스승은 모든 수행 진보의 원천이다. 이런 맥락에서 까담빠의
게쉐 뽀또와께서는 "만일 속세에서 상거래를 배우고자 하는 사
람도 자격을 갖춘 선생님 아래에서 공부하는데, 깨달음을 갈구

하는 우리는 얼마나 더 자격을 갖춘 스승 아래에서 공부해야겠는가? 우리 대부분은 보다 낮은 중생계에서 환생하여 깨달음으로 향하는 길과 단계에 대한 어떠한 지식도 경험도 없다. 그러니 우리에게 깨달음의 길을 계발하는 방법을 가르치는 자격을 갖추신 분에게 배워야 하지 않겠는가?"

《보리도차제광론》에서 쫑카빠대사께서는 "수행 진보의 뿌리는 스승과 돈독한 관계를 가지는 것"이라고 말씀하신다. 이는 우리가 반드시 스승에 대한 올바른 자세를 고양하고 난 후에 그분들에게 올바르게 행동해야 한다는 것을 뜻한다. 수행의 뿌리가 튼튼해야 줄기도, 가지도, 잎도, 꽃도 받쳐 줄 수 있다. 나무의 뿌리가 튼튼하면 나무 전체가 튼튼하지만, 뿌리가 약하면 나무 전체가 병약한 것과 같은 이치이다.

수행자가 닦아야 할 스승에 대한 두 가지 자세는 '스승을 공경하는 마음'과 '스승께서 우리의 삶에 가져오는 이익에 감사하는 마음'이다. 우리는 스승을 붓다로 여길 정도로 존경심을 길러야 한다. 이렇게 한다면 우리는 스승을 마치 붓다께서 우리 앞에 현현한 것처럼 느끼고, 스승께서 가르치시는 것을 더 신나게 수행할 수 있을 것이다. 우리는 어떤 사람에게 가까워지면 가까워질수록 그 사람의 조언에 더 쉽게 영향을 받는다. 스승은 우리에게 깨달음으로 향하는 길을 제시해 주실 수 있다. 그렇지만 스승의 가르침이 우리에게 이익이 되게 하기 위해서는, 반드시 직접 그 수행을 성취해야 한다. 스승을 붓다로 여길 때 우리의 몸, 말, 뜻의 행동을 스승의 가르침과 합치시키기 더 쉽다.

스승을 붓다로 여기라는 가르침은 비이성적이지 않다. 많은 측면에서 스승은 붓다 그 자신이기 때문이다. 불교의 개조로 여겨지고 깨달음으로 향하는 다양한 길을 가르치신 붓다는 이천 오백 년 전에 열반에 드셨다. 우리를 가르치고 가르침을 우리들의 경험 속에 녹아들도록 안내하는 분은 다름 아닌 우리의 스승님이다. 따라서 우리가 그분을 보통 사람처럼 여기고 돈독한 관계를 만들지 않는다면, 붓다와 당신의 가르침을 행하시는 존재 사이에 아주 큰 틈이 벌어지고 말 것이다. 붓다는 삼보三寶의 귀의처 가운데 가장 존귀한 존재이시며 모든 탁월함의 원천이시다. 삼보를 존경한다면서 어떻게 우리를 위해 사업을 행하시는 그분들을 존경하지 않을 수 있겠는가?

스승을 붓다로 보라는 가르침은 실제로 무상 요가 딴뜨라에 나온다. 소승과 대승의 경론들은 여러 유형의 스승, 자격을 갖춘 분을 스승으로 삼아야 하는 필요성, 스승이 되기 위한 자격 요건, 제자가 갖추어야 할 마음가짐 등을 설명한다. 딴뜨라 역시

이러한 주제들을 논하지만, 소승과 대승의 경론이 논하지 않은
것이 있다면 딴뜨라를 가르치는 스승을 반드시 붓다로 여겨야
한다는 것이다. 스승은 반드시 자신의 경험에 따라 생기차제와
구경차제 두 단계를 가르칠 수 있어야 한다. 특히 딴뜨라의 스승
은 반드시 '네 번째 관정'을 그들 자신의 경험에 비롯해서 줄 수
있어야 한다. 이는 곧 제자들에게 수행을 통한 합일과 수행을 초
월한 합일을 가르친다는 것을 의미한다. 오직 바즈라다라 붓다
(Vajradhāra Buddha, 지금강불持金剛佛)만이 그것을 할 수 있다. 실제로
네 단계의 관정을 줄 수 있는 스승은 가상으로 존재하는 아들
청명한 빛과 실제로 존재하는 어머니 청명한 빛의 마음◆ 그리고
청명한 빛의 마음의 탈것인 환신을 체득한 이여야만 한다. 스승
은 제자들에게 가르칠 위대한 합일 또한 반드시 자신의 수행 과
정에서 경험했어야 한다.

　　우리의 입장에서 설사 스승이 앞서 말한 것들을 성취하지 않
았어도 수행자의 심상, 즉 마음의 흐름에 깨달음을 향한 씨앗(원
인)을 심어 주기 위해서 관정을 주고, 그 본능의 강도가 수행자

◆　역자 주: 모자 청명한 빛의 마음에 대해서는《달라이 라마, 죽음을 말하다》(담앤북스)를
　　참고하기 바란다.

의 마음의 크기에 달려 있다고 한다면, 관정을 주는 스승을 붓다로 여기는 것이 관정을 받는 제자에게 가장 강력한 힘을 가진 씨앗(원인)을 가지게 해 줄 것이다. 이것이 스승이 네 가지 관정을 진실하게 줄 때, 반드시 해야 할 역할이다.

스승과 제자의 관계는 매우 중요하다. 제자가 스승과 돈독한 관계를 건립하기 위해서 취해야 할 첫 번째 단계는 이상적인 스승이 갖춰야 할 자격을 배우는 것이다. 어떤 사람을 스승으로 섬기기 전에, 그가 깨달음을 향한 수행을 지도해 줄 수 있는 자격을 갖춘 이인지 매우 신중하게 살펴야 한다. 그분에 대해서 어떻게 느끼는지 오랜 시간 동안 분석하고 그분이 가르치는 방식을 따라 수행할 역량이 있는지 그리고 그분을 붓다로 볼 수 있을 만큼 확신이 있는지 확인해 봐야 한다. 그분에게 믿음을 낼 수 있고 올바른 마음가짐으로 대할 수 있다는 확신을 가지면, 그때야말로 그분과의 관계를 계발함으로써 얻을 수 있는 것이 무궁무진할 것이다. 이와 반대로, 아무리 스승의 자격을 갖춘 분이라도 그에 대한 확신을 느끼지 못하고 능력을 신뢰할 수 없다면, 그분과 어떠한 것을 공부하더라도 얻을 수 있는 것이 거의 없을 것이다. 따라서 어떤 분을 스승으로 모시고자 결심할 때, 매우 신중하게 선택하는 것은 우리의 권리이자 책임이다.

경전과 논서에 스승의 자격을 그렇게 길게 설명하는 것은 우리의 마음속에 불법의 길을 열어 줄 능력이 있는 스승을 찾을 때 무엇을 보고 찾아야 하는지 알아야 하기 때문이다. 자격 미달의 스승 밑에서 수행하는 것은 정말 불행한 일이다. 딴뜨라 문헌에서는 어느 분을 자신의 스승으로 모시는 데 12년이 걸린다 하더라도 어리석은 일이 아니라고 말한다. 스승을 고르는 것은 매우 중요한 일이므로, 반드시 매우 신중하게 행해야 한다.

스승은 붓다의 사업을 실현한다. 그 때문에 그분의 활동은 붓다와 동일하다고 할 수 있다. 더불어 자애에 관한 한, 스승이 붓다보다 뛰어나다고 할 수 있다. 우주적인 스승으로 현현하신 과거의 모든 붓다들 가운데에서, 우리에게 가장 자애로우신 분은 석가모니 붓다이시다. 우리가 배울 수 있는 진리의 가르침은 석가모니 붓다에게서 나왔기 때문이다. 까샤빠 붓다(Kāśyapa Buddha, 가섭불迦葉佛)께서는 석가모니 붓다께서 태어나기 전에 계셨던 분이시며, 그분의 가르침은 우리에게 전해지지 않았다. 더나아가 석가모니 붓다께서 과거의 붓다들 가운데 우리에게 가장 자애로운 분이시지만, 우리는 여전히 당신의 가르침을 직접 받을 수 없고 우리의 신심을 북돋우는 그분의 존재를 우리의 두 눈으로 볼 수 없다. 따라서 이 과거의 두 붓다 가운데 어느 분도 우리를 직접 돕지는 못하신다.

만일 모든 붓다와 과거의 전통 스승들께서 바로 지금 우리 앞에 갑자기 현현하신다 하더라도, 우리는 그분들이 깨달은 분들이라는 것을 몰라볼 것이다. 그분들과 우리 사이에 충분한 업의 인연이 없기 때문에 어떤 영향을 주시지 못할 것이다. 이러한 면에서, 스승들께서는 일상의 모습으로 우리에게 오는 크나큰 사랑을 행하셨다. 그분들의 모습을 우리는 직접 볼 수 있고, 그분들과 인연을 맺을 수 있다. 더불어 스승들께서는 우리의 삶 속에 붓다의 사업을 행하신다. 망아지처럼 날뛰는 우리를 깨달으신 분들의 가족으로 맞아들이시는 것은 순전히 그들의 자애로움 덕분이다. 붓다께서는 오로지 스승을 통해서만 우리에게 오실 수 있다. 따라서 우리가 스승을 존경하지 않고 그분들의 가르침에 귀기울이지 않는다면 우리에게 어떤 희망이 있겠는가? 우리는 반드시 스승들의 견줄 바 없는 사랑을 명상하고 가슴에 사무치는 감사의 마음을 일으켜야 한다.

무시 이래로 우리가 이 윤회 바퀴 속에서 쉼 없이 방황하는 것은 우리가 전에 스승님을 만나지 못했거나, 만났더라도 그때 그분들과 충분한 업의 인연을 만들지 못했기 때문이다. 우리는 인간의 삶이 제공하는 기회를 반드시 제대로 이용하겠다고 굳게 결심하고 스승님의 지도하에 수행해야 한다.

3대 달라이 라마

우리를 설법으로 이끌어 주신 붓다께서도 과거 생에 "태어남이 있으면 죽음이 있고, 이 생사를 멸하는 것이 행복이다."라는 한 구절 정도의 게송을 일러 주신 스승에게 은혜를 갚거나 그분을 기쁘게 해 드리기 위해 황금 동전을 십만 개 올리고, 가장 아끼는 왕자와 왕비까지 바치며, 자신의 몸에 직접 천 개의 버터 등불을 켜서 공양을 올리는 등 몸과 재물 모두를 올리는 행을 하셨다. 나 역시 붓다의 뒤를 따르는 제자로 지금의 스승들에게서 헤아릴 수 없이 많은 법을 들었기에 스승께서 베풀어 주신 은혜가 한량없다고 생각해야 한다.

현재 자신의 스승 가운데 공부뿐 아니라 수행도 많이 하고, 따르는 제자도 많은 큰 스승은 존경하여 은혜롭다고 여기고, 그렇지 않은 스승은 조금도 존경하지 않아서 무시할 뿐만 아니라 오히려 내가 당신의 법을 들어준 것을 고마워해야 한다는 오만한 마음을 내는 것은 크게 어리석은 것이다. 부모님의 지식이 부족하더라도 그분들의 은혜를 생각해서 보답하는 것처럼 스승도 은혜를 생각해서 보답하면 큰 이득이 있고, 그렇지 않으면 큰 손실이 있다. 지금 나에게 약간의 재물을 베풀어 주는 이의 은혜가 크다고 한다면 스승께서는 이번 생과 다음 생 모두의 행복을 이루게 해 주시니, 자세히 잘 살펴보면 스승을 기쁘게 해 드리고 기쁘게 해 드리지 않음이 위로는 불보살님에서 아래로는 세속인들까지 행복하고 행복하지 않은 차이를 만드는 것을 분명하게 볼 수 있다. 그뿐만 아니라 스승께서 한 생 만에 부처의 경지에 이르게 하신 경우도 많다. 나 또한 세 가지 공양으로 스승님들을 기쁘게 해 드린다면 반드시 부처의 경지를 속히 얻을 수 있게 될 것이다. 스승의 은혜는 차마 다 헤아릴 수 없기에 은혜로운 스승님을 기쁘게 해 드리는 것은 매우 중요하다. 다음 생에도 바른 선지식을 만나고 그 선지식께서 나를 특별히 마음에 두고 아껴 주시는 것 또한 오직 지금 현재 법을 설하는 스승님들을 기쁘게 해 드리는 것에 달려 있기에, 스승을 의지하는 방법이 잘못되지 않도록 하는 것 말고는 다른 방법이 없다고 깊이 잘 생각해야 한다.

모든 경전과 논서에서 스승들을 기쁘게 해 드리라고 여러 차례 거듭해서 언급하는 것은 스스로 하고 싶지 않은 것을 하라고 강요하는 것이 아니다. 복과 공덕을 원하지 않는 사람은 누구도 없으며, 복과 공덕을 최고로 쌓을 수 있는 복전福田으로 스승보다 더 뛰어난 분은 없다고 모든 현교와 밀교의 경전과 논서는 말한다. 스승을 기쁘게 해 드리는 것 또한 스승의 허물을 보는 마음을 절대로 일으켜서는 안 되며, 스승께서 하신 모든 행을 옳은 것으로 보아 말로만이 아닌 진심에서 우러난 믿음을 일으켜야 한다. 이 또한 스승의 허물을 보지 않고 스승의 공덕을 사유하는 반복을 통해 닦고 익혀야 하며, 스승의 이름을 듣거나 기억하는 것만으로도 몸의 털이 곤두서고 눈물이 날 정도로 스승에 대한 믿음을 닦고 익혀야 한다.

불보살님들께서 누구의 허물도 보지 말라고 말씀하셨으니 스승에게는 더 말할 필요가 없다. 비록 스승에게 허물이 있는 것처럼 보이더라도 이 또한 자신의 착각일 뿐이다. 스승에게 그와 같은 허물이 어떻게 있겠는가? 과거 아상가께서 12년 동안 수행 정진한 끝에 미륵보살님을 처음 뵙게 되었을 때, 구더기에게 뜯어 먹히고 있는 어미 개로 보았고, 나로빠께서 자신의 스승이신 띨로빠를 처음 뵈었을 때 살아 있는 물고기를 태워서 먹는 사람으로 본 것과《부자합집경父子合集經》등에 붓다께서 마구니로 나투어 중생을 이롭게 하셨다는 말씀도 있다. 이와 같으니 '스승

께 허물이 어떻게 있겠는가?'라고 생각하며 스승을 확실하게 붓
다로 여기고 마음 깊이 새겨야 한다.

그러지 않고 스승의 허물을 보아 욕이나 비방 등을 하는 것
보다 더 큰 죄는 없다고 《비밀집회 딴뜨라(구햐사마자 딴뜨라
Guhyasamāja Tantra)》와 아슈바고샤(Aśvaghoṣa, 마명馬鳴)의 《사사법
오십송事師法五十頌》 등에서 말한다. 따라서 나는 돔뙨빠의 전기에
나오는 것처럼 확신 없이 많은 스승을 구하지 않고, 스승으로 의
지한 그분께 목숨을 다해 공경하지 않는 마음을 절대로 일으키
지 않겠다고 거듭거듭 다짐하며 마음 깊이 새겨야 한다. 쫑카빠
대사께서도 크나큰 연민의 마음으로 이렇게 말씀하신다.

현생과 내생의 모든 선한 공덕의 인연을
바르게 맺게 하는 뿌리는 안내자인 바른 선지식임을 알고
부지런히 생각과 행으로 이치대로 의지해야 함을 깨달아
목숨을 다해 가르치신 대로 실천하는 공양으로
스승을 기쁘게 해야 하네.
수행자 나 또한 이와 같이 실천하였으니
해탈을 구하는 그대도 그렇게 행해야 하리라.

스승님들께서는 우리의 삶에 크나큰 사랑을 불러오시기 때문에 우리는 반드시 스승님을 찾고 세 종류의 공양을 올려서 돈독한 관계를 건립해야 한다. 그 세 가지란 물질적인 공양, 봉사 그리고 올바른 수행이다. 이러한 맥락에서 밀라레빠께서는 "나는 물질적인 공양을 올릴 수 있을 만큼 충분한 부를 갖추지 못했지만, 올바르게 수행하는 것을 공양으로 올려 스승님을 기쁘게 하겠다"고 말씀하셨다. 그 결과로 밀라레빠께서는 살아 계신 동안 깨달음을 성취하셨다. 자신이 받은 스승님의 가르침을 수행하는 공양은 때로 이루기 힘들지만, 그 수행의 결과 때문에 가장 고귀한 공양으로 여겨진다. 가르치는 분들은 물질적인 공양을 올바른 수행이라는 공양보다 높게 여기지 말아야 한다. 그리고 제자들은 올바른 수행이라는 공양을 올릴 수 있도록 최선을 다해야 한다.

올바른 수행이라는 공양은 언제나 스승님의 가르침에 따라 사는 것을 의미한다. 그렇다면 스승님께서 우리가 따르고 싶지 않은 가르침을 주시거나 불법佛法과 배치되고 이성적이지 않은 가르침을 주신다면 어떻게 해야 할까? 이럴 때의 기준은 언제나 합리적 이성과 불법에 근거한 사고여야만 한다. 이 두 가지에 위배되는 것이라면 그 가르침은 따르지 말아야 한다. 이는 붓다께서 말씀하신 것이다. 만일 스승님께서 말씀하신 것의 타당성에 의심이 일어난다면, 그 사람은 그 의구심을 밀어붙여서 모든 의혹을 떨구어야만 한다. 이러한 일은 무상 요가 딴뜨라에서는 더욱더 민감한 문제이다. 무상 요가 딴뜨라에서는 스승에 대한 완전한 귀의가 선제 조건이지만, 이 스승님에 대한 완전한 귀의도 아주 특별한 조건하에서만 가능한 것이다. 만일 스승님께서 동쪽을 가리키며 서쪽으로 가라고 한다면, 불만을 표하는 것 이외에는 방법이 없다. 이는 공경하는 마음과 겸손한 마음가짐으로 표시되어야 한다. 어찌 되었건 스승님에게 부정적인 의사를 표하는 것은 스승님의 사랑에 보답하는 고귀한 방법은 아니기 때문이다.

구루(스승) 요가를 수행한다는 것은 스승님의 모든 부정적인 모습을 무시하고 그의 장점만 명상하는 것을 뜻한다. 만일 우리가 언제나 스승이 가진 장점을 통해 그분을 보는 습관을 기를 수 있다면, 우리의 확신은 자연스럽게 증장될 것이며 결국 스승이 보일 수도 있는 단점에 대한 선입견을 벗어 버리고 그 단점을 수행에 유용한 방편으로 승화시킬 수 있을 것이다. 스승이 가진 단점이 스승을 낮추어 보는 구실이 되어서는 안 된다. 스승은 그분께서 가지고 있는 단점으로 우리가 무엇을 버려야 할지를 실제로 보여 주시는 것이기 때문이다. 스승을 존경하지 않는다 하더라도 최소한 우리가 취해야 할 가장 유용한 마음가짐이 이 것이다. 여기서 다시 한번 강조하고 싶은 것은 제자는 반드시 신실한 의구심을 가지고 있어야 하며, 스승에게 맹목적으로 헌신하는 것이 아니라 왜 존경하는지를 명료하게 알고 의식하면서 헌신해야 한다는 것이다.

구루 요가를 수행하는 핵심은 스승께서 행하는 모든 것을 완벽한 것으로 보는 기술을 기르는 것이라는 이야기를 종종 듣는다. 개인적으로 나는 이 말을 지나치게 확대 해석하는 것을 싫어한다. 종종 불교 문헌에 "스승의 모든 행동을 완벽한 것으로 보라."고 쓰인 것을 본다. 그러나 이 문구는 반드시 석가모니 붓다께서 직접 말씀하신 다음과 같은 가르침에 비추어 이해해야만 한다. 석가모니 붓다께서는 "감별사가 금을 사듯, 내 가르침을 점검해 본 다음에 받아들여라."라고 말씀하셨다. 스승이 행하는 모든 것을 완벽한 행으로 보는 수행의 문제점은 이러한 수행이 스승과 제자 양쪽에 독이 될 가능성이 다분하다는 것이다. 따라서 나는 이 구루 요가를 가르칠 때마다 '스승의 모든 행동을 완벽한 것으로 보는' 수행의 전통을 강조하지 않는 쪽을 선호한다. 만일 스승이 여법하지 않은 자질을 보이거나 불법에 반대되는 가르침을 준다면, 스승의 모든 행을 완벽한 것으로 보는 가르침보다 분석적인 이성과 불법의 지혜에 비추어 그 행들을 살펴보아야 한다.

　나를 예로 들어 보자. 선대의 많은 달라이 라마들께서 위대한 성인들이었고, 나를 그분들의 환생신으로 보기 때문에 그리고 이번 삶에서 내가 자주 설법을 하기 때문에, 많은 사람들이 나에게 깊은 신심을 표한다. 그리고 구루 요가 수행을 할 때 그들은 종종 나를 붓다로 관한다고 한다. 이분들은 또한 나를 정치적 지도자로도 본다. 따라서 '스승의 모든 행동을 완벽한 것으로 봄'이라는 가르침은 나와 티베트인들의 관계 속에서, 그리고 내가 얼마나 효과적인 행정을 집행하는지의 여부에 따라 쉽게 독으로 변할 수 있다. 나는 "그들은 나를 붓다로 본다. 그러니 내가 무엇을 말하든 그들은 진실로 받아들일 것이다."라고 생각할 수 있다. 지나치게 맹목적인 신심과 스승의 행을 모두 청정한 것으로 보는 시각은 상황을 타락시킬 수 있다. 나는 언제나 평범한 수행자들에게는 스승의 행을 완벽한 것으로 보라는 가르침을 강조하지 말아야 한다고 권한다. 만일 아주 심오한 논리를 통해 건립된 불법이 부차적인 것이 되어 버린다면 아주 불행한 일일 것이다.

어쩌면 당신은 "달라이 라마는 람림 문헌들을 아직 읽지 않은 것 같다. 그는 스승 없이 불법을 수행할 길이 없다는 것을 모르는 것 같다."고 생각할 수도 있다. 그러나 내가 람림의 가르침을 존중하지 않는 것이 아니다. 수행의 길을 가는 제자는 반드시 스승에게 의지해야 하며, 반드시 스승의 은혜와 좋은 자질에 대해서 명상해야만 한다. 그러나 스승의 행을 완벽한 것으로 보라는 가르침은 오직 불법과 이 가르침이 전달하고자 하는 앎에 대한 합리적인 이해의 테두리 안에서만 의미를 가지는 것이다. 스승의 행을 완벽한 것으로 보라는 가르침이 무상 요가 딴뜨라에서 빌려 온 것이고, 람림에 이 가르침이 나오는 것은 수행자로 하여금 딴뜨라를 수행할 준비를 하게 하기 위해서이다. 그러므로 초심자들은 반드시 이러한 가르침을 신중하게 받아들여야 한다. 만일 스승들이 구루 요가의 이 가르침을 악용해서 순박한 제자들을 잘못 이끈다면, 그 스승들의 행은 마치 지옥의 들끓는 불덩이를 배 속에 집어넣는 것과 마찬가지일 것이다.

제자는 반드시 불법의 논리와 지식을 제일 중요한 지침으로 삼아야 한다. 그렇게 하지 않으면, 불법 수행의 경험을 제대로 소화하기 힘들다. 어떤 사람을 스승으로 받아들이기 전에 철저하게 검토하고 나서 그 스승을 붓다께서 가르치신 합리적 판단의 테두리 안에서 따라도 좋다. 스승의 행을 완벽한 것으로 보라는 가르침은 대부분 무상 요가 딴뜨라의 가르침으로 남겨 두어야만 한다. 무상 요가 딴뜨라에서는 이 가르침이 새로운 의미를 가지기 때문이다. 딴뜨라, 즉 금강승金剛乘의 주요 요가 수행들 가운데 하나는 세상을 대환희의 만달라로 보고 자기 자신과 다른 이들을 모두 붓다로 보는 것이다. 이러한 환경 아래서라면 자기와 다른 이들은 모두 붓다이지만 자기의 스승은 붓다가 아니라고 생각하는 것이 터무니없는 일이다!

티베트에는 불법이 굉장히 넓게 퍼져 있고, 과거의 많은 스승의 은혜 덕분에 사람들은 신심에서 많은 힘을 얻는다. 심지어 가사袈裟의 색과 같은 아주 작은 붉은 색 천 조각조차도 진정한 승보僧寶◆로 여겨졌다. 그때 티베트 사람들은 '스승의 모든 행을 완벽한 것으로 봄'이라는 수행을 하는 데 별 어려움이 없었다. 그러므로 전통의 청정함에 대한 책임은 라마들의 손에 달려 있다. 그러나 불행하게도 '스승의 모든 행을 완벽한 것으로 봄'이

◆　삼보 가운데 아라한 이상의 깨달으신 분들의 모임이라는 보배

라는 가르침을 빌미로 라마들이 타락하는 것은 무척 쉽다.

실제로 존경을 받으면 받을수록 더욱더 겸손해져야 하지만 가끔은 그 반대가 되는 경우가 있다. 스승은 반드시 자기 자신을 잘 살피며 까담빠의 개조 돔뙨빠의 가르침을 명심해야 한다. 돔뙨빠께서는 "그대가 받는 존경을 하심下心의 근거로 삼아라."라고 말씀하셨다. 이것이 스승이 짊어져야 할 책임이다. 제자는 스승에 대한 믿음과 존경을 지혜롭게 표현해야 할 책임이 있다.

이렇게 일어난 신심은 공덕이지만, 지혜로 가다듬지 않으면 문제를 일으킬 수 있다. 티베트 사람들은 일반적으로 신심이 너무나 깊어서 불법의 수행을 아주 당연한 것으로 여긴다. 시주자의 공양으로 목숨을 연명하면서도 수행에 머무르지 않는 스님은 절에서 도둑질하는 것과 똑같은 악업을 쌓는 것이다. 수행의 결과로 일어난 특징들을 가지고 있거나, 교리를 매우 열심히 공부했거나 수행을 한 이들은 공양을 받을 자격이 있으며 그들이 공양을 받아 주는 것은 좋은 결과를 낳을 것이다. 그렇지만 자격 없는 나쁜 승려는 공양을 받는 것보다 벌겋게 달궈진 쇠구슬을 삼키는 것이 나을 것이다. 문제는 우리가 보통 잘못된 망상에 맞아떨어지는 가르침만을 지키려 하고 우리의 착각을 무너뜨리는 가르침은 무시하려 든다는 것이다. 이러한 눈먼 관용은 우리를 타락으로 이끌기 쉽다. 그렇기 때문에 나는 스승의 모든 행동을 완벽한 것으로 보라는 가르침이 독이 될 수 있다고 말하는 것이다. 티베트에서 일어나는 많은 종파 갈등은 이 가르침이 조장하고 있는 것이다.

1대 달라이 라마께서는 "진정한 스승은 모든 생명을 가진 존재를 사랑으로 올려보며, 모든 전통의 스승을 동등하게 존경한다. 이러한 행동이 해치는 것은 오직 내 안의 적인 망상뿐이다."라고 쓰셨다. 서로 다른 전통들은 원칙적으로 수행자의 다양한 근기에 맞는 방편으로 일어난 것이다. 만일 우리가 "스승의 모든 행을 완벽하다고 보라."는 것과 같은 다양한 전통의 가르침들 가운데 한 가지만을 취하고 종파 대립의 무기로 삼는다면, 이렇게 불법을 전해 주신 과거 스승들의 은혜에 어떻게 보답할 수 있을까? 만일 우리가 이 스승들의 가르침을 잘못 이해하고 잘못 수행한다면, 이러한 일들이 절대로 그분들을 흡족하게 하지 못할 것이다. 마찬가지로 라마들이 의례를 행하고 사람들에게 이익을 주기 위하여 관정식을 베푸는 것은 매우 좋은 일이지만, 만일 이러한 의례를 행하는 동기가 그들에게 돌아갈 물질적인 이익에 있다면 그런 사람은 스승인 척하지 말고 개인 사업을 하는 것이 차라리 나을 것이다. 중국인들이 우리에게 저지른 일들은 몹시 나쁜 것이다. 그러나 그들의 악행을 우리가 불법을 취하여 종파 대립을 목표로 하거나 사람들을 착취하기 위해서 남용하는 것은 그 악행만큼이나 나쁜 것이다. 이러한 행위는 뿌리를 썩게 만든다.

이러한 맥락에서 위대한 수행자, 요기 밀라레빠께서는 "불법을 수행하는 자가 자신의 수행 안에 머무르지 않을 때, 그들이 하는 모든 것이 가르침을 해치는 것이 된다."고 말씀하셨다. 사자 몸속의 기생충이 사자를 죽이듯, 가르침을 종파 대립의 목적으로 사용하고 남용하는 것은 불법을 쉽게 부술 것이다.

우리는 장엄한 제단을 세우고 아주 먼 순례길을 떠난다. 그러나 이러한 것보다 훨씬 좋은 것은 붓다의 이와 같은 가르침을 기억하는 것이다. "악업을 짓지 말고, 선을 행하라. 모든 수행으로 마음을 닦아라." 우리의 수행이 망상과 악업을 가중시키고 마음을 어지럽힌다면, 무엇인가가 잘못되었다는 것을 알아야 한다.

팔백여 년 전 인도에서 불법이 쇠퇴한 주요한 이유로 몇몇은 자격을 갖추지 못한 사람들이 금강승을 수행한 것과 승가 내부의 부패가 일으킨 종파 간의 대립을 지적한다. 티베트 불교를 가르치는 모든 이들은 '스승의 모든 행을 완벽한 것으로 본다.'는 계를 받을 때 반드시 이것을 명심해야 한다. 이는 매우 위험한 가르침이다. 특히 초심자들에게는 더욱더 그러하다.

●●●

4장

3대 달라이 라마

앞서 말한 바와 같이 바른길을 보여 주신 선지식을 많은 정진으로 의지하고, 말씀대로 행하는 최상의 공양으로 기쁘게 해 드려야 한다. 스승의 말씀을 어떻게 실천해야 할까?

　선지식께서 가르쳐 주신 청정한 법을 이치대로 실천해야 한다. 그 또한 원인과 결과상에서 매우 얻기 어렵지만 이미 얻었으며, 큰 뜻을 이룰 수 있는 여의주보다 더 소중한 유가구족의 몸으로 의미 있게 지내지 않고는 스승의 말씀대로 행하는 최상의 공양도 없다. 따라서 내가 단 한 번 얻은 이 좋은 사람의 몸을 보물섬에 가서 빈손으로 돌아오는 것처럼 헛되이 보내지 않도록 이 악물고 노력하지 않는다면, 내 심장은 이미 썩은 것이나 다름없다.

14대 달라이 라마

지금 우리는 수행하기 유리한 '여덟 가지 자유(팔유가八有暇)'와 '열 가지 구족(십구족十具足)'의 '유가구족有暇具足'을 갖춘 인간의 몸을 가지고 있다. 모든 인간은 동등하지만 불법의 수행이라는 측면에서 보면, 동등한 인간의 몸을 가진 중생들 가운데서도 특히 이 열여덟 가지를 모두 갖춘 특별한 사람들이 있다. 열여덟 가지의 유가구족 가운데 예닐곱 가지는 모든 연령대의 모든 인간이 공유하는 것이지만, 나머지는 오직 큰 공덕을 갖춘 사람들만이 가질 수 있는 것들이다.

'여덟 가지 자유'의 처음 네 가지는 전 인류가 공통적으로 가지고 있는 자유이다. 이는 지옥, 아귀, 축생, 천상에 있는 긴 수명을 가진 천인의 네 가지 몸으로부터 자유로운 것이다. 나머지 네 가지는 네 가지 수행에 불리한 인간의 상태에서 벗어나는 것을 뜻한다. 이 네 가지는 깨달으신 분께서 태어난 적이 없거나 가르치신 적이 없는 외딴 벽지나 미개한 곳에 태어남으로부터의 자유, 몸과 마음의 모든 기능을 제대로 갖추지 못함으로부터의 자유, 진리를 가로막는 그릇된 견해들과 믿음들(악견惡見)에 휘둘리는 삶으로부터의 자유이다.

'열 가지 구족(십구족十具足)' 가운데 처음 다섯 가지는 개인적인 것으로 분류된다. 온전한 인간의 몸을 구족, 불법이 성하고 있는 곳에 태어남의 구족, 정상적인 기능을 갖춘 몸의 구족, 무간지옥에 떨어질 다섯 가지 심각한 악업(오악중죄五惡重罪)을 저지르지 않음의 구족, 불법佛法에 대한 믿음의 구족이다. 나머지 다섯 가지는 환경을 원만히 구족하는 것으로 깨달으신 분이 태어나신 시대에 태어남의 구족, 깨달음의 가르침이 행해지는 시대에 태어남의 구족, 진리의 가르침이 여전히 융성한 시대에 태어남의 구족, 불법의 전통을 계승하는 분들이 아직 존재하는 시대에 태어남의 구족 그리고 불법을 공부하고 수행하는 것을 도와줄 인연이 있는 시대에 태어남의 구족이다.

우리가 반드시 해야 할 가장 첫 번째 것은 이 열여덟 가지의 유가구족을 인지하고 우리가 갖추지 못한 것과 갖춘 것은 무엇인지 명확하게 확인하는 것이다. 열여덟 가지의 자질을 모두 가지고 있는 것이 가장 이상적인 수행 환경이다.

우리 모두 이 시대에 태어났다는 것은 무척 복 받은 일이다. 이 시대 인간의 삶은 일체지一切知라는 최상의 경지를 포함한 어떠한 목표라도 이룰 가능성을 가진 대단히 뜻깊고 강력한 것이다. 이러한 사실을 고려한다면 너무나 귀한 기회가 우리 앞에 있음을 깨달을 수 있다. 만일 우리가 이 기회를 헛되이 써 버린다면, 막대한 손실에 괴로워할 수밖에 없다는 것을 알 수 있다. 여덟 가지 자유와 열 가지 구족의 유가구족을 제대로 아는 것은 이번 생에 뜻깊은 삶을 추구하겠다는 열망을 저절로 경험할 수 있다는 데 가치가 있다.

인간으로 태어난 것의 가치를 제대로 아는 것은 지옥에 있는 중생 또는 아귀, 아니면 동물 또는 벌레의 삶을 떠올려 보기만 해도 된다. 예를 들어 사원의 스님들이 14대 달라이 라마의 가르침을 경청하는 동안 그 주변을 돌아다니는 개는 기껏해야 꼬리를 흔들거나 햇볕을 받으며 낮잠 자는 것밖에 할 것이 없다. 그 개가 달라이 라마의 말에서 무엇을 이해할 수 있는지, 그리고 그 자리에 앉아 경청하는 사람들이 무엇을 이해할 수 있는지를 비교해 보면 그 차이는 극명하다. 더 깊은 진리를 파악하고 소통할 수 있는 인간의 능력은 수행에 매우 큰 의미를 지닌다. 이 능력들이 우리에게 이번 삶 자체가 가지고 있는 한계점을 넘어서는 목표를 지향하도록 해 주기 때문이다.

우리가 지옥, 아귀, 축생의 삼악도三惡道에 환생하지 않고, 깨달으신 분의 가르침을 찾을 수 없는 시대나 장소에 환생하지 않고, 불법을 수행할 수 없는 암흑시대에 태어나지 않은 것은 오직 선업^{善業} 덕분이다. 우리가 불법의 가르침이 닿지 않는 벽지나 미개한 곳에 환생하지 않은 것도 큰 복이다. 이러한 관점에서 열여덟 가지 유가구족을 생각해 본다면, 우리가 영위하고 있는 좋은 환경과 이 인간 생의 희귀함을 고맙게 여기게 될 것이다. 그러니 불법을 수행해서 이 삶의 정수인 깨달음을 성취하라. 열여덟 가지 유가구족의 자질을 명료하게 인지한 뒤, 우리는 반드시 고귀한 인간 삶의 중요함에 대해 사색해 보아야 한다. 인간의 몸과 마음을 갖춘 우리는 명상을 할 수 있고, 인과의 업의 법칙을 이해할 수 있고, 삼보^{三寶}가 소중하다는 생각을 일으킬 수 있고, 계율을 지키고 선정에 들며 공성의 지혜를 깨닫는 삼학^{三學}을 계발할 수 있으며, 대비심^{大悲心}·자애심^{慈愛心}·보리심^{菩提心}과 같은 대승의 본질을 닦을 수 있다. 우리는 인간의 몸과 마음을 가지고 있기에 육바라밀^{六波羅蜜}과 사섭법^{四攝法}을 실천할 수 있으며, 거칠고 미세한 두 단계의 생기차제^{生起次第}와 다섯 단계의 구경차제^{究竟次第}를 아우르는 무상 요가 딴뜨라를 수행할 수 있다. 간략히 말하자면 이 남염부제에 살며, 육대 요소◆와 에너지 통로가 제대로 작동하는 완벽한 인간의 모습을 갖춘 모든 사람은 무상 요가 딴뜨라의 수행을 해서 이번 생에 완전한 깨달음을 얻을 수 있다. 물론 그렇게 하기 위해서는 반드시 성공적으로 수행을 성취할 수 있는 업연業緣이 있어야 하지만 이것은 다른 문제이다.

만일 이 귀하고 소중한 인간의 삶이라는 기반에 의지함으로써 우리가 최상의 성취를 일으킬 수 있다면, 우리는 반드시 우리가 처한 이 유가구족의 상황의 이점을 이용해서 보다 높은 성취의 원인인 일련의 수행을 일궈 내야만 한다. 열여덟 가지 유가구족의 자질과 이 자질의 뜻깊은 본질에 대해 명상함으로써, 우리가 불법을 수행할 수 있고 보다 높은 존재의 상태를 성취할 수 있다는 확신이 일어날 것이다. 이 명상 속에서 인내 혹은 인욕이 확신에 힘을 불어넣으며, 이를 통해 불법 수행에 이바지할 수 있는 굳건한 정신적 바탕을 만들 수 있다.

이 잡기 힘든 인간으로의 고귀한 환생은 매우 강력한 힘을 갖춘 것이다. 감각적, 육체적인 목적뿐만 아니라 정신적인 목적까지 제대로 성취할 수 있기 때문이다. 그러므로 육체적 욕구를 충족시키는 방법만을 아는 축생과 같은 낮은 형태의 환생을 바라

◆ 역자 주: 세상을 구성하는 물질의 종류를 나눈 것이다. 사대 요소로는 지수화풍地水火風, 오대 요소는 지수화풍공地水火風空(여기서의 공空은 공간을 의미한다) 그리고 육대 요소는 지수화풍공식地水火風空識인데, 일반적으로 육대 요소는 딴뜨라에서 사용하는 세계 구성 요소라고 하지만, 《분별육계경分別六界經 Dhātuvibhaṅga Sutta》등의 초기 경전도 육대 요소를 가르친다.

지 말고, 눈을 높이 들어 보다 나은 생으로 태어나는 것, 윤회를 벗어나는 것 그리고 올바르고 완전한 깨달음의 경지를 성취하는 높은 목적을 위해 수행하는 것이 가치 있는 일이다. 이 인간의 삶을 이와 같은 중요한 목적을 위해 사용하지 않는다면, 미래에 인간의 생을 다시 받는다는 보장이 없음을 반드시 알아야 한다. 이번 생에 불법을 수행하지 않으면서 다음 생에 해 보겠다고 미루는 것은 쓸모없는 일이다. 인간의 생이 매우 고귀하고 강력한 만큼 고귀하고 강력한 업의 인연을 필요로 하기 때문이다.

만일 우리가 죽은 뒤에 인간의 모습으로 다시 태어나고 싶다면 세 가지 주요 업의 원인을 잘 닦아야만 한다. 계율을 지키고, 육바라밀을 수행하고, 강렬한 보리심의 발원을 하는 것이다. 이번 한 생 동안 이러한 원인들에 주의를 기울일 때, 내생에 인간으로 다시 태어날 것을 기대할 수 있다. 더불어 이러한 업의 원인이 가지고 있는 잠재력을 물러섬 없이 꾸준히 갈고 닦으며 앞으로 나아가야 한다. 그래야만 다음 생에도 인간으로 태어날 수 있다. 평범하게 속세의 삶을 즐기기만 한다면, 내생에 인간의 몸으로 태어날 가능성이 거의 없다고 볼 수 있다. 이번 생에 몇몇 선업을 지었다 하더라도, 이러한 선업의 힘을 수행을 통해 지키고 닦아 증장시키지 않는다면 대번에 그 힘을 잃고 말 것이

다. 무진 애를 써서 겨우 조금 쌓은 복덕은 아주 미미한 자극에
도 불끈 일어나는 악업에 의해 금세 사라질 것이다. 선이 악을
이기는 것은 오직 수승한 노력과 인내를 할 때만 가능하다. 반
면 악업의 끔찍한 힘이 마음에 들어오면 겨우 얻은 작은 선업조
차도 상쇄시키고 무너뜨릴 것이다. 사람들 대부분의 수행이 박
약하며, 허약한 기반 위에 쌓아 올려진 이 말법시대에는 더욱 그
렇다. 선업을 쌓기는 힘들며, 드물고, 힘에 부친다. 반면에 악한
행동들은 끊임없이 일어나며 큰 힘을 가지고 있다. 심지어 우리
가 인간으로 환생해 깨달음의 길로 향하는 스승과 가르침을 만
나는 선업의 과보를 경험하고 있는 지금도 여전히 선업보다 악
업을 더 많이 짓고 있다. 전도몽상과 우리 주변을 뒤흔드는 환
경 때문이다. 이런 것들을 감안한다면, 우리가 깨달음으로 향할
수 있는 최적의 조건을 가지고 있다 하더라도 스승, 가르침, 불
법의 지혜도 없는 무수한 과거 생 동안 지어 왔을 악업의 쉼 없
는 흐름을 상상해 볼 수 있다. 이러한 과거로부터 훈습薰習된 악
업의 씨앗들(종자種子)의 영향은 여전히 우리에게 남아 있다. 따
라서 이번 생 동안에 이들을 정화하지 못한다면, 이 악업의 종자
들은 죽음의 과정◆ 동안 우리에게 나쁜 영향을 아주 쉽게 끼쳐
우리를 삼악도에 태어나게 만들어 버릴 것이다. 무명, 집착 그리

고 성냄(탐진치貪瞋癡)의 삼독三毒이 무시 이래로 우리를 따라다니며 몸과 말과 의지로 무수한 악업을 짓고 있는 것은 매우 분명한 사실이다. 우리가 이렇다는 것은 우리 존재의 불완전함을 관찰해 보면 알 수 있다. 심지어 불법의 수행으로 보호받고 있는 지금도 이 삼독三毒은 여전히 우리를 거머쥐고 있다. 우리가 계율을 따라 절제하고 있지 않을 때에는 얼마나 더 우리를 쥐고 흔들었을까? 이 사실에 대해서 명상할 때, 우리는 수행의 결실을 맺고 삼독三毒과 삼독이 일으킨 악업의 습기를 없애 버리겠다는 굳건한 의지가 일어나는 것을 경험할 수 있을 것이다. 이러한 것이 복 있는 수행자가 그들의 삶을 최대한 활용할 것을 다짐하게 하는 가르침이다.

만일 우리가 인간의 삶의 정수를 취하는 방법을 묻는다면 3대 달라이 라마께서는 다음과 같이 대답하실 것이다.

◆ 역자 주: 죽음의 과정에 대해서는《달라이 라마, 죽음을 말하다》(담앤북스)를 참고할 것.

이번 생의 원수를 조복시키고 친한 이는 보호하는 것과 재물, 명예 등을 추구하는 마음 동기로 법을 설하거나 법을 듣고 배워 계율을 지키는 등 백색·흑색·회색 세 종류의 세속팔법을 단호하게 제거해야 한다. 그리고 무상에 대한 분석 명상 등을 겉과 속, 즉 말과 뜻이 완전하게 일치하는 수행으로 실천하지 않는다면 이번 생을 다른 어떤 것보다도 크게 낭비하게 된다. 이 몸으로 자신에게 부끄럽지 않도록 불법을 바르게 행하는 것은 완전한 깨달음의 기반을 확실하게 다지는 방법으로 최고 중의 최고이다.

그러므로 나는 쭉정이를 바람에 날려 보내듯, 이익은 적고 위험이 많은 세속의 부질없는 일에서 벗어나 죽을 때 후회가 없도록 유가구족의 이 좋은 몸을 의미 있게 보내기 위해 노력해야 한다. 이 또한 지금 바로 실천하겠다는 마음으로 목마른 이가 물을 찾듯 유가구족의 몸으로 뜻 있는 수행을 해서 마음을 닦고 또 닦아 익혀야 한다. 쫑카빠 스승님께서 하신 다음과 같은 말씀을 깊이 생각해 보아야 한다.

여의주보다 더 소중하고

단 한 번 얻은 유가구족의

이 좋은 몸은 얻기는 어렵고

번개처럼 사라지기 쉬우니

이러한 이치를 깨달아

모든 세상사 겨가 바람에 날려가듯

부질없음을 알고

밤낮으로 삼사도의 핵심을 지녀야만 하네.

5장

중생의 세 종류의 근기와 수행

●●●

14대 달라이 라마

자비롭고 지혜로운 방편을 쓰는 석가모니 붓다의 모든 가르침
은 오직 중생들에게 이익을 주고 그들의 바람을 충족시키기 위
한 것이다. 이것은 두 가지를 필요로 하는데 성장과 즐거움에 도
움이 되는 윤회 속에서의 일시적인 지위를 성취하는 것과 윤회
로부터의 자유 혹은 올바르고 완전한 깨달음의 경지를 성취하
는 것이다.

　중생들의 서로 다른 근기에 따라 세 종류의 길인 삼사도三士道
를 논한다. 첫 번째 길인 하사도下士道는 위에서 말한 두 가지 필요
가운데 첫 번째, 즉 성장과 즐거움에 도움이 되는 윤회 속에서의
일시적인 지위를 성취하는 것이다. 두 번째 길인 중사도中士道는
윤회로부터의 자유라는 간절한 원을 충족시키는 것이며, 세 번

째 길인 상사도上士道는 일체지의 불성에 대한 바람을 충족시키는 것이다. 붓다의 모든 가르침과 수행은 이 세 가지 길 중 하나에 속한다. 붓다의 한 가르침은 윤회 안의 보다 높은 지위를 일으키고, 다른 가르침은 열반이라는 자유를 일으키며, 또 다른 가르침은 일체지의 깨달음을 목표로 한다.

3대 달라이 라마

유가구족의 몸을 의미 있게 보내는 핵심 수행을 어떻게 해야 하는지에 대해 쫑카빠대사께서는 두 가지 측면으로 대답해 주셨다. 전체적인 도에 대한 확신을 일깨우기 위해서는 이를 잘 이해하는 것이 매우 중요하기에 '삼사도에 모든 경전의 뜻이 포함된 것', '삼사도의 차제로 이끄는 이유' 두 가지로 나누어 좀 더 자세히 설명하겠다.

1. 삼사도에 모든 경전의 뜻이 포함된 것
붓다께서 처음 보리심을 일으키고, 중간에 복덕자량과 지혜자량을 쌓으며, 마지막에 붓다의 경지를 이루신 이 모든 것이 중생을 위함이다. 법을 설하신 모든 행 또한 오로지 중생을 위해서이다. 중생을 위한 목적에 두 가지가 있으니, 일시적 목적인 인간과 천신의 몸을 받도록 하는 것(증상생增上生)과 궁극적 목적인 해탈과 성불을 이룰 수 있도록 하는 것(결정승決定勝)이다.

첫째,《보리도등론》에서 말씀하신 바와 같이 증상생 즉 사람과 천신의 몸을 받는 것을 토대로 설하신 모든 가르침은 하근기下根機의 가르침 또는 하근기와 공통된 가르침에 포함된다. 하근기는 이번 생에 크게 집착하지 않고, 다음 생의 인간·천신의 안락을 위해 그 원인인 십선행을 수행하는 자라고 하셨기 때문이다.

십선十善의 방법으로 자신을 위해

윤회의 안락만을 추구하는 자는

하사도下士道의 수행자임을 알아야 하네.

둘째, 결정승 즉 궁극적인 목적에는 윤회에서만 벗어난 해탈과 일체종지 두 가지가 있다. 윤회에서만 벗어난 해탈을 토대로 설하신 모든 가르침은 중근기中根機의 가르침 또는 중근기와 공통된 가르침에 포함된다.

윤회의 안락을 뒤로하고,

악업을 행하지 않으며

자신의 해탈만을 구하는 자를

중사도中士道 수행자라 하네.

위와 같이 《보리도등론》에서 말씀하셨다. 중근기는 윤회의 안락을 뒤로하고 자신만의 윤회를 멸해 해탈을 추구하는 자, 즉 윤회에서만 벗어나기 위해 계정혜 삼학을 수행하는 자라고 하셨기 때문이다.

셋째, 일체종지의 경지를 이루는 방법에도 금강승과 바라밀 승의 두 가지가 있다. 이 둘의 모든 가르침은 상근기上根機의 가르침에 포함된다.

자신의 고통으로

타인의 모든 고통이

완전히 다하기 원하는 자를

최고의 상사도上士道 수행자라 하네.

왜냐하면 《보리도등론》에서 말씀하신 바와 같이, 상근기는 대비심에 힘입어 다른 중생의 모든 고통을 제거하기 위해 붓다의 경지를 이루고자 육바라밀과 생기차제, 원만차제 등을 실천하는 자라고 하셨기 때문이다.

2. 삼사도의 차제로 이끄는 이유

《보리도차제》에서는 상사도로 이끄는 방편으로 하사도와 중사도를 닦아야 한다는 것을 알아야 한다. 하·중·상의 세 가지 수행자로 설명하는 것은 윤회의 안락만을 목적으로 하는 하사도 수행자나 윤회에서 벗어난 해탈만을 목적으로 하는 중사도의 수행자로 이끌기 위함이 아니다. 하사도와 중사도의 하위 두 수행자와 공통적인 수행 몇 가지를 예비 단계로 삼아서 핵심인 상사도로 이끌기 위함이다. 이처럼 하는 이유는 대승에 들어가는 문은 최상의 보리심을 위해 발심하는 것 말고는 다른 방법이 없기 때문이다. 따라서 먼저 보리심을 일으켜야만 한다. 우선 보리심의 이익을 생각한 다음 이에 대해 강한 환희심을 계발해야 한다.

보리심의 이익 또한 일시적인 것과 궁극적인 것 두 가지가 있다. 일시적인 증상생 즉 인간·천신의 행복의 결과 또한 보리심에 의지해 쉽게 이룰 수 있다. 궁극적인 일체지의 경지 또한 보리심을 일으킴(발보리심發菩提心)에 의지해서 일어난다. 따라서 보리심을 일으켜야만 한다. 이 또한 일체중생이 윤회의 고통으로 괴로워하는 것을 견디지 못하는 대비심大悲心을 우선 수행해야 한다. 이를 위해서는 자신이 윤회의 고통을 겪고 싶지 않다는 강한 마음을 일으켜야만 한다. 따라서 먼저 하사도에서 삼악도의 고통을 받고 이로부터 벗어나고 싶다는 염원을 일으키고, 중사도에서 역시 인간·천신에게도 제대로 된 행복이 없음을 보고 육도윤회 모두에서 벗어나고자 하는 출리심出離心을 일으켜야 한다.

그러므로 자신의 경험에 비추어 무수한 전생 동안 나이 드신 어머니였던 모든 중생이 윤회의 고통에서 벗어나기를 바라는 자애慈愛, 연민憐愍, 보리심을 일으켜야 한다. 왜냐하면 하근기와 중근기의 공통된 수행으로써 마음 닦기(로종)가 상근기의 수행으로 이끄는 최고의 방법이기 때문이다.

14대 달라이 라마

람림 전통에서는 중생의 근기에 따른 세 가지 수행의 길, 즉 삼사도三士道를 별개의 수행법으로 가르치지 않고, 세 길이 서로 연관된 방법으로 가르친다. 하사도에서 인욕忍辱은 중사도를 수행

할 수 있는 자격이며, 마찬가지로 중사도의 수행 방법을 통한 진

보는 상사도^{上士道}에 들어갈 자격이 된다. 따라서 하사도나 중사

도는 최종적인 깨달음을 일으키는 최상의 길인 상사도로 가는

디딤돌이다.

　붓다께서는 어째서 가장 높은 한 길만 가르치지 않으시고 세

가지 길을 가르치셨을까? 앞선 두 길을 통해 성취한 깨달음에

기반을 두지 못한 채 세 번째 길을 수행한다면, 우월감과 막대한

착각을 일으켜 수행자의 마음에 그릇된 영향을 끼치기 쉽다. 또

상사도는 중사도, 하사도와 모순을 일으키지도 않는다. 오히려

이 두 길을 보완해 완성하는 역할을 한다. 하사도와 중사도를 수

행한다고 해서 상사도의 수행이 요원해지는 것도 아니다. 오히

려 상대적으로 낮은 수행도를 수행하는 것은 보다 높은 수행도

의 수행을 강화시키고 상사도에 대한 균형 잡힌 이해를 돕는다.

또한 상사도가 수행자의 삶 속에 잘 녹아들도록 하여 상사도의

수행을 완성할 수 있도록 돕는다. 처음 두 길을 미리 수행하지

않고서 보리심의 정수인 상사도를 완성하는 것은 어렵다.

　하위 두 길을 수행하는 것이 상사도의 수행에 선행되어야 하

는 것이 사실이지만, 수행의 시작부터 상사도의 수행인 보리심

을 일으키는 것은 매우 유용하다. 발보리심이 하위 두 길을 상사

도의 원인이 되도록 방향을 잡아 주기 때문이다. 이러한 발심을 닦는 것은 보리심을 가지는 것이 얼마나 수승하고 이익이 되는 일인지 생각함으로써 이룰 수 있다.

그러나 하사도와 중사도를 점진적으로 수행해 나가면서 일으킨 보리심의 경험 없이는 보리심의 심오한 의미를 제대로 알 수 없다. 만약 인간 삶의 고귀함에 대해서 명상하지 않는다면, 우리가 죽음, 업의 인과법, 윤회의 본질인 괴로움, 귀의의 참된 의미 그리고 계정혜戒定慧 삼학三學 등의 주제에 대해서 명상하지 않는다면, 보리심을 향한 제대로 된 마음가짐을 절대로 가질 수 없을 것이다.

보리심은 중생을 윤회의 고통에서 건져 주고 싶다는 큰 연민의 마음, 즉 대비심大悲心에 기반한다. 이는 수행자가 반드시 모든 윤회하는 중생이 가지고 있는 일반적인 괴로움과 여섯 종류 환생의 개별적인 괴로움, 특히 삼악도의 특수한 괴로움의 본질과 형태를 잘 이해하고 있어야만 한다는 것을 뜻한다. 이러한 깨침은 첫 두 개의 길, 즉 하사도와 중사도를 통해서 일어나는 것이다. 윤회하는 존재의 본질인 괴로움을 이해하지 못하는 연민은 반쪽짜리밖에 되지 않는다. 따라서 첫 두 길이 최상의 길, 즉 상사도에 들어가고자 하는 수행자들에게는 매우 중요하다.

3대 달라이 라마

이처럼 닦고 익힘으로써 이번 생에 대한 지나친 집착에서 벗어나 다음 생을 위한 간절한 마음이 생길 때, 하근기와 공통된 수행으로 마음을 닦은 결과를 성취한 것이다.

6장

•••

3대 달라이 라마

마음을 안으로 오롯이 집중해서 다음과 같이 생각해야 한다. 큰 뜻을 이룰 수 있는, 매우 얻기 어려운 보배와 같은 사람의 몸을 이미 얻었지만 오랫동안 머물 수 없으니 반드시 죽음은 찾아올 것이다. 이 또한 언제 죽을지 알 수 없기에 지금부터 의미 있는 일을 하는 데 힘써야 한다.

예로부터 지금까지 주위에 있는 상, 중, 하의 과정에 있는 사람들 모두 시장에 우르르 몰려갔다가 일시에 사라지듯 저승 사자에게 끌려갔다. 지금까지 내가 죽지 않고 살아 있는 것 또한 큰 행운으로 여기고, 죽음에 대한 두려움으로 심장이 쿵쾅거려 안절부절못할 정도로 죽음에 대해 깊이 생각해야 한다.

또한 죽을 때에는 많은 재산, 돈, 친구, 하인 등과 함께할 수 없을 뿐만 아니라 그들을 위해 쌓아 온 죄업만 가져갈 수 있으니 이 일을 어찌할까 하고 생각해야 한다. 지금까지 먹을 것, 마실 것, 좋아하는 것, 즐거운 것과 같은 사람·재물·음식 등으로 인생을 허비한 것에 대해 깊이 참회하고, 이제 남은 생 동안 불법을 제대로 수행하겠다는 마음을 일으켜 이 순간부터 바로 실행하겠다고 생각해야 한다.

14대 달라이 라마

우리가 죽음과 삶의 끝, 무상함을 명상할 때 우리의 마음은 저절로 수행에 관심을 가지게 된다. 보통 사람들이 가까운 이의 죽음을 보면 불안해지는 것과 마찬가지이다. 목숨의 무상함과 죽음을 명상하는 것은 매우 유용한데, 일시적이고 가치 없는 활동에 집착을 끊고 마음이 불법을 향하도록 만들기 때문이다.

현교顯敎에서 죽음을 명상하는 두 가지 주요한 방법으로 '세 가지 근원'*이라고 하는 방법과 '자기 자신의 죽음을 반복해서 관상'하는 방법이 있다. 보통 한동안 후자를 먼저 수행하고 전자를 행한다. '세 가지 근원' 수행 방법 다음에는 세 가지 주제를 명상한다. '죽음은 확실하다.' 그러나 '언제 죽을지는 불확실하다.' '죽음의 순간에 진정 가치 있는 것은 다르마뿐이다.'

'죽음은 확실하다.'는 것을 확실히 인식하기란 쉽지 않다. 이 지구가 형성된 이래, 오랜 세월 동안 영원히 산 사람은 단 한 명도 없다. 우리 몸의 본질은 무너지기 쉽고 언젠가는 끝이 난다. 아름답건 추하건, 뚱뚱하건 말랐건 간에 우리 모두 서서히 죽음을 향해 나아가고 있으며 육체의 완력, 아첨, 뇌물 등 이 세상 그 어떤 것도 이 죽음의 과정을 되돌려 놓을 수 없다.

우리가 불치병 진단을 받으면 치료해 줄 수 있는 의사를 정신없이 찾아다닐 것이다. 그리고 고칠 수 없다는 진단을 받으면 라마들을 찾아가 점을 봐 달라고 할 것이다. 그러나 아무리 애써 봤자 종국에는 이번 생의 마지막 옷을 입고, 마지막으로 앉아, 마지막 한 끼를 입에 떠 넣는 자신을 보게 되고, 우리의 몸은 죽은 개처럼 땅바닥에 철벅 쓰러지고 말 것이다. 죽음에 대한 명상은 우리에게 일종의 조급함, 불안함을 준다. 마치 아주 위험한

◆ 역자 주: 티베트 불교권에서는 죽음 명상으로 널리 수행하는 까담빠의 명상 방법이다. 다음에 나올 세 가지 근원에 대한 각 세 가지 주제를 명상해서 총 아홉 가지 주제를 중심으로 명상한다. 자세한 내용은 역자 후기를 참조하기 바란다.

누군가가 우리를 지켜보고 있는 것처럼 말이다. 이러한 불안감은 너무나 현실적이고 쓸모 있는 것인데, 죽음의 확실성이 실제로 우리 앞에 우뚝 서 있기 때문이다.

'언제 죽을지는 불확실하다.' 우리는 내일이 먼저 올지, 내생이 먼저 올지 알 수 없다. 우리들 가운데 그 누구도 우리가 오늘 밤까지 살아 있을 것이라고 보장할 수 없다. 바이러스같이 가장 하찮은 것조차도 우리가 이 세상을 떠나게 만들 수 있다.

'죽음의 순간에 진정 가치 있는 것은 다르마 뿐이다.' 우리가 죽을 때, 몸과 모든 힘을 잃을 것이다. 재산, 힘, 명예 그리고 친구들 가운데 죽을 때 가져갈 수 있는 것은 아무것도 없다. 나의 예를 들어 보자. 내게 깊은 신심을 가지고 있는 많은 티베트 사람은 내가 말하는 것이라면 그 어떤 것이라도 하려고 들 것이다. 그렇지만 내가 죽을 때 나는 반드시 혼자 죽을 수밖에 없고, 그들 가운데 그 누구도 나를 따라올 수 없다. 죽을 때 내가 가져갈 수 있는 것은 오로지 수행의 지혜와 살면서 쌓아 온 업뿐이다. 만일 한 생을 통해 수행하고 죽음을 준비하는 마음가짐을 돕는 수행을 배운다면 죽음의 과정에서도 확신이 있을 것이며 그 동안 경험하는 현상을 두려움 없이 효과적으로 대처할 수 있을 것이다.

살아 있는 동안 수련하고 죽음의 과정에 대한 인식을 확실하게 길러서 우리의 숨이 멈추고 몸의 사대 요소가 하나씩 흩어질 때 우리는 죽음의 단계를 명료하게 대할 수 있고, 청명한 빛의 마음이 일어날 때 그 빛을 인식할 수 있을 것이다. 청명한 빛의 마음이 일어나기 직전 우리는 의식을 잃고 각 단계에서 일어나는 현상에 혼동이 오기 쉽다. 그래서 보통 사람들은 청명한 빛의 마음을 인식할 수 없다고 한다. 그러나 상위 수행으로 단련한 사람은 죽음의 단계를 인식하고 무의식의 상태에 들어갈 때 마음을 집중한다. 그렇게 이 의식의 매우 미세한 상태의 힘을 변환시켜 죽음의 청명한 빛의 단계에서 떠올라 그것을 인식할 수 있다. 청명한 빛의 마음이 다시 사라지고 환생의 과정이 시작된 다음에도, 수행자가 중음계中陰界를 헷갈림 없이 올바르게 인식하여 중음 이전 생들의 업으로부터 오는 환각과 환시를 평정의 마음과 통찰의 지혜를 통해 경험할 수 있다. 보통 사람들은 중음계의 이 지점에서 분노와 집착, 무지 등의 힘에 휘말려 그에 따라 다음 생으로 나아간다. 그러나 살아 있을 때 죽음의 과정을 수행한 자는 지혜와 평정平靜에 머무를 수 있다. 죽음의 최종 순간에 일어나는 청명한 빛의 마음은 붓다의 완벽한 법신法身으로 변화할 것이며, 중음계의 경험은 붓다의 청정한 보신報身으로 승화할 것이다. 수행자들은 중생에게 이익을 주겠다는 보리심의 서원을 완성하기 위해 그들이 원하는 우주 어느 곳이든 환생할 수 있는 능력을 가지게 된다.♦

죽음의 때에 이러한 수행을 할 수 없는 사람은 최소한 죽음의 과정을 통과하면서 명료한 마음을 오롯이 모으고 자애, 연민 그리고 보리심의 생각을 잊어버리지 않도록 노력해야 한다. 자신의 스승과 귀의의 대상인 삼보三寶를 기억하고 그들에게 길을 인도해 줄 것을 기도하는 것도 매우 도움이 된다. 이것이 그들이 중음계에 들어갈 때 잘 갖춘 마음을 가질 수 있도록 도울 것이다. 그리고 이러한 마음이 보다 상위 수준의 환생을 확보하여 수행의 진보에 큰 도움이 될 것이다.

우리는 끊임없는 마음의 흐름, 즉 심상속心相續에 좋고 나쁜 과거의 무수한 업을 담고 있다. 수행하지 않은 이들이 가질 수 있는 희망은 죽을 때 선한 마음을 잃어버리지 않도록 잘 간수하는 것이다. 이로써 죽음의 순간 강력한 선업善業의 씨앗을 발아시켜 이 선업의 인연이 중음계를 경험할 때 지배적인 힘이 되도록 한

♦ 역자 주: 죽음의 과정과 죽음의 수행에 대한 달라이 라마와 빤첸 라마의 가르침은 《달라이 라마, 죽음을 말하다》(담앤북스)를 참고할 것.

다. 수행자와 보통 사람들은 몸을 버리는 순간에 각각 매우 다른 방법을 써야 한다. 앞서 설명한 것과 같이 죽음의 순간에 우리의 마음이 나아가도록 해야 한다. 주변 환경에 대해 설명하자면 죽음의 순간이나 죽음 이후 방에 울부짖는 사람들이 없도록 하고, 망자의 마음을 어지럽힐 가능성이 있는 어떤 일도 일어나지 않도록 하는 것이 중요하다.

선행보다 악행을 더 많이 쌓아 온 사람이 죽음의 순간에 선한 생각을 하거나 중음계에서 자신을 절제할 수 있을 리 만무하다. 따라서 지금부터라도 반드시 죽음이 오리라는 것을 유념하고 그에 대비한 수행을 해야 한다. 이러한 수행을 통해서 우리가 일으킬 수 있는 자질은 이번 생에 도움이 될 뿐만 아니라 죽음을 제대로 마주할 수 있고 중음계에 자신 있게 들어갈 수 있는 능력을 줄 것이다.

따라서 우리는 이 '세 가지 근원'이라는 죽음의 명상 속에서 죽음은 확실하다는 사실을 궁리하고 불법에 정진할 것을 결심해야 한다. 우리는 언제 죽음이 닥칠지 확실하지 않다는 사실을 궁리하고 지금 당장 수행을 시작할 것을 결심해야 한다. 그리고 오직 불법의 지혜만이 죽음의 순간에 가치가 있다는 사실을 궁리하고 청정하게 불법을 수행할 것을 결심해야 한다.

인간의 몸을 받은 중생인 우리가 불법의 가르침을 만나고 그 가르침을 주실 스승님을 만났다면, 우리는 허송세월을 보내다가 빈손으로 죽음의 순간을 맞는 거지처럼 있어서는 안 된다. 나는 석가모니 붓다의 가르침을 따르는 승려 한 명에 불과하다. 한 사람의 승려로서 여러분이 수행에 최선을 다할 것을 간절히 부탁드린다. 마음의 본성을 살펴보고 계발하라. 이번 생과 다음 생의 안락을 생각해 보고, 이 생과 다음 생들에 행복을 일으킬 방법들에 확신을 가져라. 우리의 삶은 언젠가 끝날 것이며, 붓다의 신성한 가르침 역시 그러할 것이다. 그러니 지금 이 순간 우리의 수행을 면밀히 닦아야 한다.

죽음의 순간, 불법이 우리를 어떻게 돕고 불법이 아닌 것이 우리를 어떻게 해하는가? 깨달으신 분들의 자애와 연민은 우리를 구제하기에 충분하지 않다. 만일 그럴 수 있다면 무시 이래로 우리가 겪어 온 과거의 죽음 경험들 가운데 어느 한때라도 우리를 구제할 수 있었을 것이다. 우리가 아무것도 하지 않으면서 어떤 일이 일어나기를 바라기만 하는 것은 한 손으로 박수를 치는 격이다.

3대 달라이 라마

죽음의 순간에 불법을 실천하는 것 말고 아무것도 도움이 되지 않는다면 그때 불법이 어떻게 도움이 되고, 불법이 아닌 것은 어떻게 해로운지 의문이 생긴다. 이에 대한 답은 다음과 같다.

우리는 죽어서도 없어지지 않고 또다시 태어나야 하며, 태어날 곳 또한 천상, 아수라, 인간의 삼선도나 지옥, 아귀, 축생의 삼악도밖에 없다. 이 또한 업業에 달렸을 뿐 자신이 선택할 여지가 없다. 선업과 악업에 따라 태어나 죽음의 순간 선한 마음으로 떠나면 삼선도에 태어나고, 악한 마음으로 떠나면 삼악도에 태어나 큰 고통을 겪게 될 것이다. 삼악도에 어떤 고통이 있는지에 대해 나가르주나께서는 이렇게 말씀하셨다.

> 몹시 뜨겁고 추운 지옥을 매일 한결같이 생각해서 기억하고,
> 굶주림과 목마름으로 여윈 아귀들 또한 생각해서 기억하라.
> 어리석음의 고통이 몹시 많은 축생을 생각해서 기억하라.
> 고통의 원인을 끊고 행복의 원인을 행하여,
> 얻기 어려운 남섬부주의 사람 몸을 얻었을 때
> 큰 결심으로 삼악도의 원인을 끊어야 한다.

이와 같이 지옥의 중생에게는 견딜 수 없이 뜨겁고 추운 고통이 있고, 아귀의 중생에게는 참을 수 없는 굶주림과 목마름이 있으며, 축생의 중생에게도 서로 잡아먹고 먹히고, 어리석어 말하지 못하는 참기 힘든 고통이 있다.

지금 잠깐 불에 손을 넣고, 옷 없이 한겨울 추위를 온종일 견디며, 먹을 것 하나 없이 며칠을 지내고, 모기 등이 몸을 물어 대는 것도 참기 어렵다면 뜨겁고 추운 지옥과 아귀, 산 채로 서로 집어삼키는 축생의 고통을 과연 어떻게 참을 수 있을까? 이렇게 잘 관찰해서 두려움으로 몸이 덜덜 떨릴 정도로 무서운 마음이 들 때까지 생각하고 또 생각하여 익혀서 닦아야 한다.

따라서 유가구족의 이 좋은 몸을 얻었을 때 삼악도의 원인인 불선업을 제거하고 삼선도의 원인인 선행을 부지런히 행하여 삼악도에 떨어지지 않는 방법에 대해서 수행 정진을 하겠다는 마음을 일으키고 또 일으켜 익혀서 닦아야 한다.

14대 달라이 라마

어떤 사람들은 지옥의 존재를 의심한다. 그러나 서로 교류 없이 동떨어져 지내는 다른 여러 문화권에서도 지옥에 대해 말한다. 그리고 지옥을 볼 수 있는 천안통을 가진 사람들도 있다. 불교 전통에서는 명상을 통해 우리 자신의 과거를 기억해 내는 아주 특별한 힘을 계발할 수 있다고 한다. 이러한 경우 우리가 전생에 지옥에 있었던 경험을 기억해 낼 수도 있을 것이다. 평범한 중생이 도저히 이해할 수 없는 많은 수준의 자연법칙이 존재하며 이것은 높은 수준의 의식을 계발하신 분들만이 이해할 수 있다. 업의 법칙이 어떻게 작용하는지는 보다 미세한, 우리가 쉽게 알아차릴 수 없는 진실들 가운데 하나이다.

동일한 몸 또는 마음을 가진 중생은 둘 이상 존재하지 않는다. 우리는 솜털, 주름, 근육의 형태까지도 각자 다르다. 어째서 우리가 이렇게 복잡한 존재인 것일까? 어째서 각각의 동물이나 곤충은 그렇게 고유한 것일까? 이러한 질문에 대한 답은 불교의 업과 업의 발전 이론이 집중적으로 설명하고 있다. 그러나 이 내용은 후에 좀 더 자세하게 설명하겠다.

수많은 불교 경전과 논서는 지옥의 정확한 위치까지 매우 사실적으로 기술한다. 지옥이 외부에 실제로 존재하는 장소인지 아니면 그저 마음의 상태를 기술한 것인지는 불교 안에서도 논쟁거리이다. 샨띠데바께서는 "누가 지옥의 옥졸과 지옥의 고문

도구를 만들었는가? 실제로 이것은 중생들이 마음의 흐름(심상 속心相續)에 스스로 달고 다니던 업이 지어낸 것이다."라고 말씀하신다.♦ 그러나 이 지옥이 밖에 존재하는지 아니면 마음의 상태에 지나지 않는지는 큰 문젯거리가 아니다. 우리가 풀고자 하는 근본적인 문제는 어떻게 하면 지옥들을 경험하지 않을 수 있는지이다. 만일 우리가 이 지옥들에 있다면, 이런 괴로움들은 필연적인 것이다. 지옥을 특징짓는 뜨거움, 차가움, 육체의 고통 등은 우리가 현실에서 경험하지 못하는 것도 아니며, 인간의 상상을 넘어선 것도 아니다.

만일 지옥과 육도의 다른 환생 영역의 괴로움이 존재하지 않는다면 불법을 공부하고 수행할 이유가 별로 없을 것이다. 그러나 주변을 돌아보면, 온 사방이 괴로움의 그물에 얽혀 있다는 사

♦ 역자 주: 샨띠데바의《입보살행론》5장 〈정진품〉의 하기 게송을 요약한 것이다.
V.7
지옥 중생들을 (고문하는) 무기들은
누가 무엇을 위해 만들었는가?
누가 이 불타는 쇠로 된 땅을 만들었는가?
이 (지옥의) 여인들은 어디에서 왔는가?
V.8
이와 같은 모든 것들 역시 악한 마음에서 일어난 것이라고 성인께서 말씀하셨다. 이러하니, (욕계, 색계, 무색계의) 삼계三界 안에 마음보다 무서운 것이 어디 있겠는가?

실을 알게 된다. 이 몸이 죽고 나서 다시 이러한 환경이 오지 않으리라는 보장이 있는가? 죽고 나면 그동안 우리를 보호해 주던 재산, 힘, 친구들 심지어 그나마 가졌던 몸조차 없다. 오직 남은 것이라고는 그동안 쌓은 선업과 악 그리고 우리가 닦은 지혜나 진리에 대한 무지가 전부일 것이다. 지혜를 닦지 못한 채 악업에 따라 움직인다면 중음계는 끔찍한 지옥으로 보일 것이며, 중음신中陰身의 가슴은 후회로 미어질 것이다. 아직 변별력을 가지고 있을 때 지옥의 존재를 인정하고, 과신하는 태도를 버리는 것이 훨씬 나을 것이다.

따라서 첫 단계인 하사도下士道의 수행자는 지옥의 각 괴로움을 오랫동안 명상하면서 지옥, 아귀, 축생의 삼악도에 태어날 원인, 즉 번뇌를 따라 행한 악업의 원인을 버리겠다는 굳은 결심을 한다. 이 명상은 단 며칠 동안 하는 것이 아니라, 몇 달이 걸리건 악행에 대한 혐오가 저절로 일어날 때까지 규칙적으로 해야 한다. 악행에 대한 혐오가 저절로 일어나는 순간, 우리는 한빙 지옥, 화탕 지옥, 독충 지옥 등 지옥에 가지 않으려고 온갖 애를 쓰게 될 것이다. 이처럼 몸, 말, 뜻으로 짓는 악행의 원인을 피함으로써 내생에 일어날 괴로움으로부터 우리를 보호하는 것이 현명하지 않겠는가?

지옥의 다양한 특징을 기술하는 경전과 논서가 아주 많다. 이 경전과 논서들은 주로 지옥의 네 가지 주요 유형을 설명한다. 그 네 가지란 여덟 가지의 열의 지옥인 '팔열지옥八熱地獄'과 여덟 가지의 추위의 지옥인 '팔한지옥八寒地獄', 하위 지옥의 네 지옥 문 밖의 네 가지 '유증지옥遊增地獄'◆, 그리고 한시적으로 고통이 사라졌다가 계속되는 '등활지옥等活地獄'이다. 각각의 지옥은 괴로움의 종류, 수명의 길이 등이 다르다. 이러한 지옥의 중심적인 특징은 극도의 괴로움에 있다. 이 괴로움의 주요 원인은 격렬한 화와 다른 중생을 해치는 것으로 자기 스스로 만든 악업이다.

나는 이 세상에 괴로움이 없기를 그리고 죽은 다음에도 괴로움이 없기를 진심으로 바란다. 나는 지옥 세계도, 아귀의 세계도 없기를 바란다. 그러나 이러한 세계의 존재를 믿지 않으면서 이러한 세계로의 환생을 일으키는 악행을 일삼는 것은 현명하지 않다. 현재의 존재와 지옥 사이의 거리는 한 호흡밖에 되지 않을 수도 있다.

◆ 역자 주: 《아비달마구사론》(동국대학교역경원)에 의하면 네 가지 유증지옥에는 뜨거운 잿물, 송장의 똥오줌, 칼날 그리고 뜨거운 강물의 증增이 있다고 하는데, 지옥문을 나와서도 이러한 괴로움이 증가하기 때문에 '더할 증(增)'이라고 한다.

악행은 이번 생에도 마음에 이익이 되지 않는다. 만일 내생들이 있다면 어떻게 악행이 우리의 이익이 될 수 있겠는가? 그와 반대로 선행은 이번 생에 선한 이익을 주며 사후 행복의 기반이 된다. 우리는 이러한 견지에서 반드시 지옥의 괴로움에 대해 명상하며 깊이 생각하고 지옥으로 이끄는 길을 피할 것을 맹세해야 한다.

아귀의 세계 역시 인간 세계에 머무는 보통 사람의 눈에는 보이지 않는다. 그렇지만 아주 강력한 업의 인연으로 이어져 아귀들이 보이는 예외도 있다. 다시 말하지만 전 세계의 다양한 문화에서 각기 다른 방식으로 이러한 세계들을 설명하며, 많은 선지자와 천안통을 지닌 분들이 이를 기술하고 있다. 아귀가 가장 괴로워하는 것은 격렬한 허기와 갈증이다. 아귀들은 이러한 배고픔에 끊임없이 괴로워하지만, 수백 년을 살아도 죽지 않는다. 이 아귀의 세계로 태어나는 주요 원인은 집착과 탐욕으로 지은 악업이다. 우리는 이 아귀 세계의 괴로움을 지속적으로 명상하고 이 세계로 환생을 일으키는 악업을 피하겠다는 굳은 결심을 해야 한다. 그 결심을 하는 순간, 반나절의 단식 수행조차 쉽지 않다는 것을 알게 될 것이다. 그런데 어떻게 수천 년의 허기를 참을 수 있겠는가?

축생계의 괴로움은 우리가 잘 알고 있다. 일터나 농장에 있는 동물들은 내몰리고, 맞고, 도살당하거나 인간에게 잡아먹힌다. 만일 어떤 사람이 우리에게 이러한 일들을 저지르면 우리는 정부 기관에 인간의 권리를 주장할 수 있지만, 동물들은 아무것도 하지 못하고 그저 멍하니 바라볼 뿐이다. 깡그라 호수에 사는 물고기들은 호수에 대한 소유권을 존중받지 못한다. 인간들이 볼 때, 그곳에 사는 물고기는 그저 반찬거리에 지나지 않는다. 우리는 물고기들 역시 우리와 같은 중생이라는 사실을, '나'에 집착하며 행복을 갈망한다는 것을 잊어버렸다. 우리는 그들이 고통을 바라지 않고, 죽고 싶어 하지 않는다는 사실을 잊어버렸다. 그래서 우리는 그 물고기들을 갈고리에 꿰어 걸거나 그물로 엮어 물 밖으로 끄집어내 두려움과 고통 속에서 죽도록 놓아둔다. 똑같은 일이 닭, 소, 염소에게도 벌어진다. 그 어느 동물도 도와 달라고 애걸하지 못하며 스스로 그 곤란을 해결할 수 있을 만큼의 지능도 가지고 있지 않다. 이것이 축생계의 업과 고통이다. 이 세계에 환생하면 겪어야 할 일들에 대해 잘 명상해야 한다.

야생 동물, 새, 곤충 들은 보통 이보다 더 심한 고통을 겪는다. 정글의 법칙에 따라 늙고 약한 동물은 산 채로 잡아먹힌다. 끊임없이 먹을 것을 쫓아야 하고, 피할 곳을 찾아야 하는 이 중생들은 종종 오랜 시간 동안 허기를 겪는다. 이들의 가장 큰 단점은 지혜가 없다는 것이다. 그 결과 그들은 정신적인 진보를 위해 노력할 수 없다. 따라서 공포에 휩싸여 죽을 때까지 이들의 삶은 업과 무지에 지배당한다.

우리는 반드시 축생계의 중생들이 겪는 다양한 괴로움을 명상하고 스스로에게 물어봐야 한다. "이 고통을 원하는가? 이것을 참을 수 있을까?" 만일 원하지 않는다면 축생을 일으킬 원인을 만들지 않도록 노력하라. 이 원인이란 무지몽매한 마음에서 비롯한 의미 없고 망상에 빠진 행동들이다.

이번 생과 과거의 수많은 생 속에서 우리는 많은 업을 지어 왔다. 이러한 업은 삼악도의 어느 곳에라도 우리가 태어날 원인이 될 수 있다. 우리는 이러한 삼악도에 태어날 원인을 끊고 과거의 악업에 물든 마음을 정화할 방법을 찾아 암흑을 벗어나 영원한 기쁨(열반)을 향해 나아가야 한다.

7장

귀의의 대상, 세 가지 보배

• • •

14대 달라이 라마

보리심의 발원은 우리가 우러러 존경할 수 있는 이상적인 모범 대상을 필요로 하며, 그분에게 조언을 구하고 감화를 받아야 한다. 불교에서는 이러한 대상이 삼보三寶, 세 가지 귀의의 대상인 붓다, 불법(다르마) 그리고 승가이다.

완전한 깨달음을 성취하신 붓다들을 떠올릴 때, 우리는 마음의 모든 염오와 장애를 정화하고 당신들의 지혜를 가없는 중생들의 끝까지 펼치시는 그분들에게 매우 끌리며, 경외감을 느낀다. 하지만 늘상 그분들과 우리 사이에 너무나 큰 차이가 있다고 여긴다. 그렇기에 수행자의 집단인 승가가 있다. 승가는 다양한 수준의 수행과 성취를 이룬 수행자들의 집단이다. 이들은 우리에게 수행의 길에 대한 전체적인 조망을 제공한다. 우리는 승가를 존경해야 하지만, 붓다만큼은 아니다. 승가는 우리에게 "이 사람은 나에 비해 그다지 먼 성취를 하지는 않았다."는 생각이 들게 한다. 이러한 면에서 그들은 우리에게 수행에 대한 자신감을 심어 준다. 때때로 그들은 깨달음을 향한 경주를 함께하고 있는 것처럼 느끼게도 한다. 이것이 선우善友, 선지식이 있는 승가이다.

우리는 붓다들을 떠올리는 것만으로도 경외감에 넋을 잃는다. 그러나 승가를 생각하는 것은 우리에게 승가를 넘어서고 싶게 하며, 우리의 수행에 더욱 열정을 불어넣는다. 이 수행의 길과 그 길을 따라가는 방법이 두 번째 보물인 불법이다. 이는 수행해야 할 가르침과 성취해야 할 깨달음을 모아 놓은 것이다.

3대 달라이 라마

삼악도에 떨어지지 않을 방법이 무엇인가? 앞서 말한 바와 같이 삼악도의 고통을 두려워하고 이 두려움에서 구제할 수 있는 힘은 오직 삼보에 있음을 알아 마음속 깊이 불법승 삼보에 간절하게 귀의해야 한다.

14대 달라이 라마

세 가지 보배, 즉 삼보를 다르게 이야기하는 방법들이 있다. 순차적으로 보자면 구경의 깨달음을 성취하신 붓다께서 처음 나셨다. 붓다께서 깨달음으로 가는 방법을 가르쳐 불법이라는 보배를 일으키셨다. 그리고 불법을 수행하는 것으로부터 다양한 수준을 성취한 수행자의 모임인 승가의 보배가 일어났다.

이 삼보가 우리에게 어떤 이익을 줄 수 있을까? 붓다는 공양을 받을 만한 자격이 되는 네 가지 자질을 갖추셨다. 첫째, 붓다께서는 윤회의 불완전함과 더불어 윤회의 공포와 괴로움에서 자유로우시다. 둘째, 깨달음을 향하는 길을 가르칠 때 중생의 근기를 모두 파악하고 그에 맞는 방편을 펴신다. 셋째, 모든 생명에 대한 완벽한 대비심에 머무신다. 넷째, 모든 현상을 괴로워하거나 슬퍼함 없이 평등하게 보신다. 승가 역시 이러한 네 가지 자격을 갖추고 있지만, 한계가 있다. 불법은 이러한 자질을 우리 안에 일으킬 수 있는 능력이 있다.

이 네 가지 자질 모두를 갖춘 대상에 귀의하는 것이 매우 중요하다. 만일 스승이 세속적인 존재에서 자유롭지 않다면, 그는 그를 따르는 수행자들의 복잡한 과거 업보와 습기에 따른 성향에 알맞은 지도를 할 수 없을 것이다. 스승이 대자비심을 갖추지 못하면 그는 제자들을 가르치는 것보다 명상으로 성취한 환희에 머무르는 것을 더 선호할 것이다. 그리고 그 스승의 연민이 특정 조건을 만족하는 사람들에게만 일어난다면 그 스승이 우리 모두에게 평등한 이익을 줄 수 있을지 의구심이 든다. 그 스승이 우리를 가르치실 것을 결심하더라도, 우리가 수행의 난관을 뚫고 나아갈 수 있도록 인내하며 지도해 줄 수 있을지 의문이 든다.

깨달으신 분들은 어떻게 해서 모든 것을 아는 일체지의 지위를 성취하셨을까? 마음을 불법의 수행으로 정화하여 확장시키고, 대비심으로 일체지를 성취한 뒤에 가르치시는 것이다. 우리의 스승 석가모니 붓다께서는 많은 생에 걸쳐 무수한 스승 아래에서 배우셨다. 그리고 불법의 진리 수행이 당신을 깨달음으로 이끄셨다. 따라서 불법이 진짜 귀의처이며, 붓다들은 귀의처의 스승이시고, 승가는 귀의처의 동료라고 할 수 있다. 만일 우리가 깨달으신 분들을 우러른다면, 그분들을 깨달음으로 이끈 그 힘을 어떻게 존경하지 않을 수 있겠는가?

불법 혹은 가르침은 맹목적으로 믿거나 따라야만 할 일련의 가르침이 아니다. 불법의 수행은 반드시 논리와 궁리에 기반을 두고 실천할 것이다. 만일 우리가 수행의 한 부분이나 교리를 맹신한다면, 잘못된 논리를 가지고 받아들여 잘못된 길로 가고 있는 것이다. 나 자신은 교리와 논리 사이의 모순을 발견할 때 언제나 논리를 우선으로 한다. 붓다께서는 다양한 수준에 맞는 많은 유형의 교리를 가르치셨다. 이는 그 가르침을 듣는 청중들의 근기를 따른 것이다. 따라서 우리는 반드시 글자 그대로 뜻한 것은 무엇이고 해석이 필요한 것은 무엇인지 스스로 잘 가려 살펴야 한다.

3대 달라이 라마

삼보는 우리를 삼악도에서 구제하는 힘을 가지고 있다. 우선 불보인 붓다께서 모든 두려움에서 벗어났고, 다른 이를 모든 두려움에서 벗어나게 하는 방법에 뛰어나며, 모든 이를 멀고 가까움에 차별 없는 대비심으로 거두고, 자신에게 도움이 되고 되지 않음을 떠나 모든 이를 위해 이타행을 하시기 때문이다. 법보와 승보 또한 불보와 마찬가지로 삼악도에서 구제하는 힘을 가지고 있다. 외도의 교주와 그들의 교리와 모임에는 이 네 가지 공덕이

없기 때문에 귀의처가 아니며, 불법승 삼보는 이 네 가지 공덕을
잘 갖추고 있기에 올바른 귀의처이다.

　귀의를 어떻게 해야 하는가?

　"두 발 가진 존재들, 즉 인간 가운데 가장 뛰어나신 분(양족존
兩足尊◆)이신 붓다께 귀의합니다. 저에게 윤회와 삼악도의 고통에
서 벗어나게 하는 가르침을 펴소서. 탐욕을 떠나 뛰어나신(이욕
존離慾尊) 다르마에 귀의합니다. 저에게 윤회와 삼악도의 두려움에
서 벗어나게 하는 진정한 귀의처가 되어 주소서. 무리 가운데 존
귀하신 분들(중중존衆中尊)이신 상가에 귀의합니다. 저에게 윤회와
악도의 고통에서 벗어나게 하는 도반이 되어 주소서."라고 마음
속 깊이 불법승 삼보를 믿어 완전히 맡기는 귀의를 해야 한다.

14대 달라이 라마

깨달으신 분들은 모든 것을 아는 지혜를 가진 뛰어나신 분이라
는 것을 상기하면서, 그분들에게 진리의 법 바퀴를 굴리실 것을

◆　역자 주: 복덕福德과 지혜智慧를 모두 구족具足했다는 뜻에서 양족존이라고 한다.

청한다. 그리고 자신의 수행을 안내해 주시기를 청하며 붓다께 귀의한다. 여기서 우리는 두 가지 종류의 귀의를 모두 해야 한다. 붓다들께서는 내 마음 밖에 계신 모범으로서 수행의 귀감이 되는 원인이기 때문에 원인적 귀의를 하고, 우리 자신이 수행을 통해 깨달음을 성취한 결과가 붓다이기 때문에 결과적 귀의를 한다.

그리고 나서 탐욕을 잠재우고 모든 세속적인 탐착貪着으로부터 자유로운 상태로 안내할 불법을 상기한다. 어째서 수많은 마음의 상태들(심소유법心所有法) 가운데서 탐욕을 특정할까? 진리에 대한 무지 또는 무명無明이 탐욕보다 근본적인 번뇌이지만, 경전과 논서들은 가장 직접적으로 윤회의 바퀴에 잡아매는 것이 탐욕라고 말한다. 불법이 윤회를 없애는 매개체이기 때문에, 불법은 '이욕離慾'이라고 한다. 붓다께서 설파하신 사성제四聖諦 가운데 네 번째 진리인 도성제道聖諦는 가르침의 실천이다. 이 도성제는 윤회의 절멸인 세 번째 진리, 멸성제滅聖諦를 일으킨다. 이 멸성제가 마음의 몽매함이 완벽하게 정화한 열반의 상태이다. 따라서 실제 귀의처는 우리가 수행해야 할 도성제와 우리의 심상속 안에서 발현시켜야 할 멸성제이다.

마지막으로는 수승한 공동체이며, 세상의 중생들 가운데 가

장 뛰어난 분들 가운데 들어가는 수행자들의 모임인 승보僧寶이
다. 그분들의 수승하심을 생각하면서, 우리는 그분들에게 우리
의 선지식이 되어주기를 청하고 깨달음의 길을 안내해 주시기
를 청해야 한다.

일반적으로, 귀의의 마음을 굳건하게 하기 위해서는 두 가지
원인을 충족시켜야 한다고 한다. 하나는 삼악도의 존재에 대한
불만족스러운 본질을 이해하는 것이며, 다른 하나는 귀의처에
의지함으로써 보다 높은 상태로 올라갈 수 있다고 인지하는 것
이다. 귀의처인 삼보의 특징들을 상기하면서 이러한 두 가지 원
인을 일으키고 교학을 공부한다면, 분명히 강력한 귀의심이 일
어날 것이다.

3대 달라이 라마

이와 같이 귀의하고 나서 귀의의 학처學處를 행하지 않으면, 귀의
심이 쇠퇴한다. 따라서 귀의의 학처를 반드시 실천해야 한다.

"저는 이 순간부터 붓다에게만 귀의하여 대자재천, 변입천
등 세속신에게 절대로 귀의하지 않겠습니다. 그리고 불상, 불화

등을 실제 붓다로 여겨 항상 공경하겠습니다. 이 순간부터 붓다의 가르침인 다르마에 귀의하여 어떤 중생도 해치지 않겠습니다. 그리고 붓다의 말씀이 담긴 글 한 자라도 함부로 하지 않고 공경히 대하겠습니다. 이 순간부터 붓다의 제자인 승가에 귀의하여 외도나 나쁜 친구를 가까이하지 않겠습니다. 그리고 승복을 입으신 그 자체만으로도 소중히 여겨 공경히 대하겠습니다."

또한 모든 이익과 행복을 불법승 삼보의 은혜로 알아, 먹거나 마실 때 제일 먼저 삼보에 공양을 올려야 하고 일시적이고 궁극적인 어떤 일도 먼저 불법승 삼보에 기원해 맡기고 나서 시작하는 것이지, 저잣거리의 점술이나 뵌교(티베트 토착 신앙) 등에 의지해서는 안 된다. 다른 이들도 불법승 삼보에 귀의할 수 있도록 최선을 다해 이끌어야 한다. 그리고 목숨이 다하더라도 불법승 삼보를 의지하는 마음에서 물러나지 말고, 삼보를 버리는 말조차 나오지 않도록 하겠다는 결심을 한다. 이렇게 낮에 세 번, 밤에 세 번 마음 깊이 삼보에 귀의해야 한다.

14대 달라이 라마

삼보에 귀의한 다음에는 이 삼귀의三歸依의 계를 온전히 지키도록 노력해야 한다. 삼보 하나하나는 각각 피해야 할 한 가지와 실천해야 할 한 가지를 담고 있다. 이를 수학해야 할 대상, 즉 학처學處라고 한다. 만일 우리가 붓다게 귀의한다면, 절대로 세속적인 신과 귀신 들을 우리를 보호해 줄 귀의의 대상으로 삼지 말아야 한다. 이들은 때때로 특별한 목적을 성취하기 위해 달래 줘야 할 존재임은 분명하다. 그러나 그들은 무척 질투가 심하기 때문에 만일 우리가 너무 깊게 그들과 관계를 맺게 되면, 걸핏하면 우리를 해치고 수행을 방해할 수 있다. 따라서 우리는 그들을 절대적인 귀의의 대상으로는 삼지 말아야 한다.

실천해야 할 삼보 각각의 학처는 이러하다. '불보佛寶'에 귀의하면서는 깨달으신 분들의 모든 탱화를 마치 그분들이 현현하신 것처럼 모시며, 예술적인 가치를 좋고 나쁨으로 판단하지 말아야 한다. 모든 신성한 탱화를 붓다들께서 거기에 계시는 것처럼 존경해야 한다. 그렇게 하면 탱화들이 의도했던 목적을 달성할 것이다. 한편 불상이나 탱화를 조성하는 예술가인 불모佛母는 최고의 역작을 만들도록 노력해야만 한다. 그렇게 하지 않으면 그들은 사람들이 질 낮은 탱화를 업신여기는 악업을 짓게 만드는 것이 된다. 예를 들어 사람들은 내게 끊임없이 탱화와 불상들을 가져와 점안을 해 달라고 부탁한다. 점안 의식을 하는 동안, 나는 그 탱화나 불상을 마치 살아 계신 붓다께서 내 앞에 있는 듯이 여기고 우러러야 하지만, 가끔은 탱화나 불상의 구부러진 코나 떡 벌어진 입을 보고 웃음을 참기 힘들 때가 있다. 불모들은 이 학처를 악용해서 그들이 작품의 질에 신경을 쓰지 않아도 된다고 생각해서는 안 된다. 잘 만들어진 탱화나 불상은 예술적인 가치와 더불어 종교적인 가치를 가지게 될 것이다. 반면에 졸작은 때로 내놓고 있기 창피할 때가 있다.

'법보法寶'에 귀의하면 중생을 해치지 말아야 한다. 깨달으신 분들께서 불법을 가르치시는 것은 오직 자비심에서 비롯한 것이다. 따라서 법보에 귀의하는 사람이면 누구라도 이 자비의 마음을 존중하고, 해치려는 마음을 잘 단속해야 한다. 법보에 귀의함으로써 실천해야 할 학처는 모든 경론을 불법의 현현으로 여기고 존경하는 마음으로 다루는 것이다. 불법을 담은 경전이나 논서를 출판하거나 파는 사람이라면 다른 이들에게 이익을 주겠다는 마음을 기반으로 하여 이익만 좇아 사업을 하지 않도록 주의를 기울여야 한다.

'승보僧寶'에 귀의하는 누구나 삼가해야 할 학처는 잘못된 길을 가르치는 사람, 잘못된 길을 따르는 사람, 수행을 방해하는 사람, 마음을 어지럽히는 사람과 시간을 허비하는 일이다. 승보에 귀의함으로써 실천해야 할 학처는 승복을 입은 모든 중생을 승보의 현신 그 자체로 보고, 공성의 지혜를 통해 속제의 한계를 뛰어넘은 아라한 이상의 성인인 것처럼 존경하는 것이다. 위대한 청신사(남성 재가불자) 스승 돔푄빠께서는 승복의 색과 같은 천 조각이 버려진 것을 보면, 얼른 주워 정수리에 대었다 떼시고는 삼귀의를 암송하셨다. 재가신자들은 승보를 이런 방식으로 존경해야 하며, 비구와 비구니는 반드시 이러한 존경을 받는다는 것을 늘 스스로 인식하고 이를 가행정진하는 계기로 삼아야 한다. 그러나 이 계를 핑계로 자만하거나 거만해져서는 절대로 안 된다.

불교의 교리와 반대되는 길을 가르치는 사람과 지나치게 시간을 허비하지 말라는 학처는 반드시 지혜와 인내를 가지고 행해야 한다. 중요한 점은 자신의 수행을 지나치게 불안정하게 만드는 것만을 피하는 것이다. 우리는 다른 모든 종교 전통과 그 스승들을 존경해야 한다. 그러나 만일 그 스승들이 우리의 수행에 적합하지 않은 교리를 설교한다면, 수행의 성취에 방해가 될 것이다. 17세기 중반 5대 달라이 라마께서 티베트의 정치적 지도자로 추대되셨을 때, 티베트의 토속 신앙인 뵌교 전통이 불교 전통과 동등한 권한과 토대를 가질 수 있게 하는 법을 통과시키셨다. 또한 뵌교 신자가 불교도에게 탄압을 받지 않도록 보호하는 법도 통과시키셨다. 덕분에 오늘날까지 뵌교는 티베트에서 번성하고 있으며 중국이 티베트를 침략했을 때 많은 뵌교도가 종교 탄압을 피해 망명했다. 티베트에는 또한 큰 규모의 이슬람 단체도 있는데 완전한 종교적 자유를 누린다. 티베트인의 다른 종교에 대한 태도는 이렇다. 불법과 업연이 닿지 않은 사람들이 그들의 길을 가는 것을 존중해 주어야 한다는 것이다. 사람들의 다양한 근기와 습성을 만족시키기 위해 다양한 스승이 다양한 길을 설명하신다. 그분들은 종교적 갈등을 일으키려 그렇게 하시는 것이 아니다. 승보에 대한 귀의는 잘못된 길을 가르치는 스승들을 피하는 것이지 종파적인 태도를 기르기 위한 것이 아니다. 목표는 튼튼하고 구체적이며 정확하게 방향이 정해진 수행을 유지하는 것이다.

낮에 세 번, 밤에 세 번 귀의하라는 것은 삼보의 고귀함을 마음에 새기고 삼귀의를 읊는 것이다. 농담으로라도 삼귀의의 계를 어기지 말라. 삼보의 이름에 절대 먹칠하지 말라. 티베트 노인들은 화가 났을 때, "아, 삼보여(꿘촉슘)!"라고 내뱉는다. 그리고 중국의 티베트 침략 이후 내 이름이 티베트의 수도 라싸에 사는 사람들에게 일종의 종교적 상징이 되었을 때, 아이들이 무엇인가를 욕할 때, "아, 이시놀부!"◆라고 한다고 들었다. 이는 중국인들을 화나게 만들었고, 그들은 아이들이 무엇인가를 저주하고 싶으면 대신에 마오쩌둥 위원장의 이름을 써야 한다고, "아, 마오쩌둥!"이라고 하라고 지시했다. 그렇게 그들은 아주 잠깐 몇몇 티베트 아이들이 그의 이름을 가지고 욕을 하게 만들었다고 한다. 가끔 보면 중국 공산당 사람들은 정말 엉뚱한 것 같다.

3대 달라이 라마

따라서 삼보의 공덕을 이해하고, 삼보를 하나씩 하나씩 이해하고, 삼보에 귀의한다. 삼보를 의사·약사·간호사로 인식해 귀의하는 것, 다른 귀의처를 말하지 않고 오직 삼보에만 귀의하는 것

◆　역자 주: 달라이 라마의 형용어 가운데 하나로 여의주를 뜻한다.

의 이 네 가지 방법으로 낮에 세 번, 밤에 세 번 마음속 깊이 삼보에 간절하게 귀의해야 한다.

14대 달라이 라마

삼보에 귀의하는 것에 대해 명상할 때, 수행자는 우선 삼보 각각의 특징과 힘을 떠올려야 한다. 이 명상 주제는 상당히 광범위할 수 있다. '불보께 귀의'한다는 것은 붓다의 특징, 지혜, 몸, 말, 뜻이 지니고 있는 힘들을 명상해야 한다는 것을 의미한다. '법보에 귀의'한다는 것은 괴로움의 종식이라는 진리(멸성제滅聖諦) 혹은 열반의 적정寂靜함으로 이끄는 모든 길과 수행에 대해서 명상해야 한다는 것이다. '승보에 귀의'한다는 것은 스무 종류의 승가◆ 등에 대한 지식과 인식이 필요하다는 것이다.

귀의가 깨달음으로 향하는 모든 길과 수행의 단계 그리고 수

◆ 역자 주: 근기와 열반에 이르는 다양한 길을 바탕으로 한 스무 가지 이상적인 승가의 구성원들, 즉 수행의 지위들을 뜻한다. 대승 불교의 반야 사상에서는 특히 견도見道 이상을 성취한 보살들만을 이 승가에 속한다고 한다.

행의 길과 그 너머에 머무는 다양한 종류의 중생을 포함하기 때문에 삼보에 귀의함이라는 주제는 간략하게 설명할 수도, 방대한 양의 책으로 확장할 수도 있다. 이 주제의 깊이, 수행의 길, 단계 그리고 수행자의 종류를 완벽하게 설명하고 있는 최고의 인도 논서는 미륵보살의 《현관장엄론現觀莊嚴論》이다.♦ 이와 같이 위대한 논서의 이해에 기반해서 귀의의 의미를 경험할 때, 효과적이고 정확한 귀의가 된다.

삼보에 귀의할 때는 반드시 삼보의 뛰어난 본성과 삼보 각각의 기능을 이해하는 것을 통해야만 한다. 붓다에 귀의하는 것은 수행의 안내자로 기능한다. 불법에 귀의하는 것은 수행의 기능을, 승가에 귀의하는 것은 수행을 지원하는 기능을 한다. 이러한 세 가지 도움을 가지고 있으면 수행의 길과 단계 그리고 보다 높은 수준의 환생 즉, 인간, 수라, 천상의 삼선도三善道, 윤회로부터의 자유 그리고 깨달음을 향한 길을 걸을 때 필요한 모든 것을 갖춘 것이다.

♦ 역자 주: 한글로 번역된 《현관장엄론》은 《현증장엄론 역주》(불광출판사)를 참고하기 바란다.

● ● ●

3대 달라이 라마

이처럼 삼보에 귀의해 삼악도의 괴로움을 벗어날 수 있다. 그렇다면 선취인 사람과 천신의 좋은 몸을 받을 수 있는 원인이 무엇일까? 선업과 선업의 결과, 악업과 악업의 결과를 깊이 생각해야 한다. 반드시 선악의 지은 업에 따라 각각의 과보를 받는 것과 업이 늘어나는 것, 짓지 않은 업에 대한 과보는 받지 않는 것, 지은 업의 과보는 사라지지 않는 것 등을 깊이 생각해서 버려야 할 악행을 멀리하고 취해야 할 선행을 이치대로 행해야 한다.

아주 미세한 인과는 논리적인 분석으로 이해할 수 없기에 반드시 붓다의 말씀을 믿어서 받아들여야 한다. 그러므로《선정왕경禪定王經》에서는 이와 같이 말씀하셨다.

달과 별도 소멸하고

산과 대지도 무너지며

허공계도 변하지만

당신께서는 진실이 아닌 말씀은 하지 않으시네.

이처럼 붓다의 말씀을 마음속 깊이 간절하게 믿는다. 붓다께
서는 이렇게 말씀하셨다.

불선업不善業으로 괴로움이 일어나니,

그 괴로움으로부터 어떻게 하면

벗어날 수 있는지를

밤낮으로 궁리하는 것이 합당하다.

또한 이렇게 말씀하셨다.

모든 선한 공덕의 뿌리는

믿음이라고 붓다는 설하네.

그 믿음의 뿌리 또한

이숙과異熟果◆이니 항상 잘 닦아야 한다.

14대 달라이 라마

삼귀의를 하면서 지켜야 할 중요한 행은 업의 법칙을 유념하는 방법을 계발하는 것이다. 그렇게 하기 위해서는 우선 업의 원리와 작용을 잘 이해하고 반드시 그에 따라 수행해야 한다.

수행자에게 천안통이 생겨 나면 거친 수준의 업의 작동을 파악할 수 있으며, 깨달으신 분들은 모든 일의 가장 미세한 업의 원인을 보실 수 있다고 한다. 그러나 보통 사람들은 오직 경전에 의지해야만 업의 법칙, 원인과 결과에 대한 앎을 터득할 수 있다. 업의 이론을 논리적으로 설명하는 아주 많은 논서가 있지만, 이 논서들은 아주 방대한 교리의 학습을 통해서만 이해할 수 있다.

3대 달라이 라마께서는 "당신께서는 진실이 아닌 말씀은 하지 않으시네."라는 구절을 인용하신다. 보통 사람들은 경전에

◆ 역자 주: 설일체유부의 아비다르마에서 말하는 다섯 가지 업의 과보 가운데 하나. 무명無明, 즉 진리에 대한 무지에서 비롯된 선행 또는 악행의 결과가 이번 생, 다음 생 혹은 몇 생 후에 오온五蘊 가운데 몸, 감수 작용 그리고 여섯 가지 의식으로 결과가 나타나 기쁨과 괴로움을 일으키는 업을 지칭한다. 참고《The Princeton Dictionary of Buddhism》(Buswell, Robert E., and Donald S. Lopez, Princeton University Press, 2014)

의지하고 싶다는 생각을 일으키기 전에, 반드시 깨달으신 분들에 대한 존경의 마음, 즉 귀의심을 일으켜야 한다. 보통 사람들은 반드시 그들의 마음을 가르침에 활짝 열어 놓아야 한다. 몇몇 중생은 삼보, 즉 붓다, 불법 그리고 승가의 특징과 각각의 성질에 대한 명상을 통해 이 귀의심을 일으킬 수 있다. 그러나 가장 수승한 방법은 먼저 공성空性을 염두에 두고 현상의 참모습인 진제眞諦와 세상 사람들이 참으로 받아들이는 진리인 속제俗諦를 공부하는 것이다.

공성의 교리는 폭넓고 심오하다. 그리고 공성을 이해하는 것은 수행자에게 여러 가르침에 대한 확신을 심어 준다. 이러한 뜻에서 스승 쫑카빠대사께서는 "공성에 대한 통찰은 붓다의 모든 사업에 대한 진정한 이해를 돕는다."라고 말씀하셨다.

수행의 두 가지 근본적인 목표는 보다 나은 생, 즉 인간, 수라, 천상의 삼선도三善道를 받는 것과 지고至高의 선을 성취하는 것이다. 지고의 선은 두 가지 상태로 하나는 열반이라는 윤회로부터의 자유이고, 다른 하나는 깨달음의 일체지이다. 이는 삼선도보다 훨씬 수승한 목표이다. 그리고 이 지고의 선에 대한 가르침은 모두 논리와 증명을 기반으로 한다. 업의 법칙에 대한 가르침은 어떤 것이 삼선도에 태어나는 결과를 받게 하는지 그 이해를 기반으로 한 수행이다. 이 가르침은 경전을 근거해야만 보통 사람들에게 가르칠 수 있다. 우리가 지고의 선에 대한 높은 수준의 가르침을 공부하고 이 가르침을 논리를 따라 면밀히 분석하고 심도 있게 궁리하고, 그 가르침이 삶의 경험과 어떻게 부합하는지 이해할 때 우리는 그 가르침에 대한 확신을 가질 수 있다. 이는 자신의 사색을 바탕으로 한다.

이러한 이해는 깨달으신 분들의 가르침에 마음을 열도록 해준다. 그렇게 되면 자아의 본성과 보다 깊은 실상의 참모습에 대한 진리(진제眞諦)에 대한 심오하고 논리적인 가르침들을 붓다께서 주셨으니 당신의 다른 가르침들도 분명히 옳을 것이라는 생각을 하게 된다. 실상의 궁극적인 모습인 공성에 대한 가르침을 주는 경전들을 공부하는 것은 참나를 잡고 아등바등하는 추한 아집을 잘라 낼 뿐만 아니라 업의 법칙 등 붓다의 모든 가르침으로 우리를 인도하기 때문에 매우 큰 이익이 된다. 이러한 업의 법칙 등의 가르침들은 지금은 경전에 의지하여 이해해야 하지만, 후에 수행이 진보하면 개인적인 경험을 통해 확인할 수 있는 것들이다.

불교 모든 학파의 공통적 근본은 사성제四聖諦이다. 불완전한 존재의 항상 괴로움이라는 상태(고성제苦聖諦), 이 괴로움의 상태는 원인이 있고(집성제集聖諦), 괴로움이 소멸한 상태(멸성제滅聖諦), 그리고 그 괴로움의 소멸 상태로 가는 방법(도성제道聖諦)이 그것이다. 이 사성제는 반드시 그 순서대로 이해해야 한다. 괴로움의 원인으로부터 괴로움이라는 실재가 일어난다. 그리고 수행의 길을 닦는 것을 원인으로 하여 괴로움의 소멸 상태라는 실재가 일어난다. 따라서 앞의 두 가지 진리인 고성제와 집성제는 윤회와 우리가 어떻게 윤회의 바퀴 속에서 방황하는지를 설명하고, 뒤의 두 가지 진리인 멸성제와 도성제는 궁극의 적정寂靜과 그 적정을 성취하는 방법을 설명한다.

하사도下士道의 가르침은 삼악도三惡道를 피하고 삼선도三善道를 성취하는 방법들이다. 따라서 이 하사도의 가르침은 대부분 사성제의 첫 두 가지 진리인 고성제와 집성제와 관련한 것들이다. 이 가르침의 중심 주제는 윤회 속의 괴로움을 버리고 윤회 속의 안락을 성취하는 방법이다. 윤회로부터의 자유와 일체지를 성취하는 방법에 대한 가르침은 각각 중간 정도의 근기(중근기中根機)와 수승한 근기(상근기上根機)의 수행자를 위한 것으로 뒤의 두 가지 진리, 즉 멸성제와 도성제에 대한 것들이다.

전통적으로 람림 문헌은 수행자가 어떠한 수준의 성취를 했을 때, 그 수행자의 경험이 가지는 특정한 자질에 따라 삼사도를 설명한다. 여기서 한 가지 문제가 있다. 하사도의 수행자들은 대개 첫 두 진리와 연관성을 가지고 있는데 이는 윤회와 윤회의 원인을 다루고, 중심 주제는 업의 교리라는 것이다. 앞서 말한 것처럼 천안통이나 일체지를 가지고 있지 않은 한, 업의 법칙에 대한 이해를 형성하기 위해서는 경전에 의지할 수밖에 없다. 따라서 전통적인 방식으로 가르치자면, 삼보에 대한 강한 신심이 있어야 한다. 이 신심은 어떤 면에서는 붓다께서 가르치신 바와 상충하는 면이 있다고 할 수 있다. 붓다께서는 늘 합리적인 판단 하에 당신의 가르침을 따르라고 하셨기 때문이다.

내 견해는 이러하다. 람림 수행에 앞서 나가르주나의 《중론 中論》과 짠드라끼르띠(Candrakīrti)의 《입중론入衆論》과 같은 논서를 먼저 공부해야만 한다. 이러한 논서들은 공성을 투철하게 꿰뚫는 지혜에 대한 핵심 가르침을 담고 있다. 여기서 공성의 지혜는 일반적으로 《황금 정련의 요체》를 포함한 람림의 수행 체계에서 상사도上士道의 가르침으로 분류된다. 공성의 지혜를 공부함으로써, 수행자는 일체중생의 존재 방식과 인식 방식이 상이한 '나'라는 개념에 선천적으로 집착하고 있다는 것을 이해할 수 있다. 테이블, 의자와 같은 모든 인식의 대상은 우리가 그 대상들에 덮어씌우는 것과 달리 "나 또는 자성"을 가지고 있지 않다.

지혜의 가르침은 이 잘못된 '나'라는 개념이 어떻게 모든 현상에 대한 우리의 인식을 왜곡시키는지 설명하며, 이 잘못된 '나'라는 인식이 어떻게 일체의 번뇌와 악업 또는 불선업을 초래하는지를 설명한다. 우리가 이러한 주제를 설명하는 논서들을 공부할 때는 교리에 대한 질문과 논리적 사고를 최대한 발휘해야 한다. 어떤 것도 믿음만으로 취해서는 안 된다. 끊임없이 교학을 공부함으로써 잘못된 '나'에 대한 인식이 공함을 이해하는 것은 전도몽상에 헤매는 마음을 평안하게 하고 착각을 줄여 마음의 안락을 성취할 수 있게 한다. 이러한 공성의 교리에 대한 공부는 나머지 두 진리인 멸성제와 도성제에 확신을 주며, 이 확신은 두 진리가 연결되어 있는 업의 법칙에 대한 이해를 돕는다. 이를 기반으로 우리는 사성제를 진리로 받아들이고 불법의 수행에 들어갈 수 있다.

　업의 법칙이 옳다는 것을 이렇게 간접적으로 증명하는 것이 아주 적절하지는 않지만 우리의 마음을 열고, 앞으로 수행하며 보다 깊고 결정적인 경험을 얻을 사성제가 진리라는 것을 납득시키기에는 충분하다.

3대 달라이 라마

이처럼 모든 악업을 철저히 멀리하라. 특히 세 가지 업의 문(몸, 말, 뜻)으로 지은 대·중·소의 열 가지 불선업(십불선업[十不善業])을 행한 이숙과로 인해 삼악도에 태어나고, 등류과[等流果]♦와 증상과[增上果]♦♦의 업을 받는 등 끔찍한 결과를 가져오게 된다는 것을 깊이 사유해야 한다.《불설보살행방편경계신통변화경[佛說菩薩行方便境界神通變化經] (Bodhisattva gocaropāyaviṣaya vikurvāṇa nirdeśa)》에서는 이렇게 말씀하신다.

> 왕이시여, 당신은 살생하지 마시오.
> 모든 이에게 자신의 목숨은 매우 소중하니
> 장수를 원하는 모든 이는
> 살생이라는 일말의 생각조차 하지 말아야 한다.

♦ 역자 주: 자신이 행한 일과 똑같은 결과를 일으켜 그 성질을 연속시키는 것.
♦♦ 역자 주: 자신이 행한 일이 그 일 이외의 다른 모든 결과를 일으키는 것.

괴로움의 원인은 악업과 전도몽상이다. 이 경우는 업이 심상속 또는 마음의 흐름에 똑같은 성질의 업의 흔적을 남기는 행동을 일컫는다. 악업을 간단히 정의하면 결과가 괴로움인 모든 행동이라 할 수 있다. 반대로 선업은 결과가 즐거움인 모든 행동이다. 선업과 악업 모두 마음에 업의 씨앗, 즉 원인을 심는다. 이 업의 종자는 우리 안에 잠재되어 있다가 알맞은 조건, 환경이 갖추어지면 결과로 발현한다. 만일 무르익은 업이 선한 것이면 우리는 즐거움을 경험하고, 악한 것이면 괴로움을 경험한다.

　업은 네 가지 특성을 가지고 있다. 첫째, 업은 결과를 증폭한다. 선업은 더 나은 선업을 부르고 악행은 더 악한 행을 선도한다. 둘째, 업은 절대적이다. 길게 보면 선행은 언제나 기쁨을, 악행은 언제나 괴로움을 일으킨다. 셋째, 업의 원인을 짓지 않은 즐거움이나 괴로움은 절대로 경험할 수 없다. 마지막으로, 행동이 일어날 때 마음에 심은 업의 종자는 절대로 그 힘을 잃지 않는다. 십억 생을 다시 태어나도 그 업의 종자는 힘을 그대로 가지고 있다. 그리고 적당한 조건이 일어나면 그 업은 반드시 발현한다.

따라서 이 지점에서 하사도의 수행자가 첫 번째로 해야 할 것은 어떠한 행동이 선한 것인지 악한 것인지 어떠한 행동을 닦아야 하는지, 어떠한 행동을 삼가해야 하는지를 잘 파악하는 것이다.

3대 달라이 라마

이같이 살생 등 십불선업에 대해 마음의 동기조차 일으키지 않겠다는 결심을 거듭거듭 해야 한다. 반면 불살생 등의 십선업을 비롯한 모든 선업을 수행 정진하라. 스승 쫑카빠대사께서도 이렇게 말씀하신다.

> 죽은 뒤 삼악도에 태어나지 않을지는 불확실하니,
> 삼악도의 두려움에서 구제해 주시는 의지처는 오직 삼보뿐이다.
> 그러니 항상 삼보에 흔들림 없이 귀의하고
> 귀의의 학처에서 물러남 없이 정진해야 한다.
> 그 또한 희고 검은 업의 과보를 바르게 알아,
> 취하고 버리는 것을 이치대로 실천하는 것에 달려 있다.

버려야 할 악업은 열 가지이다. 이들 가운데 세 가지는 몸으로 짓는 악한 행동으로 살생, 도둑질, 삿된 성행위이다. 다음 네 가지는 말로 짓는 악한 행동으로 거짓말, 이간질, 험한 말, 의미 없는 말이다. 나머지 세 가지는 뜻으로 짓는 악한 행동으로 집착, 악의, 진리에 부합하지 않는 그릇된 견해이다. 이러한 열 가지 악한 행동을 삼가고 그와 반대되는 열 가지 선한 행동을 꾸준히 함으로써 우리는 십선업을 수행할 수 있다.

열 가지 악한 행동의 결과는 무엇일까? 첫 번째 악법인 살생을 예로 들면, 살생의 폭력은 이번 생의 삶을 줄이고 미래의 생들에 죽임을 당할 업의 원인을 만든다. 살생에 익숙해지면 미래의 마음이 더욱더 살생과 연관되게 된다. 이번 생에 살생하면, 후에 살생을 즐기는 중생으로 태어난다. 어린아이들의 행동을 생각해 보면 이것을 이해할 수 있다. 어떤 아이들은 죽이는 것을 정말 즐기고 있는 것처럼 보인다. 그 아이들은 벌레를 보면, 냅다 뛰어가 발로 짓이기면서 즐겁게 웃는다. 이따금 그 아이들은 동물들을 사로잡아 죽을 때까지 괴롭힌다. 이러한 행동은 전생에서 얻은 살생과의 친숙함을 표현하는 것이다. 반면 자비심을 보이는 아이들과 그 어떠한 것도 해치는 것을 참지 못하는 아이들은 태어날 때부터 선업의 종자가 우리의 삶에 영향을 줄 수 있다는 것을 잘 보여 준다.

불교도로서 우리는 이번 생 동안에 반드시 십악업을 금해야 한다. 그것이 힘들다면 최소한 천천히 이러한 행위를 줄이도록 노력해야 한다. 십악업을 완전히 버리는 것은 어려운 일이다. 만일 집에 빈대가 생기면 어떻게 할 것인가? 내가 죽이지 말라고 해도, 얼마나 많은 이들이 내 말을 지킬 수 있을까? 나 자신도 빈대가 들끓는 잠자리에 눕는 것을 좋아하지 않을 것이다. 따라서 나는 늘 그러한 어려움을 사전에 예방하는 것을 권한다. 위생, 청결, 단순함 그리고 근면은 대부분 벌레와 쥐의 문제가 일어나는 것을 사전에 예방할 수 있다.

살생과 육식은 서로 연관되어 있다. 그렇다면 우리는 동물성 제품을 금해야 할까? 나의 경우 한때 육식을 금했었다. 그러나 건강에 이상이 생겼고, 이 년 뒤 의사들이 육류 섭취를 권했다. 육식을 삼가하는 사람들이 있다면 우리는 그들의 고귀한 노력을 높이 사야 한다. 어떠한 경우든 간에 반드시 육류를 덜 섭취하도록 노력해야 하며, 육류가 귀한 곳이나 육류의 섭취가 더 많은 살생을 일으키는 곳에서는 육식을 하지 말아야 한다.

티베트인들은 기후와 환경 때문에 육식을 해 왔다. 그렇지만 자비심에 대한 대승의 가르침은 육식을 경감시키는 효과를 가져왔다. 모든 티베트인은 이 구절을 알고 있다. "일체중생은 전생에 나의 어머니였다." 대부분 축산업으로 연명하는 유목민들은 한겨울 티베트의 수도인 라싸를 순례할 때 털이 긴 겨울 코트를 벗어 허리춤까지 말아 내리고, 축복을 받은 실타래를 벗은 몸의 가슴까지 내려 걸고 있다. 이 유목민들은 "일체중생은 전생에 나의 어머니였다."는 말을 너무나 잘 알고 있다. 비록 그들이 도둑이나 강도의 일당처럼 보일지라도, 그들은 매우 신심이 깊은 대승 불교 신자들이다. 그들에게는 고기 말고 다른 먹을 것이 거의 없다. 그렇지만 그들이 가축을 죽일 때는 늘 가축의 귀에 염불을 하며 최대한 인도적인 방법으로 죽이려고 노력한다. 라싸에서 대중적인 공덕행은 도축당할 동물을 사서 방생하는 것이다. 어떤 동물이 병에 걸리거나 죽게 되었을 때, 사람들은 축복을 받은 물을 그 동물 위에 뿌리며 기도해 준다. 티베트 전역에 걸쳐 늑대를 제외한 모든 야생 동물을 죽이는 것이 법으로 금지되어 있다. 늑대는 유목민의 적이기 때문에, 쥐는 농부들의 적이기 때문에 허용한다.

두 번째 악업은 도둑질이다. 도둑질이 사회에 끼치는 해악은 너무나 분명하다. 길거리에서 아무나 잡고 도둑이라고 불러 보라. 도둑으로 불리는 것을 좋아할 리 없다. 만약 십만 명이 사는 도시에 한 명의 도둑이 있다면, 그 한 명도 너무 많은 것이다. 불교도로서 우리는 절대로 도둑질할 것을 생각해서도 안 되고, 다른 사람도 도둑질하지 못하게 설득하거나 막아야 한다. 만일 도둑질하는 사람을 잡으면 그러지 말라고 타일러야 하고, 그 사람이 말을 듣지 않으면, 그 사람을 그렇게 놓아두면 안 되겠다는 자비로운 책임감으로 압박해야 한다. 질서가 잡힌 사회는 구성원 각자가 평화와 조화에 대한 책임감을 가져야 한다. 다른 사람이 도둑질하는 것을 눈감아 주면 그들이 악업을 쌓는 것을 도울 뿐이다. 그리고 우리와 후손들이 살아야 할 사회가 퇴보하게 일조하는 것이다. 도둑질하는 대신 가난하고 빈곤한 이들에게 보시하고 목표를 주어야 한다. 이것이 우리의 마음에 훨씬 이익이 되며, 우리가 자아내는 업에도 도움이 될 것이다.

잘못된 성적 활동은 주로 가족 사이에 불화를 일으키는 간통을 말한다. 옛날에는 간통 때문에 전쟁이 일어나기도 했다. 간통은 왕실의 생활을 뒤흔들 뿐만 아니라 가난하고 낮은 사회적 지위를 가진 가정조차 어지럽힌다. 그렇게 되면 간음 때문에 부서지고 갈라진 가족의 어린아이는 아버지의 얼굴도 보지 못하고 자라 마음에 심리적인 문제를 일으킨다. 친부가 없는 아이는 자연스레 부모의 온기가 부족할 것이고, 종종 헷갈려 하고 침울해 할 것이다. 친부의 결핍은 아이들의 마음에 평생 상처를 남긴다.

서양의 한 친구가 서구 사회에서는 가끔 성性을 가볍게 취급하는 경향이 있다고 설명하면서 난교亂交에 대한 내 견해를 물었다. 나는 그 행위가 수행에 어떠한 도움도 되지 않으며, 장기적으로 볼 때 대부분의 경우 즐거움보다 괴로움을 더 낳게 되지 않겠냐고 말했다. 조금 더 구체적인 조언으로써 나는 개인적으로 가족을 만들고 싶어 하지 않는 짝은 아이들을 낳지 않도록 최대한의 노력을 기울여야 한다고 생각을 밝혔다. 만일 그에 관계된 구성원들이 서로 동의하고, 아무도 해를 입지 않는다면 그들이 하고 싶은 것을 해도 된다. 내가 가장 염려하는 것은 이런 일들에 휘말릴 아이들의 마음이다. 아이들은 미래의 희망이다.

말로 짓는 악업 가운데 첫 번째는 거짓말이다. 종교적인 수행을 하지 않더라도, 진실과 정직은 무척 고귀한 자질이다. 미륵보살의 다섯 가지 논서를 공부했다 하더라도 거짓말 한마디에 수행의 일천함이 드러날 수 있다. 겔뽀 데빠 뗀뽀의 이야기에 "진리는 영원하지만, 거짓은 존재하지 않는다."라는 구절이 있다. 거짓은 사실이 아니라 허구에 바탕을 둔다. 따라서 견고한 기반이 없다. 반면에 진리는 사실이라는 강력한 기반이 있다. 따라서 거짓은 한동안 이익이 될지는 몰라도, 지속적인 행복의 원천이 될 수 있을 리 만무하다. 사회의 모든 구성원은 서로 의존하고 있다. 만일 모든 이가 거짓말과 왜곡을 부추긴다면, 그 사회와 어린아이들의 삶에 어떻게 이익이 될 수 있겠는가. 사회의 조화는 진실에 달려 있다. 그리고 만일 이웃이 절대 믿을 만한 말을 하지 않는다고 의심하면 신뢰를 기반으로 한 관계를 이룰 수가 없다. 의심과 망상이 마음의 평화를 대치할 것이다. 우리가 이러한 목적에 이바지해야 할 이유가 있는가? 그렇게 하는 것은 인간의 본질, 조상의 은덕 그리고 과거의 스승들을 욕되게 하는 것이다. 서로 거짓말하고 속이는 두 형제는 한 어머니에게서 태어난 사람들 같지 않다. 얼마나 불쾌한 현실을 만들고 있는 것인가! 우리는 이러한 거짓에 기반한 일들을 독으로 여기고 멈춰야 한다. 인류의 자비가 처리할 대상으로 놓아두어야 한다.

말로 짓는 악업의 두 번째는 이간질이다. 이간질은 이미 돌아선 사람들 사이의 틈을 더욱 벌어지게 하고 친밀한 사람들을 갈라 놓는다. 우리가 보살행과 딴뜨라의 수행에 대해서는 허풍을 섞어 가며 거리낌 없이 말하면서, 여전히 이간질을 삼가하는 것과 같은 가장 기본적인 수행을 하지 못한다면 우리가 말하는 수행은 모두 큰 의미를 가지지 못한다. 이렇게 불법을 조롱하느니 입에 똥을 가득 채우는 것이 훨씬 낫다. 우리는 반드시 서로를 존경하고, 신뢰하고, 존중하는 법과 다른 이의 행복을 기뻐하는 법을 익혀야 하며 질투심에 갈등과 불화를 일으키는 일들을 버려야 한다. 수행이 우리가 의심하는 사람들을 이간질하는 것을 정당화하는 변명거리가 된다면, 우리는 우리가 생각하는 것보다 훨씬 더 청정하지 못한 것이다. 그리고 이때가 한동안 우리의 혀를 묶어 둘 때이다.

자기 내면의 오점을 하나라도 인식하는 것이 다른 사람의 오점을 수천 개 찾아내는 것보다 훨씬 더 가치 있는 일이다. 다른 사람들을 험담하고, 그들의 삶에 마찰과 불안을 일으키는 것보다 그들을 청정하게 보아 오직 장점만을 이야기할 수 있도록 수행해야 한다. 만일 당신 스스로 어떤 이를 비난하고 있는 것을 알아차렸다면, 당신의 입을 똥으로 채워라. 그것이 이런 나쁜 습관을 빨리 고쳐 줄 것이다.

이러한 열 가지 불선업을 피하고 십선업을 행하는 것은 삼매, 보리심 그리고 다양한 딴뜨라의 요가 같은 보다 높은 수준의 수행 기반이 될 마음의 조화를 일으킨다. 그러나 만일 그대가 십악행을 삼가하는 것과 같은 기본적인 수준의 수행을 건사하지 못할 정도로 마음이 강하지 않다면, 높은 수준의 수행을 한들 효과가 있을 것이라 생각하지 않는다. 수행은 그 방법을 쓰는 사람의 마음이 조화를 이루었을 때 효력을 발휘한다. 최고의 수행, 비밀스럽게 전해지는 딴뜨라의 요가를 찾느라 여기저기 찾아다니는 것보다 자신을 진실되게 살펴보고 어떠한 수준의 수행이 우리의 현 수준에 가장 잘 맞는지 명확하게 구분할 줄 아는 것이 훨씬 중요하다.

기반을 형성하는 수행을 먼저 해야 한다. 즉 십선행을 통해 업의 법칙을 잘 준수해야 한다. 그렇지 않으면 우리가 하는 모든 수행이 자신을 속이는 것이 되어 버린다. 얼마나 많은 문헌을 공부했는지, 매일 얼마나 오랫동안 명상하는지, 얼마나 많은 안거를 했는지에 대해서 말하기보다, 하루에 몇 번이나 십선업을 어겼는지 세어 보는 것이 훨씬 유용할 수도 있다. 매일 저녁 조용히 앉아 하루 동안의 자신의 행을 살펴보면서, 자신의 과오를 인정하고 앞으로 이러한 일이 일어날 때 어떻게 극복할 것인지를 마음에 단단히 새겨 보는 것이다. 귀의하고, 보리심에 대해 명상하고, 여러 명상의 방법을 써서 불선업의 종자를 중화시킨다. 이렇게 해서 마음을 청정하게 한 다음, 저녁 명상이나 기도를 행한다.

말로 짓는 악업 가운데 세 번째는 다른 사람의 가슴을 아프게 하는 험한 말이다. 심지어 가장 부드러운 말이라 할지라도 받아들이는 사람이 괴로워한다면 험한 말이다. 앙심을 품고 비꼬는 것 역시 다른 유형의 험한 말이다. 이러한 유형의 말들은 모두 다른 중생들의 마음을 불편하게 하므로 삼가야 한다. 험한 말을 하느니 입을 봉하는 게 낫다. 인생은 정말 짧다. 그 짧은 삶을 잘못 나아가 허비할 필요는 없다.

의미 없는 대화는 말로 짓는 네 번째 악업이다. 우리에게 혼란을 조장하고 시간과 에너지를 고갈시키는 주제로 나아가는 의미 없는 대화 그 자체가 해악을 끼치는 것은 아니다. 그러나 허영심의 근원이 될 수 있으므로 수행의 정진에는 방해가 된다.

뜻으로 짓는 세 가지 악행은 집착, 악의 그리고 진리에 부합하지 않는 그릇된 견해를 가지는 것이다. 이 세 가지는 몸과 말로 짓는 일곱 가지 악행들의 원천이다. 뜻, 몸, 말의 관계는 말과 말이 끄는 짐수레와 같다. 집착은 자기가 가지고 있지 않은 것을 갈망하는 욕심이다. 이는 몸과 말의 셀 수 없이 많은 악업을 일으킨다. 집착으로부터 질투, 화 그리고 모든 형태의 번뇌가 일어난다. 악의는 번뇌 가운데 가장 직접적인 해악을 끼치는 것으로 이로 인해 폭력, 상해 심지어 살생까지 일어난다. 진리에 부합하지 않는 그릇된 견해를 가지는 것은 현재 자기가 하는 일과 장차 자기가 겪을 일 사이에 어떠한 인과 관계도 없다거나 깨달음도 수행도 없다고 믿는 것을 말한다. 이러한 견해는 복 있는 삶을 막고 수행의 길에 들어가지 못하게 방해한다.

3대 달라이 라마

십불선업을 행하지 않는 계율을 청정히 지킴으로써 유가구족의 좋은 몸을 얻을 수 있지만 최상의 도, 즉 일체지를 이루기 위해서는 귀한 가문과 좋은 몸(단정한 용모와 건강한 신체) 등의 여덟 가지 선업과를 갖추어야 한다. 그 원인으로 중생을 해치지 않는 것, 등불과 새 옷 등을 보시하는 것, 아만심을 버리고 남을 존경하는 것 등을 정념과 정지를 갖추어 수행 실천해야 한다.

14대 달라이 라마

일체지의 지혜를 얻기 위해서는 반드시 그에 적합한 효과적 수행을 해야만 한다. 공성에 대한 명상을 통해 수행자는 지혜를 일으키고 다른 이들에게 이익을 주며, 자비에 대한 명상 등 다른 수행을 통해 복덕을 일으킨다. 복덕을 지키는 수행은 대부분 십선업에 기반을 두고 있다. 이렇게 이번 생 동안에 십선업의 수행을 실천함으로써 화합을 만들어 우리가 평화와 행복을 누릴 수 있게 하며, 중사도와 상사도 등 높은 수준의 수행을 하는 데 도움이 되게 한다. 그리고 이 십선업은 선업의 종자를 마음의 흐름, 즉 심상속에 심어 수행에 도움이 되는 여덟 가지 선업과를 갖춘, 내생의 좋은 원인을 우리가 가질 수 있도록 돕는다.

이 열 가지 선한 일 가운데 어느 하나라도 반대되는 일을 하면, 그때마다 금강살타보살을 관하고《금강살타 백자명주百字明呪》를 암송하거나,《삼십오불명예참문三十五佛名禮懺文》을 읽으며 마음을 정화하는 빛을 관하는 참회의 명상을 해야 한다. 이 수행을 하는 동안 자신의 악행을 기억하고, 악업의 본질을 명상하고, 그 악행이 가진 업의 결과에 대한 명확한 앎을 일으키고, 마음속 악업의 습기를 정화하겠다는 굳은 결심을 한다. 수행자는 이 결심을 기반으로 귀의하고, 보리심을 일으키고, 금강살타의 명상이나 지금까지 해 오던 명상이 있다면 그 명상을 수행한다. 절을 하는 것도 괜찮다. 이렇게 모인 참회의 힘은 보리 씨앗을 구우면 그에 달라붙어 있던 병균들이 사라지듯, 악업의 종자가 가진 힘을 파괴한다. 여기서 중요한 것은 분석 명상(위빠사나)을 먼저 하고 나중에 오랜 시간 동안 집중 명상(사마타)을 하는 것이다. 집중 명상의 집중력이 약해질 때까지 삼매에 머무르고 나서 다시 분석 명상으로 바꾸어 마음에 활기를 준다. 마음이 힘을 찾으면 다시 집중 명상으로 돌아온다.

우리의 마음은 습관적으로 이생에만 이익이 되는 일을 향해 모든 힘을 쏟고 내생과 자유, 일체지의 획득에 도움이 되는 수행에는 크게 관심을 가지지 않는다. 이러한 수행들을 통해 이번 생의 덧없는 행동에 대한 본래적인 집착을 가라앉히고 나면 수행의 진정한 가치를 이해하기 시작할 것이다. 마음이 저절로 세속적인 목표보다 수행에 더 관심을 가질 때 비로소 하사도의 진정한 수행자가 된 것이다.

3대 달라이 라마

한편 번뇌가 많아서 또는 다른 원인들로 지은 죄와 계율을 어긴 행을 내버려 두지 않아야 한다. 계율을 어긴 타죄들은 율장에 따라 참회하고, 죄업은 네 가지 힘에 의지한 참회로 몸과 말과 뜻

의 세 가지 업의 문이 죄와 악업으로 물들지 않게 노력해야 한
다. 왜냐하면 스승 쫑카빠대사께서도 이렇게 말씀하시기 때문
이다.

> 유가구족의 이 좋은 몸 얻지 않고서는
>
> 일체종지를 이루게 하는 도를 잘 닦을 수 없으니,
>
> 이를 위해 부족함 없는 원인을 쌓아
>
> 죄와 훼범의 허물에 물든 몸 말 뜻 삼문三門을 정화하고,
>
> 특히 업장을 소멸하는 것이 핵심이니
>
> 항상 사력참회四力懺悔◆를 수행하는 것이 중요하네.

◆ 역자 주: gnyen po stobs bzhi, catvāri pratipaks͎abalani. 심상속에 있는 악업의 종자를
   정화하는 네 가지 수행으로, 첫 번째는 의지하는 대상의 힘으로 삼보에 귀의하여 보리
   심을 일으키는 것이고, 두 번째는 참회의 힘으로 그 악행을 다시는 저지르지 않겠다
   는 깊은 후회이며, 세 번째는 결단의 힘으로 다시는 그 악행을 저지르지 않겠다는 단호
   한 결심이고, 네 번째는 경전, 공성, 금강살타 백자명주와 같은 진언, 불상, 귀의심, 명
   호의 여섯 가지 악업에 대한 대치의 힘이다. 참고《The Great Treatise on the Stages of
   the Path to Enlightenment: Volume One》(Tsong kha pa, The Lamrim Chenmo Translation
   Committee, Ithaca, N.Y.: Snow Lion Publications, 2000)

이와 같이 닦고 익힘으로써 이번 생에 대한 지나친 집착에서 벗어나 다음 생을 위한 간절한 마음이 생길 때, 하근기와 공통된 수행으로 마음을 닦은 결과를 성취한 것이다.

9장

소승의 수행, 중사도

• • •

14대 달라이 라마

하사도 명상을 수행한 수행자는 삼보에 올바로 귀의하고 삼보
의 학처學處를 닦고 업의 법칙을 지키는 수행에 충분한 힘을 얻을
수 있다. 이러한 수행은 우리가 지옥·아귀·축생의 삼악도에 떨
어지는 것을 막을 수 있는 능력을 가지고 천상·수라·인간의 삼
선도에 환생할 수 있도록 이바지한다. 그러나 이것으로 충분하
다고 할 수 있을까? 삼선도에 태어나더라도 괴로움을 영원히 피
할 수는 없다. 따라서 좋은 생을 받는 것을 궁극적 목표로 삼아
서는 안 된다. 삼선도에도 존재하는 본질적인 괴로움에 대해서
사색하면, 우리의 마음은 자연스럽게 윤회로부터의 자유를 구
하기 시작한다.

3대 달라이 라마

중근기와 공통된 수행으로의 마음 닦기

하근기와 공통된 수행으로 십불선업을 제거하고 십선행을 실천함으로써 특별한 선취인 인간과 천신의 몸을 얻을 수 있지만, 여전히 윤회의 고통에서 벗어나지 못한다. 따라서 모든 고통에서 완전히 벗어난 해탈을 반드시 성취해야만 한다.

윤회의 삶에는 참된 행복이 없고 모든 것이 본질적인 면에서 고통이다. 왜인가? 지옥·아귀·축생의 삼악도에서 고통은 앞서 설명한 바와 같다. 중사도에서는 삼악도 각각의 고통에 대해 좀 더 깊이 생각한 뒤 이런 극심한 고통을 내가 오랫동안 견뎌 낼 수 없기에 삼악도의 고통을 비롯한 윤회의 모든 고통에서 반드시 해탈하겠다는 마음을 일으켜야 한다. 삼악도 외에 윤회 속에서 비교적 높은 삶인 천상계와 그 아래 인간계 또한 고통의 본질에서 벗어난 것은 아니다.

14대 달라이 라마

윤회 속의 삶은 늘 만족스럽지 못하다. 삼악도에서 겪어야 할 괴로움의 강도는 하사도의 수행에서 설명한 것처럼 아주 분명하다. 그러나 삼선도의 환생도 완벽하다고 할 수는 없다. 그 생이 끝나면 다시 삼악도에 떨어지지 않으리라는 보장이 전혀 없기 때문이다. 우리는 무시 이래로 끝없는 생의 흐름을 전전하며 모은 무한히 많은 업의 종자를 가지고 삶에서 삶으로 떠돌아다닌다. 이러한 업의 영향을 벗어날 수 있는 지혜를 일으키지 않는 한, 삼선도의 생을 살더라도 언젠가는 삼악도로 떨어지게 되어 있다.

인간으로의 환생과 같은 삼선도의 삶에는 괴로움이 별로 없으니 괜찮지 않냐고 말할 수도 있다. 이렇게 말하는 것은 그저 방어기제에 지나지 않는다. 보통 우리는 인간 세계의 괴로움들을 외면하고 산다. 그러나 인간의 삶을 고찰해 볼 때, 이 삶에 괴로움이 만연하다는 사실은 너무나 명확하다. 부유하고 힘 있는 사람들은 정신적인 압박감에, 가난한 사람들은 육체적인 압박감에 시달린다. 나라의 지도자들은 목표를 이루지 못할까 봐 밤잠을 설친다. 부자들은 혹시라도 사기당할까 봐, 혹시라도 가난해질까 봐 늘 전전긍긍한다. 그리고 빈곤한 이들은 허기, 지나친 노동 등으로 괴로워한다. 괴롭지 않은 사람은 아무도 없다. 괴로움은 우리 모두 늘 달고 다니는 것이다.

3대 달라이 라마

사람은 태어나기 전, 어두운 자궁에서 38주를 머물다가 태어날 때에도 과거 업의 힘이 억지로 밀어내거나 참깨를 빻는 듯한 엄청난 고통을 겪는다. 갓 태어난 아기는 아무리 부드러운 천 위에 눕혀 놓아도 가시밭에 떨어진 것처럼 참을 수 없는 고통을 겪는다. 태어남의 고통이 이와 같다.

　태어나 늙어 가며 허리는 활처럼 휘고, 머리는 할미꽃처럼 하얗게 되며, 이마는 밭고랑 같은 주름으로 뒤덮이고, 앉을 때는 가죽끈이 끊어지는 듯하며, 일어날 때는 나무뿌리를 뽑아내는 듯 하고, 말을 하면 더듬거리고, 걸을 때는 몸이 굽고, 눈은 또렷하게 보지 못하고, 귀는 잘 들리지 않는 등 몸의 광채는 사라져 시체와 같아진다. 게다가 기억력은 감퇴하여 잊어버리는 것이 많아지며, 먹고 마시는 것들을 소화하기 어려워 원하는 대로 먹고 마실 수 없으며, 수명이 거의 다 되어서 빠르게 죽음으로 향하는 늙음의 고통이 있다.

몸을 구성하는 요소들이 균형을 이루지 못해 병이 들었을 때 피부는 말라 들어가고, 살이 빠져 줄어들며, 좋아하는 음식도 병이 될까 하는 걱정에 포기해야 하고, 좋아하지 않는 음식과 약은 억지로 먹어야 하며, 수술이나 침, 뜸 같은 아픈 치료법에 의지해야 하고, 병이 호전되지 않을까 걱정하는 마음으로 괴로워하는 등 끊임없는 고통을 겪어야 하는 아픔의 고통이 있다.

죽음이 확정된 큰 병에 걸렸다면 곧 죽겠다는 생각에 과거에 행한 악업을 후회하고, 인생을 무의미하게 보낸 것을 떠올린다. 몸과 재물, 친척과 친구, 나를 따르는 이들과 헤어지게 됨을 알고, 입은 마르고 입술은 말려 들어가며, 코는 내려앉고, 눈은 움푹 꺼지고, 숨은 가빠지며, 악도의 끔찍한 고통에 대한 두려움과 원하지 않더라도 죽어야만 하는 죽음의 고통이 있다.

때로는 끔찍한 원수인 강도와 도둑을 만나 음식과 재물 모두를 빼앗기고, 무기와 몽둥이로 두들겨 맞으며, 왕 등의 지배자들로부터 다양한 형벌로 괴롭힘을 당하거나 자신에 대한 나쁜 소문을 듣게 되는 등 원치 않는 것들과 만나게 되는 괴로움(원증회고怨憎會苦)이 있다. 음식과 재물, 행복과 고통, 비난 등 모든 것을 무시하고 얻어 낸 귀한 것들과 사랑하는 친한 이들과 헤어지기 싫어도 결국 헤어져야 하는 고통(애별리고愛別離苦)이 있다. 세간 사람이 농사를 부지런히 지어도 가뭄과 냉해, 우박 등으로 농작물을 원하는 대로 수확할 수 없고, 먼 길을 항해하는 장사꾼이 태풍을 만나 난파당하거나 물건을 잃어버려 이익을 보지 못하고, 출가자가 자신이 약속한 계율을 지키지 못하는 등 원하는 것을 얻지 못하는 고통(구불득고求不得苦)이 있다.

14대 달라이 라마

파봉카 데첸닝뽀 린뽀체께서는《손 안의 자유》에서 "모든 이는 삶이 끝날 때가 가까워지면 털어놓을 슬픈 이야기를 한 보따리씩 가지고 있다."고 말씀하신다. 멀찌감치 물러서서 사람들을 보면 행복하고 괴로움이 없는 것처럼 보인다. 그러나 조금만 가까이서 보면 그들의 불완전함과 괴로움이 그들의 행복을 좀먹고 있는 것을 점점 더 명확하게 알게 된다. 그들과 함께하면서 각자가 겪는 괴로움을 이야기하면, 저마다의 비극은 더욱 끔찍할 것이다.

고통과 불행은 윤회 속 삶의 근본적인 요소이다. 인간은 생로병사라는 네 가지 괴로움을 절대 피할 수 없다. 이 네 가지 괴로움과 더불어 겪고 싶지 않은 것을 겪어야 하는 괴로움, 좋아하는 것들과 헤어져야 하는 괴로움, 원하는 것을 가지지 못하는 괴로움 등도 겪어야만 한다. 이러한 여덟 가지 괴로움은 바다의 파도처럼 끊임없이 우리를 내려친다. 이러한 삶에서 일어나는 일들이 첫 번째 괴로움의 유형인 고통의 괴로움(고고苦苦)이다.

두 번째 유형은 행복의 쇠락 또는 불안정한 행복이라는 괴로움(괴고壞苦, 변화의 괴로움)이다. 우리는 무엇을 원하면 그것을 가지려고 열심히 노력한다. 그러나 원하는 것을 가지는 것이 즐거움보다 더 큰 괴로움을 불러온다. 윤회 속의 삶이 그러하다. 어떤 것을 가지지 못해서 혹은 그것을 가지고 있어서 끊임없이 괴로움의 상태에 있게 된다. 이런 티베트 속담이 있다. "만일 그대가 가지고 있는 것이 벼룩만 하다면, 괴로움도 벼룩만 할 것이다. 염소만 하다면, 괴로움도 염소만 할 것이다." 소유하는 것은 가진 만큼의 괴로움을 가지는 것이다. 소유하지 못하는 것은 가지지 못한 만큼의 괴로움을 가지는 것이다. 이것이 행복의 쇠락이라는 본질이 본래적으로 가지고 있는 불행이다. 무엇을 사거나 가지거나, 다른 나로 옮기면 만족할 것 같지만, 윤회 속에 완

전한 충족은 없다. 지혜를 길러 업과 번뇌로부터 자유로워지지
못하면 윤회 안에서 누리는 모든 행복은 결국 쇠락할 것이며, 괴
로움으로 바뀔 것이다.

우리의 몸을 구성하는 물질은 그 자체가 부정하다. 《샤말 람
림》◆은 "우리의 몸은 수천 세대에 걸쳐 진화한 정자와 난자의
정수精髓 이상이 아니다."라고 말한다. 이 정자와 난자가 똥으로
가득 찬 대장과 오줌으로 가득 찬 방광 사이에 자리를 잡는다.
배아는 태중의 어두움을 겪어야 하고, 그 어두컴컴한 곳에서 아
홉 달 동안 몸이 커져 옴짝달싹할 수 없게 된다. 우리의 몸은 아
주 꽉 죄이는 가죽 가방 안에 묶여 있는 것처럼 누워서 어머니
가 뜨거운 음식을 드실 때는 창졸간에 엄청난 열을 견뎌야 하고,
차가운 음식을 드실 때면 지독한 추위를 견뎌야 한다. 어머니
께서 갑자기 몸을 움직이시면 몽둥이로 두들겨 맞는 듯한 느낌
을 받는다. 어머니 자신도 임신 중에 굉장한 괴로움을 겪고 막달
이 가까워지면서는 배가 터져 나갈 것 같은 느낌을 받으신다. 출
산할 때에는 참기 힘든 막대한 고통에 울부짖으신다. 샨띠데바

◆ 역자 주: 13대 달라이 라마의 계사 중 한 분인 샤말 빤디따 겐뒨 감초(zhwa mar paṇḍita dge
'dun bstan 'dzin rgya mtsho, 1852-1912)가 지은 람림의 주석서. 샤말은 붉은 모자를 뜻한다.

(Śāntideva, 적천寂天)께서는 《입보살행론》에서 "우리의 삶을 선하게 하지 않으면, 우리의 생은 그저 어머니에게 고통을 준 것밖에 되지 않는다."라고 말씀하셨다.♦

태어난 뒤에도 우리는 어머니에게 많은 짐을 얹어 준다. 스스로 할 수 있는 것이 아무것도 없기 때문에 어머니는 수년간 우리를 돌봐 주신다. 주무실 때조차 맘 편히 쉬지 못한다. 우리 역시 지대한 괴로움을 겪는다. 무엇이 필요한지 표현할 수도 없고, 마음대로 몸을 움직일 수도 없다.

우리 인간은 피, 오줌과 막대한 고통 사이에서 태어나지, 성스럽게 태어나지 않는다. 인간의 삶으로 들어가는 것 자체가 불길한 것이다. 나가르주나는 《보행왕정론寶行王正論》에서 "인간의 몸이란 오물과 괴로움의 기계 이상이 아닌 것 같다."고 말씀하셨다.♦♦ 만일 우리의 몸을 수행의 뗏목으로 사용하지 않는다면 이 몸은 그저 피, 고름, 오물과 뼈가 가득 들어 있는 쓸모없는 가죽 포대

♦ 역자 주: 《입보살행론》의 7장 〈정진품〉의 다음 게송을 요약한 것이다.
  VII.38
  두려움에 떠는 이들에게 무외시無畏施를 하지 않고
  슬퍼하는 이들에게 기쁨을 보시하지 않은 나는,
  어머니의 태중의 불편함과 어머니의 고통밖에
  일으킨 것이 없네.

에 불과하다. 우리 삶의 방향이 깨달음과 일체지가 아니라면 밥을 먹고 할 수 있는 것은 오직 오물을 더 쏟아 내는 것뿐이다.

윤회의 바퀴 속에서 환생한 몸은 업과 번뇌의 산물이다. 따라서 이 몸은 끊임없는 불안과 고통의 원천이다. 우리는 삶의 대부분을 이 몸을 위해 일하고, 먹고, 옷 입고, 쉴 곳을 만들고, 씻고, 아픔을 다독이는 데에 쓴다. 그렇지만 이 몸을 우리의 마음을 향상시키는 데 쓰지 않는다면, 이렇게 위하고도 얻는 이익이 없다. 그렇게나 애지중지하며 어머니가 사랑으로 돌봐 준 이 소중한 몸뚱어리는 우리가 죽으면 차갑게 식어 구더기의 먹이가 되고 만다. 이것이 윤회의 바퀴 안에 사는 우리의 모든 삶이 피할 수 없는 현실이다.

몸의 미세한 에너지(바람)와 아주 미세한 수준의 마음(청명한 빛의 마음)을 통제할 수 있는 딴뜨라 수행을 성취한 요기는 몸을 이루는 몸 안팎의 요소를 통제해서 끝내 윤회 속의 몸을 환희의

◆◆ 역자 주:《보행왕정론》115
그대 자신에게 있는 똥, 오줌 등의
더러운 것들을 보고 나면
그런 것들로 이루어진 몸에
매력을 느낄 수 있겠는가?

무지개 몸(홍광신虹光身 또는 홍신虹身)으로 바꿀 수 있다. 그러나 무지개 몸을 성취하기 전의 육체적 기반은 온갖 불만족과 고통을 자석처럼 끌어당긴다는 것을 유념해야 한다.

딴뜨라의 관점에서 일반적인 사람의 몸은 번뇌의 원천이다. 차크라, 에너지 통로, 흰색과 적색의 정수精髓, 생명의 바람 등은 변한다. 청명한 빛의 마음의 수단인 미세한 생명 에너지의 본질 자체가 불순하기 때문에, 집착과 화 같은 불순한 마음의 상태를 일으킨다. 딴뜨라의 체계에 따르면 미세한 마음, 청명한 빛의 마음과 이 마음을 받드는 몸의 에너지는 상호 불가분의 관계에 있다.

이 윤회 속의 몸은 우리의 모든 생을 끊임없이 달리게 만든다. 이 몸뚱어리의 끊임없는 요구를 충족시키기 위해 달려야 하고, 이 몸을 해칠 수 있는 것들을 멀리해야 하며, 모든 불쾌한 일들을 막아야만 한다. 몸에 기쁨과 안락을 주어야만 한다. 출가해서 계를 받으면 처음에는 아주 만족스럽다. 그러나 머지않아 이 몸은 계율을 지키는 것을 너무나 힘들게 만들어서 차라리 출가하지 않고 재가 신도로 사는 것이 더 편하겠다는 생각이 들게 만든다. 그래서 계를 반납하고 세속의 삶으로 돌아간다. 그렇게 하면 결국은 대가족을 부양하느라 바빠 수행할 시간이나 기운이 남지 않게 된다. 아이들을 먹이고, 입히고, 잘 곳을 만들어 주고, 학교와 학원에 보내는 등 급박한 일들이 눈앞에 있다. 우리의 삶은 일과 걱정 사이를 오가며 때때로 아주 잠깐의 안락을 누린다. 그러고 나면 죽음의 시간이 닥쳐 있다. 그렇지만 우리는 죽는 순간에도 편치 않다. 죽으려고 누웠을 때 마지막 생각은 남은 가족에 대한 온갖 걱정이다. 이것이 윤회의 수레바퀴 속 삶의 본질이다.

일반적으로 삶의 가장 행복한 시기는 다섯 살에서 열다섯 살 사이라고 한다. 그리고 가장 독창적인 때는 삼십 대라고 한다. 이 삼십 대가 되면 우리는 완전한 성인이 되어 세상의 것이든 종교적인 것이든 원하는 것을 성취할 수 있게 된다. 붓다, 밀라레빠 그리고 쫑카빠대사까지 이 즈음에 깨달음을 성취하셨다. 나는 이제 쉰이 넘었다. 내 삶의 태양은 가장 높은 곳에 떠 있다. 나는 곧 예순이 되고 일흔이 될 것이다. 내 육신은 힘과 생명력을 차츰 잃어 갈 것이다. 내 머리는 곧 하얗게 세고, 움직이기도 쉽지 않게 될 것이다. 이러한 것이 늙음의 괴로움이고, 모든 인간은 예외 없이 겪어야 하는 것이다. 이런 일이 자신에게는 절대 일어나지 않을 것이라고 생각한다면 이 얼마나 순진무구한 것인가!

아무리 아름다운 사람도 세월이 지나면 추해진다. 머리카락이 빠지거나 하얗게 센다. 어떤 사람은 지나치게 살이 쪄서 남의 도움을 받지 않고는 일어나지도 못한다. 그리고 어떤 이는 침대에서 옴짝달싹하지 못하고 남의 도움을 받기만 할 것이다. 삽시간에 살아 있는 것보다 더 시체처럼 보일 것이다. 삐쩍 마른 회색 가죽을 해골에 감아 놓은 것처럼, 거울에 비친 자신을 견디기 힘들 것이다. 가족과 친구들은 우리를 사랑으로 감쌀지라도, 생판 모르는 사람들은 쌀쌀맞은 눈으로 혐오스럽다는 듯 쳐다볼 것이다. 마음은 여전히 활기차고 명료할지 몰라도, 몸은 마음 가는 대로 따라갈 수가 없다. 앉아서 다가오는 죽음을 기다리는 우리 자신을 보라. 그 누구도 우리의 외로움과 슬픔을 함께할 수 없다.

우리 윗 세대는 우리에게 몸과 생명 그리고 문화를 물려주셨다. 그분들을 돌보는 것은 인류의 신성한 의무이다. 그러나 대부분은 인간보다 동물에 가깝다. 종종 우리는 가족에게 버림받은 나이 드신 분들을 본다. 티베트에서 가족의 유대는 굉장히 강하다. 그리고 보통 가까운 친지들이 나이 드신 분들을 직접 돌본다. 서방 국가들에서 볼 수 있는 국가 차원의 노인 복지는 정말 좋은 것이며, 아주 건강한 사회라는 증거이다. 정신적·심리적 차원의 돌봄이 부족할지 몰라도 말이다.

노쇠함의 괴로움은 늙기 전에 죽지 않는다면 절대 피할 수 없는 것이다. 이것은 어찌 손쓸 수 없는 현실이다. 우리가 젊을 때 그렇게나 자랑하던 능력과 힘은 사라져 버릴 것이다. 대신 도우미나 친구들이 우리의 몸을 씻기고, 입혀 주고, 떠먹여 줄 것이며 심지어 대소변까지도 받아 내 줄 것이다. 영원할 것이라는 착각 속에 살지 말고 수행을 해야 한다. 그래야만 나이가 들었을 때 지혜라는 품위를 갖출 수 있게 된다.

어떻게 우리의 몸이 불멸이라고 생각하는가? 몸의 기반 자체가 영원하지 않으며 부조화스러운데? 우리 가운데 아프지 않고, 불안하지 않고, 죽음의 위협을 벗어난 이가 있었던가? 아리야데바(Āryadeva, 성천聖天 또는 제비提婆)께서는 《사백관론四百觀論》에서 "우리의 몸은 한 무리의 독사가 뒤엉켜 싸우는 형국이다."라고 말씀하신다. 우리 몸에 있는 모든 화학 물질은 모두 지독한 싸움에서 다른 이들과 겨루기 위한 생명력이다. 그리고 모든 원소의 힘이 균형을 이룰 때 건강을 유지할 수 있다. 가장 작은 세균 또는 하찮은 바이러스도 이 균형을 무너뜨릴 수 있으며 우리를 몇 주, 몇 달 혹은 몇 년간 아프게 만들 수도 있다. 그렇게 되면 우리는 이 의사 저 의사를 찾아 전전한다. 불만족과 고통에 시달리면서 그 의사들이 직업적인 친절함으로 우리에게 하는 말치레에 안도한다. 전염병에 걸리면 친구들조차 문병 오는 것을 꺼린다. 또 어느 때는 몸이 붓거나 온몸에 난 염증에서 고름이 흘러내려 우리를 몹시 흉하게 만든다. 그러면 너무나 창피해서 문밖으로 나가지도 못한다. 어떤 병은 기력을 갉아먹어서 음식을 보는 것조차 견디지 못하게 만들고 다른 병들은 소화와 양분의 흡수를 막는다. 하찮은 사고도 뼈를 부러뜨려 걷지 못하게 만들 수 있다. 종종 우리가 먹는 약들이 너무나 센 나머지 구토하는 부작용을 일으킨다. 어쩌면 암에 걸려서 의사에게서 고칠 수 없다는 선고를 받을 수도 있다. 티베트 전통 의학을 배운 의사들은 암을 고칠 수 있다고 자랑스럽게 말하곤 하지만, 의사가 아닌 나는 그대가 아프면 그저 앉아서 지켜보는 것밖에 할 수 없다. 어쨌든 무수한 사람들이 암으로 죽는다.

이렇게 해서 우리는 이 몸뚱이가 사실상 이번 생에 고생하게 만들고 있다는 것을 알게 되었다. 그리고 슬프게도, 많은 사람들이 몸이 원하는 것을 만족시켜 주는 일들을 하면서 그저 끝없는 악업의 종자를 마음에 심고 있을 뿐이다. 그리고 이 악업의 씨앗들은 장차 언젠가 그들을 삼악도로 끌고 들어갈 것이다. 이상이 인간계의 괴로움이다.

《황금 정련의 요체》는 다음으로 아수라와 욕계, 색계, 무색계의 천신들이 겪고 있는 괴로움을 설명한다. 다시 한번 말하지만, 전 세계적으로 이러한 신들을 다룬 많은 고대 문헌들이 있다. 그러나 신의 몸을 가진 중생들은 오직 아주 특별한 지각을 통해서만 볼 수 있는 존재들이다. 어떤 람림 문헌들은 천신들에 대해 매우 자세히 설명한다. 그렇지만 만일 우리가 천상계의 존재에 확신이 없다면, 인간계의 괴로움을 명상하는 것만으로 충분하다. 인간의 괴로움은 금세 확인할 수 있기 때문이다. 여기에서 중요한 것은 세 번째 유형의 괴로움인 만연하는 괴로움(행고行苦)을 인식하는 것이다. 이 세 번째 유형의 괴로움은 모든 불완전한 생명의 기저에 있는 알아차리기 힘든 미세한 괴로움이며, 쇠락과 소멸을 기반으로 하는 모든 윤회 중생의 공통적 특징이다. 가장 높은 천상의 신, 인간, 동물 및 지옥과 아귀 중생들은 모두 괴로움의 그물에 얽매여 있다. 왜냐하면 그들의 몸과 마음의 본성 그 자체가 절대로 피할 수 없는 윤회의 과정에 매어 있기 때문이다. 이처럼 어찌해 볼 수 없는 번뇌의 힘으로부터 벗어나 마음을 자유롭게 만들 수 있는 지혜를 성취하기 전까지 생에서 생으로 전전하며 괴로움을 겪어야 한다는 것은 매우 분명하다. 지혜를 계발하지 않으면 우리는 이 괴로움을 언제 어디에서나 느낄

수 있는, 끝없는 삶, 생, 죽음의 윤회 바퀴를 계속해서 헤매게 될
것이다.

3대 달라이 라마

오온五蘊 즉, 몸을 받아 태어나는 것(오음성고五陰盛苦)은 그것만으로
도 이번 생에 병 들고 늙어서 죽는 괴로움 등을 만드는 바탕이
되고, 다음 생의 괴로움들을 불러온다. 고고苦苦와 괴고壞苦의 그릇
이 되고, 태어남 그 자체는 행고行苦이므로 고통만 있을 뿐 행복
은 조금도 없다.◆

　아수라는 천신에게 몸이 찢기고 잘리는 등 몹시 잔혹한 고통
에서 벗어나지 못하고, 욕계의 천신들도 다섯 가지 죽음의 징후
가 보이면 지옥의 고통보다도 더 극심한 고통이 있고, 너무 놀라

◆　역자 주: 고고苦苦, 괴고壞苦, 행고行苦를 삼고三苦라고 한다. 초기 불교에서는 다음과 같이
세 가지 종류의 괴로움을 설명한다. 고통의 괴로움(고고苦苦)은 한 사건이 일어날 때 괴
롭고, 행해지고 있을 때 괴로우며, 사라질 때 즐거운 것이다. 변화의 괴로움(괴고壞苦)은
한 사건이 일어날 때 즐겁고, 행해지고 있을 때 즐겁지만, 사라질 때 괴로운 것이다. 늘
있는 괴로움(행고行苦)은 본인은 느끼지 못하지만, 부지불식간에 끊임없이 이어지는 괴
로움이다.

서 간이 떨어질 것 같거나 머무는 곳에서 추방을 당하는 등 헤아릴 수 없는 괴로움이 있다.

색계와 무색계의 범부 천신들에게는 고고苦苦가 없지만, 제3 선정 아래 단계까지는 괴고壞苦가 있으며, 제4 선정과 무색계에는 고치기 힘든 악성 종기의 강한 통증처럼 행고行苦가 있으므로 윤회 전체와 각각의 모든 고통에서 벗어난 해탈의 경지를 반드시 이루어야 한다.

14대 달라이 라마

무시 이래로 우리는 이 윤회의 여러 곳에 태어나고 또 태어났었다. 만일 그대가 오직 인간과 동물만 존재한다고 믿기로 선택했다면, 삼악도에 대해 명상할 때 동물과 벌레들 등의 괴로움에 대해서만 명상하면 된다. 그리고 삼선도에 대해서 명상할 때에는 인간 존재가 겪는 여러 괴로움의 불완전함에 대해서 명상하면 된다. 하사도 명상의 목적은 악업을 버리고, 앞으로 닥쳐올 괴로움의 씨앗을 제거하고, 복덕을 행하여 삼선도에 태어나는 등 불완전함을 벗어나고자 하는 것이었다. 이에 비해 중사도와 상사도 명상의 목적은 윤회 속의 통상적인 선함을 뛰어넘는 것이다. 즉 모든 현상에 참 존재인 것으로 짐짓 착각하는 인식에 옅게 물들어 윤회의 세계라는 한계를 벗어나지 못하는 선함을 초월하는 것이다. 이 세속적인 차원의 선함을 최상의 지혜에서 비롯된 선함으로 바꾸면, 수행자는 모든 번뇌를 따라 일어나는 윤회 속 행동의 뿌리를 뽑아 내고, 열반의 영원한 안락에 들어갈 수 있다. 윤회로부터의 자유가 사성제 가운데 세 번째 성인의 진리인 괴로움의 완전한 소멸, 멸성제滅聖諦이다.

만일 윤회 속의 중생과 그 중생의 근원인 번뇌에 사로잡힌 인식이 제거할 수 없는 것이라면 수행할 이유가 하나도 없다. 반면 괴로움을 영원한 행복으로 바꿀 수 있는 방법이 있는데도 그러한 기회를 못 본 척하는 것은 정말 어리석은 일이다. 그렇게 하면 윤회의 근원인 번뇌에 물든 마음이 다시 우리를 속일 것이다.

3대 달라이 라마

또한 원인과 조건 없이는 얻을 수 없기에 해탈을 이루게 하는 방법인 계정혜 삼학을 이치대로 배워 실천해야 한다. 또한 선정과 지혜의 바탕으로 없어서는 안 될 수승한 계학戒學을 잘 지켜야 한다. 먼저 무지 등으로 계율을 어기게 되는 원인을 기억과 알아차림으로 깊이 잘 관찰해 계율을 어기지 않게 하고, 만일 계율을 어기게 되더라도 아무 생각 없이 오랫동안 내버려 두지 말고 바로바로 제대로 된 참회를 해야 한다. 따라서 자신에게 어떤 번뇌가 더 큰지를 살펴서 먼저 그 해독제부터 부지런히 수행해 계율에 어긋나지 않게 하고, 무슨 일이나 행을 하더라도 붓다의 말씀과 어긋남이 없도록 하며, 자기 스스로도 부끄럽지 않은 행을 하겠다고 결심해야 한다.

14대 달라이 라마

어떻게 하면 이 모든 괴로움의 근원을 제거할 수 있을까? 우리의 마음속 몇 가지 특별한 면모를 닦아야만 가능하다. 우리의 수행이 고양되지 않는다면 삶이 우리의 어깨 위에 얹어 놓은 짐들은 좌절, 분노 그리고 다른 번뇌들을 불러일으킬 것이라는 데에는 의심의 여지가 없다. 결함이 있는 마음은 괴로움을 수반할 수밖에 없는 흠 있는 행동을 일으키고, 이에 따라 괴로움의 씨앗이 마음의 흐름 속에 자리 잡는다. 반면 마음이 진정한 존재의 형태, 즉 현상과 중생은 참나 또는 자성이 결여된 채로 연기하여 존재한다는 것을 투철하게 파악하는 지혜에 마음이 머물면, 그 사람은 번뇌, 악업 그리고 괴로움의 근원을 완전하게 제거할 수 있다.

자성 또는 참나를 가진 존재로 현상과 중생을 보는 인식 방법은 전혀 이치에 맞지 않는다. 모든 현상 위에 우리가 투사하는 일반적인 인식 방법으로 얻은 대상의 구체성은 사실상 대상의 존재 방식과 아무런 관계가 없다. 우리가 있다고 믿는 본래적인 참나 또는 자성이 대상 속에 존재한다고 믿는 것은 우리 마음이 창조한 것일 뿐이다. 그리고 자신을 점검해 보면, 우리 자체가 모든 괴로움의 원천이라는 진실이 드러날 것이다. 이 참나 또는 자성의 인식으로부터 온갖 종류의 망상, 번뇌 그리고 악행이 일어난다. 그러나 이 잘못된 인식의 방법을 제거하면 왜곡된, 마음을 오염시키는 원천을 끊어 버릴 수 있으며 이 오염된 마음이 자아내는 모든 악행도 멈출 수 있다.

이러한 선천적인 참나 혹은 자성의 인식 방법을 잘라 내는 힘은 지혜의 수행이다. 이는 영원한 자유를 성취하는 데 가장 중요한 수행이다. 그러나 이 지혜의 수행(혜학慧學)을 강화하고 향상하기 위해서는 반드시 삼매의 수행(정학定學)과 행동 자제, 즉 계율의 수행(계학戒學)을 닦아야 한다.

계율의 수행은 대부분 개인의 해탈을 위한 계율(별해탈계別解脫戒)을 지칭한다. 이 계율은 재가 신자의 오계五戒, 견습 승려의 사미·사미니 십계十戒 그리고 비구·비구니의 구족계具足戒 등을 포함한다. 이러한 계율의 종류 가운데 어느 것 하나라도 지키려고 노력하는 힘은 굉장히 크다. 티베트의 재가 신도들은 불살생不殺生, 불투도不偸盗, 불간음不姦淫, 불망어不妄語, 불음주不飲酒로 이루어진 재가 신도의 오계五戒 가운데 하나 이상을 선택해서 지키는 것이 보통이다. 일반적으로 모든 불교도는 그중 최소한 한 가지라도 지켜야 한다. 그보다 높은 수준의 수계를 받을 경우, 계율이 보다 더 엄격하며 십계十戒, 공성에 대한 명상 등과 같은 수행들 역시 강력해진다.

자기 절제라는 불교의 윤리적 기반 위에서 수행자는 다음 단계의 수행인 삼매의 수행, 즉 정학定學 수행에 들어간다. 계학과 정학이라는 두 가지의 수행에 힘입어 공성에 대한 명상의 힘이 막대하게 강해질 것이다. 수행을 하면서 이러한 계율들을 잘 지켜야 하지만 혹시라도 어기게 된다면 삼보의 고귀함을 떠올려 잘못을 인정하고 참회한 뒤, 앞으로 그에 대한 수행을 강화할 것을 맹세한다. 이렇게 잘 합쳐진 계정혜 삼학의 수행으로 윤회 속 괴로움의 근본에 닿을 수 있게 된다.

계정혜 삼학 수행의 성공은 올바른 방향으로 나아가는 마음에 달려 있다. 따라서 윤회 속 삼선도에 내재하는 괴로움을 명상하고 저절로 인간 수준의 윤회 속 즐거움인 명예, 부, 힘, 명성 또는 윤회 속 천상의 즐거움인 초자연적 능력과 덧없이 소멸하는 즐거움을 호랑이가 풀 보듯 할 수 있도록 닦는다. 중사도의 윤회로부터의 자유는 대상에 대한 무집착과 현상과 중생에서 참나 혹은 자성을 인식하지 않는 무인식이라는 내적 무집착이다. 이자유를 향한 열망은 윤회의 모든 세계가 본래 가지고 있는 괴로움에서 벗어나는 것을 목표로 모든 노력을 쏟아붓는 데 큰 힘을 준다.

3대 달라이 라마

스승 쫑카빠대사께서도 이렇게 말씀하신다.

고제苦諦**의 허물을 사유하지 않으면**

해탈을 간절히 구하는 마음 생기지 않고,

집제集諦로 윤회하는 순서를 사유하지 않으면

윤회의 뿌리를 끊는 방법 모르기에,

윤회를 싫어해 벗어나려 하는 마음과

윤회에 묶이는 원인을 아는 것이 중요하네.

불난 집 안에 있는 사람이 그 집에서 빠져나오려고 발버둥치는 것처럼 육도윤회 모두에서 벗어나려는 마음이 간절히 일어나면 중근기와 공통된 수행으로 마음을 닦은 결과를 성취한 것이다.

10장

보
리
심
의
원
을
일
으
킴

•••

14대 달라이 라마

뛰어난 스승 나가르주나께서는 "일체지를 구하는 자에게 보리심은 여의주와 같다. 수미산만큼이나 흔들리지 않으며, 연민의 마음으로 시방세계에 기쁨을 주며, 대상과 주체를 동떨어진 것으로 파악하지 않는 불이^{不二}의 지혜와 합일해야 한다."고 말씀하신다.

대승에 들어가기 위해 우리가 갖추어야 할 첫 번째 자질은 보리심이다. 보리심이 자애와 연민, 즉 자비심이 최상으로 발현된 모습이기 때문에 자애와 연민을 우선 길러야 한다. 보리심을 발하면 최고의 진리에 대한 우리의 수행은 중사도의 목표인 아라한의 열반이 아니라 상사도의 목표인 일체지의 성취에 이바지할 것이다. 아라한의 열반은 보리심을 계발하지 않고 계정혜^{戒定慧}

삼학三學만 닦아도 성취할 수 있다. 번뇌에 빠져 있는 중생에게는 어떠한 이익도 줄 수 없다는 것을 알기 때문에, 우리의 괴로움을 제거하기 위해서 공성의 명상에 들어갈 뿐만 아니라 다른 생명들에게 최상의 이익을 주기 위해 깨달음을 성취한다. 따라서 나가르주나께서는 "보리심이 없는 이는 누구나, 보리심을 일으키기를 기원합니다. 보리심을 지닌 이들은 누구나, 보리심을 증장시키기를 기원합니다."라는 기도문을 만드셨다.

우리는 인간으로 태어나 최상의 깨달음을 성취할 수 있는 힘을 가지고 있다. 아마도 삼선도, 열반, 일체지의 길을 따라 수행할 수 있는 환경과 조건이 합일하는 순간까지 셀 수 없는 생을 살아왔을 것이다. 수행에 전념할 수 없다 하더라도, 최소한 때때로 대승의 경론을 공부하고 가능한 그 가르침을 우리의 삶 속에 적용하려고 노력함으로써 앞으로 대승의 길을 닦아 나아갈 수 있는 선업의 씨앗을 이번 생에 심을 수 있도록 노력해야 한다.

지금 이 시대, 세계적으로 종교 전통들이 많이 타락했다. 이러한 때에 수행자 자신이 깨달음을 얻기 위해 노력하는 것이 더욱 중요해졌다. 위대한 바수반두(Vasubandhu, 세친世親)께서는 "세상의 눈이신 붓다께서 더 이상 계시지 않으며, 가장 심오한 가르침들을 깨달으신 제자들 역시 그러하다. 그분들과 견줄 수 있는 이는 누구인가?"라고 질문하신다. 다음과 같은 질문도 던져 볼 수 있다. 오늘날 위대한 바수반두와 견줄 수 있는 분은 누구인가? 어느 분이 밀라레빠만큼 수행을 하셨을까? 그런 사람들은 아주 드물다. 그러니 우리는 죽음의 순간에 다르마, 즉 불법의 진리 외에 다른 것은 모두 의미가 없다는 것을 명심하고, 덧없는 일에 허송세월하지 말고, 마음의 흐름을 붓다의 가르침과 수행에 합일하도록 노력해야 한다. 그렇게 하는 것이 개인뿐만 아니라 수행의 기반을 튼튼하게 만들어서 세계에 이익을 줄 것이다.

우리 각자는 최상의 완벽함, 즉 깨달음을 성취할 수 있는 능력이 있다는 것에 자부심을 가져야 한다. 단 한 사람이라도 수행에 정진하면, 그 모습이 불법과 선을 수호하기로 맹세한 토지신과 천신들을 감화시킬 것이다. 이러한 힘들이 모여 인류 전체에 이익을 주는 물결을 일으킬 힘을 가지게 된다. 이와 반대로 사람들이 스승을 망신 주고 조롱하고 자연법自然法을 거스르면, 흰색을 띤 우리를 보호하는 힘이 그 능력을 잃고 검은색을 띤 악한 힘이 다시 일어나 큰 혼란을 일으킬 것이다. 우리는 저마다의 자리에서 최선을 다해야 한다. "사람과 신들의 길은 서로 조화를 이루어야 한다."는 말이 있다. 만일 우리가 가르침을 따라 수행하고 불법의 길을 따라 생활한다면, 선함의 모든 힘이 우리를 받쳐 줄 것이다. 그러나 진중하게 수행을 하는 사람은 거의 없다. 그리고 진중한 수행자들 가운데 정확하게 제대로 수행하는 이 또한 드물다. 우리 인간은 무상정등 보리심의 상태에 오를 수 있는 능력을 가진 몸과 마음을 가지고 있다. 어째서 이 기회를 저버리려 하는가? 죽음이 이 기회를 빼앗아 가면, 수천 년 혹은 수만 년 동안 이 기회가 오지 않을지도 모르는데?

3대 달라이 라마

상근기 수행으로의 마음 닦기는 계정혜 삼학을 수행해서 자신의 해탈을 얻은 것만으로는 충분하지 않다. 해탈하면 자신은 더이상 윤회하지 않겠지만 허물의 면에서 모두 제거된 것이 아니고, 공덕의 면에서도 모두 구족된 것이 아니어서 자신의 뜻을 완전히 이룬 것이 아니기 때문이다. 자신의 뜻을 완전히 이루지 못했기에 타인의 뜻을 이루는 이타행 또한 부족할 수밖에 없다. 그러므로 반드시 자타의 뜻을 모두 이루신 붓다의 경지를 얻어야 한다.

붓다의 경지를 성취하는 것 또한 자신만을 위해서가 아니라 일체중생을 위해 이루겠다고 하는 이타심이 있어야 한다. 왜냐하면 자신이 고통의 바다에 떨어진 것처럼 일체중생 또한 고통으로 괴로워하니 모두 똑같이 불쌍하고, 모든 중생이 나의 부모가 아니었던 적이 한 번도 없으며, 또한 헤아릴 수 없는 사랑만을 베푸신 분들이기 때문이다. 따라서 이 은혜로운 분들을 고통에서 구제해 무주처열반인 위없는 경지로 이끌기 위해 최상의 보리심을 일으켜야만 한다.

14대 달라이 라마

하사도와 중사도의 수행자는 윤회와 괴로움의 원인들을 멀리하고 나 한 사람의 자유를 성취하기 위해 노력한다. 그런데 이것으로 충분할까? 대답은 '아니다'이다. 열반에 머무는 분들은 번뇌의 망상을 끊고 이에 따라 윤회로부터 자유로우시다. 그분들은 최상의 진리, 진제眞諦에 오롯이 집중하는 삼매에 머무실 수 있다. 그러나 우주의 무한한 세계를 동시에 보지는 못하신다. 그 결과, 세계를 복되게 하는 힘에는 한계가 있다. 더불어 그분들은 아직 아주 미세한 지혜의 장애를 가지고 계시기 때문에, 자신의 목적을 완전하게 성취했다고 할 수 없다. 따라서 우리는 한층 더 높은 일체지로 목표를 바꿔야 한다. 일체지는 보리심을 닦는 것을 그 원인으로 한다.

어떻게 하면 우리가 삼악도를 벗어나는 하사도와 모든 윤회의 괴로움을 벗어 버리고 나만의 열반에 드는 중사도를 넘어 상사도로 나아갈 마음을 낼 수 있을까? 우선 삼악도의 괴로움과 이러한 괴로움을 일으키는 원인들에 대해서 생각한다. 그다음으로 윤회하는 존재라면 모두가 가지고 있는 괴로움(행고行苦)과 함께 열반을 이루는 원인에 대해서 궁리한다. 그러나 이 두 가지 명상은 오직 우리 자신의 연속적인 윤회 속 삶에 관한 것이다. 대승의 마음을 일으키기 위해서는 명상의 중심을 바꿔야 한다. 자신이 무엇을 할 수 있고 무엇을 괴로워하는지 궁리하는 대신 우리를 에워싸고 있는 세계 속 중생들이 겪고 있는 괴로움으로 관심을 돌려야 한다. 윤회의 삼악도와 삼선도가 공유하는 괴로움에 대해서 사색하는 것은 같다. 그러나 전에는 명상의 대상이 자신이었다면, 대승의 마음을 일으키기 위해서 대상의 범위를 가까운 친지 즉 어머니, 아버지, 가족, 친구 등으로 넓혀 모든 중생이 겪고 있는 괴로움에 대해 명상해야 한다.

모든 중생은 우리가 겪고 있는 것과 똑같은 방식으로 괴로움

266

을 겪고 있다. 그리고 누군가는 우리보다 훨씬 더 심각한 괴로움에 시달리고 있다. 이 모든 중생은 오직 행복만을 원하고 모든 괴로움, 욕구 불만 그리고 고통을 피할 수 있기를 바란다. 이들은 영원한 행복을 원하지만 그것을 성취할 수 있는 원인을 계발하는 방법을 알지 못한다. 이들은 괴로움을 벗어나고 싶어하지만 자기도 모르는 사이에 더 많은 괴로움의 원인들을 모으고 있을 뿐이다. 샨띠데바께서는 "행복을 찾으면서도 원수들을 대하듯 행복의 원인을 부순다. 괴로움에서 벗어나기를 바라면서도 친구를 대하듯 괴로움의 원인들을 가까이한다."고 말씀하신다.

만일 셀 수 없이 많은 중생이 우리와 전혀 관계가 없다면, 혹은 그들이 겪고 있는 괴로움을 상관하지 않는다면 그들의 복지를 염려할 필요가 없을 수도 있다. 그러나 사실상 모든 중생은 우리와 관련이 있으며, 그 누구도 괴로움을 즐기지 않는다. 무시이래로 우리가 겪어 온 수백만의 생들 속에서, 우리는 모든 중생을 만나고 또 만나 왔다. 때로는 그들이 우리의 부모였고, 친구였고, 연인이었으며 어느 때는 원수이기도 했다. 예외 없이 그들 하나하나가 생을 거듭하며 우리의 어머니로 사랑을 쏟았다. 어떻게 우리가 그들을 모르는 체할 수 있겠는가? 우리는 그들이 행복과 행복의 원인을 가지기 바라고 괴로움과 괴로움의 원인으로부터 자유롭기를 바라면서, 그들의 안락에 대한 일종의 책임감을 가져야 한다. 마지막으로, 오직 깨달으신 분께서만 심오하고, 영원하며, 궁극적인 방법으로 중생에게 이익을 줄 수 있기 때문에 우리도 그분들처럼 하기 위해서 반드시 깨달음을 성취해야 한다. 이것을 바라는 것이 보리심을 발하는 것이다. 보리심은 대승 수행의 기반이다. 이 보리심을 일으키는 주요 방법을 '일곱 가지 인과의 요의법'이라고 부른다.

3대 달라이 라마

이 또한 '일곱 가지 인과의 요의법'으로 보리심을 일으켜야 한다. 일곱 가지 인과 역시 일체중생을 어머니로 인식하는 지모知母, 일체중생의 은혜를 기억하는 마음을 일으키는 염은念恩, 그로 인해서 은혜를 갚으려는 마음을 일으키는 보은報恩, 그로 인해서 수승한 결심을 일으켜 일체중생을 친근히 여기는 자애와 연민, 그로 인해 수승한 결심, 그로 인한 보리심, 그로 인해서 일체 종지가 생기는 일곱 가지 항목이 있다.

14대 달라이 라마

이러한 일곱 가지 인과의 요의법은 보리심을 계발하는 가장 효과적인 방법 중 하나이다. 그러나 이 방법을 사용하기 위해서는 먼저 평등심(사무량심 가운데 사捨)을 길러야 한다. 다른 이들을 대하는 우리의 태도는 모순되고 거칠다. 우리는 어떤 이들은 아끼고 행복을 바라지만, 다른 어떤 이들의 행복과 고통에는 무관심하다. 또 어떤 이들은 싫어하고 그들이 고통받기를 바란다. 이러한 차별심을 가지고는 자애, 연민 등을 제대로 명상할 수 없다. 차별심에 기반하여 일어난 불평등한 보리심은 쉽게 무너질 것이다. 따라서 일곱 가지 인과의 요의법을 수행하기에 앞서 반드시 평등심을 계발하는 명상을 해야 한다.

3대 달라이 라마

이 일곱 가지 인과의 요의법으로 보리심을 일으키기 전에 먼저 일체중생을 평등히 여기는 평등심을 닦고 익혀야 한다. 일체중생을 가깝거나 가깝지 않거나 그 중간으로 분별하는 마음에 빠져 있다면 진심으로 일체중생을 어머니로 여기는 마음을 일으킬 수 없고, 생겨난 약간의 자비심 또한 치우치게 되기 때문이다. 그러므로 평등심을 먼저 닦고 익혀야(수습修習) 한다.

그 방법 또한 이번 생에 나를 도운 적도 없고 해친 적도 없는 중간의 중생들을 대상으로 이들의 입장에서 행복을 원하고 고통을 원하지 않는 것 또한 똑같고, 자신의 입장에서 이들은 모두 다 자신의 부모였던 친한 이들이기 때문에 누구는 가까이 여겨 도움을 주고 누구는 멀리 여겨 해치는 둘로 나누지 않아야 한다. '모두에게 마음을 평등하게 내어야겠다.'는 생각을 닦고 익혀야 한다. 그다음으로 이번 생에 나와 친한 이들을 대상으로 평등심을 닦아야 한다. 그런 다음 이번 생에 나를 해치는 중생들에게도 평등심을 닦고 익혀야 한다. 그러고 나서, 마지막으로 일체 모든 중생을 대상으로 평등하게 여기는 평등심을 일으켜야 한다.

14대 달라이 라마

어째서 우리는 어떤 이들은 좋아하고, 어떤 이들은 싫어하며, 다른 이들에게는 무덤덤한 것일까? 이는 이번 생에 어떤 행동을 했는지에 따라 달라진다. 우리를 도와주고 지지해 준 이들은 좋아하고, 우리를 해치거나 우리의 존재에 위해가 되는 이들은 싫어하며, 우리에게 아무것도 하지 않은 사람에 대해서는 감정 없이 무덤덤하다.

우리가 싫어하는 사람들에 대해서 명상해 보면, 그들을 싫어하는 이유가 아주 보잘것없다는 것이 명백해진다. 어떤 이들은 이상한 미소를 짓고, 얼굴을 찌푸리고, 우리의 기분을 거스르는 말을 했을 것이다. 다른 이들은 우리의 삶을 괴롭혔을 것이다. 반면 친구로 생각하고 가까이하는 사람들을 좋아하는 이유도 싫어하는 이유만큼이나 사소하다. 사람들 대부분은 다른 사람들에 대한 그들의 감정을 손바닥 뒤집듯 한다. 그런 마음가짐은 세상의 눈으로 봐도 웃음거리일진데, 사람을 차별하는 것이 수행의 길에 얼마나 불필요한 것이겠는가?

우리가 감정을 가지고 이 사람은 친구, 저 사람은 적, 저 사람은 모르는 사람이라고 차별할 때, 우리가 수억 만 년의 생을 살아 오며 그 사람들에게 똑같은 감정을 그대로 느끼고 있다면 납득할 만하다고 하겠다. 그러나 사실은 그렇지 않다. 모든 중생은 수많은 생을 거듭하면서 우리의 친구였던 적도 있고, 친척이었던 적도 있으며 심지어 부모님이었던 적도 있다. 이럴 때마다 그들은 우리에게 무한한 사랑을 주었고, 해악으로부터 우리를 보호해 주었으며, 많은 행복을 안겨 주었다. 이것이 과거 생 동안 그들이 우리에게 베푼 것이다. 그리고 우리가 열반에 들어 윤회로부터 자유로워지거나 깨달아 일체지를 성취하지 않는 한, 우리는 이 삶의 쳇바퀴를 그들과 함께 돌고 또 돌면서 친구나 친척 등으로 만나고 또 만날 것이다.

마찬가지로 우리가 이번 생에 좋아하고 사랑한 사람들이 언제나 친구였던 것도 아니다. 수많은 전생을 거치면서 그들은 우리를 해치기도 하고, 우리 것을 훔치기도 했으며, 우리를 죽이기까지 했었다. 그리고 앞으로도 우리가 깨달음을 성취하기 전까지는 그들을 거듭 만나면서 관계가 극적으로 변할 것이다. 우리의 삶 속에서 누구도 내 편이기만 했던 적이 없으며, 적이기만 했던 적도 없다. 더불어 그 누구도 그저 낯선 사람이기만 했던 적도 없다. 업의 바퀴가 구르는 한, 서로 자리를 바꾸어 가며 그 역할을 채워 나갈 뿐이다.

우리가 이러한 사실들에 대해 명상하고 명상을 통해 얻은 경험을 일상 속 사람들과의 관계에 적용해 본다면, 모든 존재를 평등하게 바라보는 침착한 마음이 금세 일어날 것이다. 그리고 이것이 일곱 가지 인과의 요의법을 실제로 수행하는 단단한 기반이 될 것이다.

3대 달라이 라마

평등심을 일으키고 난 뒤, 일체중생을 어머니로 인식하는 수행
(지모知母)을 하는 방법은 다음과 같다.

윤회의 시작이 없기에 나의 태어남 또한 시작이 없다. 그러므
로 이런 곳에 태어나지 않은 적이 없고, 내 어머니였던 때가 없
는 중생 또한 한 명도 없다. 그들 또한 셀 수 없을 정도로 여러
번 내 어머니였다. 생사를 바꾸어 가기에 서로 알아보지 못할
뿐, 이 중생계에 나의 부모가 아니었던 중생은 한 명도 없다. 부
모였을 때마다 이번 생의 어머니와 같이 모두 은혜를 베풀어 주
신 분들이다.

14대 달라이 라마

모든 중생이 우리에게 베푼 사랑이 얼마나 강한 것인지를 보여

주는 예로 어머니의 사랑, 즉 자애를 말한다. 일반적으로 윤회의 바퀴 안에서 어머니의 걱정이 가장 강력하고 누구나 알고 있는 예이기 때문이다. 어머니의 사랑은 사람뿐만 아니라 동물에게서도 쉽게 찾아볼 수 있다. 어미 개는 자기는 굶으면서도 새끼들을 먹이고, 새끼들을 보호하느라 생명을 내놓는다. 마찬가지로 어머니께서도 본능적으로 그리고 무의식적으로 우리에게 크나큰 사랑을 베푸신다. 모든 중생은 이와 같이 우리를 사랑해 왔다. 그들이 우리에게 베푼 사랑이 너무나 커서, 음식을 우리에게 양보하고 우리를 보호하다 목숨을 잃었다. 이번 생에서는 친구이고, 적이고, 관계없는 행인이라도 그들은 셀 수 없는 전생 동안 어머니의 크나큰 사랑으로 우리를 돌봐 주었던 적이 있다.

만일 어머니의 사랑, 자애를 본보기로 하는 것이 논란의 여지가 있다면 반드시 그렇게 하지 않아도 된다. 어머니와 아주 심각한 갈등을 겪고 있거나, 부모님이 계시지 않거나, 친척이 우리를 길러 주셨다면, 자신에게 가장 자상했다고 생각되는 분을 어머니 대신 이 단계의 명상의 대상으로 삼아도 된다. 이렇게 명상의 대상을 정하고 나서, 모든 중생이 수많은 전생을 거치면서 이와 같은 관계로 태어나 우리에게 사랑을 베풀어 준 것에 대해서 명상한다. 명상의 대상에게서 일체중생을 비춰 볼 수 있도록 해야 한다.

이 명상의 결과로, 수행자는 일체중생에게 저절로 우러나는 친밀감을 느낄 수 있다. 그리고 그 중생들을 우리와 아주 가깝고 소중한 존재로 인식할 수 있게 될 것이다.

3대 달라이 라마

이번 생의 어머니께서 어떻게 사랑을 베풀어 주셨는가 하면 다음과 같다. 내가 이번 생의 어머니 자궁에 있을 때 나에게 해가될까 하는 마음으로 온갖 주의를 기울여서 보호하고, 태어난 후에는 부드러운 천 위에 눕히고, 열 손가락으로 애지중지 안아 올려 자애로운 눈으로 바라보며 환한 기쁨의 미소를 짓고, 사랑으로 젖을 먹이고, 맨살에 대어 꼭 안아 따뜻하게 품어 주며, 음식을 먹이고, 콧물을 닦아 주고, 더러운 대소변을 씻겨 주셨다. 어머니는 자신에게 닥친 죽음보다 내가 조금이라도 아파하는 것을 더 괴로워하고, 힘든 일과 괴로움을 다 견뎌 내며 어렵게 모은 재물을 본인을 위해 쓰지 못하고 나에게 내어 주고, 자신의 힘이 미치는 데까지 최선을 다해 나를 보호해 주셨다. 어머니께서 베풀어 주신 은혜는 따뜻한 연민의 마음을 일으킨다.

이번 생의 부모님을 비롯해 가까운 친한 이들과, 관계가 없는 이들과, 나를 해치는 중생을 대상으로 삼아 이들이 나의 어머니였던 적이 헤아릴 수 없고, 그중에서 인간의 몸으로 어머니였던 적도 헤아릴 수 없이 많으며, 또한 어머니였을 때마다 이번 생의 어머니와 같이 나를 보호해 주고 끝없이 베풀어 주신 아주 큰 은혜로운 분이라고 생각해야 한다.

14대 달라이 라마

어머니의 사랑, 자애는 가없고 위대하다. 어머니는 아이를 위해서라면 모든 것을 구하신다. 아이들에게 깨달음을 줄 수 있다면 어머니는 당장이라도 그렇게 해 주실 것이다. 만일 어미 새가 새끼들을 구하기 위해 목숨을 희생하는 것을 보고, 자신보다 새끼들을 먹이느라 깃털이 빠지고 몸에서 살점이 떨어져 나가는 것을 보면, 모든 중생이 무수한 전생을 거치며 우리의 어머니로 태어나 베푼 사랑을 제대로 알 수 있을 것이다.

누군가가 나를 해치면 이렇게 생각해야 한다. "수많은 과거

의 환생 속에서, 이 사람도 나의 어머니인 적이 있었다. 어머니
께서는 먹여 주고, 닦아 주고, 모든 위험에서 나를 보호해 주셨
다. 나는 어머니의 무릎에 누워 잠을 잤고, 어머니의 젖을 먹었
다. 나를 해하는 이 사람 역시 내 어머니였을 때는 나에게 오직
이익만을 안겨 주었으며, 가진 것을 모두 나눠 주셨다. 이 사람
이 지금 나에게 끼치는 해악은 오직 과거의 업과 진리에 대한
착각 때문이다."

3대 달라이 라마

이처럼 헤아릴 수 없는 겁 동안 자애를 베풀어 주신 어머니들인
일체중생이 번뇌의 악마로 인해 정신이 혼란스러워져 스스로
생각할 자유가 없이 미치게 되고, 무지로 지혜의 눈이 멀어 윤회
의 바퀴 안에서 삼선도三善道에 태어나 현생과 내생의 안락을 확
보하는 증상생增上生과 윤회를 끊고 일체지를 성취하는 최고의 선
인 결정승決定勝을 바르게 볼 수 없고, 해탈의 도시로 데려다주는
안내자인 선지식 없이 내딛는 걸음마다 악행으로 갈팡질팡하며
윤회와 악도의 무서운 낭떠러지로 걸어가는 모습은 위험하기

짝이 없다. 이처럼 괴롭고 불쌍한 어머니들이 아들인 나에게 기대지 않으면 누구에게 의지하겠는가! 이런 어머니들이 그 고통에서 벗어나게 하는 것 또한 내가 아니면 누가 할까! 은혜로우신 어머니들을 무시해 내버리고서 나 혼자만 윤회에서 벗어나려 한다면 이보다 더 부끄러운 일이 어디 있을까!

이렇게 결심한다. "어머니들이 윤회의 행복한 결과인 범천이나 제석천 등을 얻더라도 그 행복이 영원하지 않으니, 이제 나는 자신을 소중히 여기는 마음을 버리고 허공과 같은 일체중생을 윤회의 고통에서 벗어나 위없는 행복인 대열반으로 반드시 이끌겠다."

14대 달라이 라마

어머니가 아이들에게 책임감을 느끼듯, 아이들도 어머니에게 책임감을 가져야 한다. 모든 중생이 무수한 시간을 거치며 나의 어머니들이었기 때문에, 우리가 중생 한 명 한 명에게 가지는 책임감 역시 동등해야 한다. 지난주에 진 빚과 작년에 진 빚이 무엇이 다르겠는가? 다른 이들에게 느끼는 이러한 책임감에 머물

러야 한다. 어머니가 어려운 상황에 처하면, 자식인 우리보다 상
심이 큰 사람이 누가 있겠는가?

3대 달라이 라마

따라서 '행복을 여읜 나이 드신 어머니였던 모든 중생이 행복하
면 얼마나 좋을까? 행복하소서. 어떻게 해서든 행복하게 해 줄
수 있기를. 괴로워하는 나이 드신 어머니였던 일체중생이 고통
에서 벗어나면 얼마나 좋을까? 일체중생이 괴로움에서 벗어나
게 하소서. 괴로움에서 벗어나게 할 수 있기를. 그 또한 내가 직
접 할 수 있기를.' 하고 결심해야 한다.

14대 달라이 라마

중생들이 내게 베푼 사랑을 어떻게 하면 되돌려 줄 수 있을까? 그
들에게 청정한 자애와 연민의 마음, 즉 자비심을 실천하면 된다.
청정한 자애의 마음은 "그들이 행복과 행복의 원인을 가질 수

있기를" 하고 기원하는 것이다. 청정한 연민의 마음은 "그들이 괴로움과 괴로움의 원인들로부터 자유롭기를" 하고 기원하는 것이다. 행복을 성취하고 괴로움을 피하는 것을 중생이 날 때부터 가지고 있는 가장 근본적인 본능이라고 한다면, 자애와 연민의 마음은 그들에게 최고의 선물이다.

행복을 준다는 것은 무슨 의미인가? 괴로움을 제거한다는 것은 무슨 뜻인가? 작게는 물질적인 도움을 줄 수도 있다. 하지만 윤회 속에서 방황하는 중생들이 달고 다니는 막대한 괴로움의 깊이에 비교할 때, 물질적인 도움은 임시변통에 불과하다. 모든 중생은 지금까지 윤회하면서 온갖 종류의 행복, 즐거움, 권력을 누려 왔다. 그러나 이것들은 그들을 현혹시킬 뿐 궁극적인 이익은 주지 않는다. 그렇기 때문에 기도문에 '행복의 원인'을 더하는 것이다. 중생들이 영원한 행복을 가지기 위해서는 반드시 그원인인 복덕과 지혜를 가져야 한다. 마찬가지로 '괴로움의 원인'은 중생들이 현재 겪고 있는 개별적인 괴로움의 상태에서 벗어나는 것뿐만 아니라 괴로움으로부터의 영원한 자유를 가지기위해 그 원인인 마음속 악업의 종자들을 제거하고 심오한 지혜를 길러 번뇌를 없애야 한다.

위대한 스승 쫑카빠대사께서는《도의 세 가지 핵심(람쪼남숨

lam gyi gtso bo rnam pa gsum)》에서 이와 같이 말씀하신다.

7.

중생들은 네 개의 세찬 강줄기◆에 끊임없이 휩쓸려 다니고,

거스를 수 없는 업의 족쇄에 꽉 묶여 있으며,

찰나의 집착(아집我執)이라는 철망에 얽혀 있고,

진리에의 무지(무명無明)라는 거대한 암흑에 덮여 있다.

8.

그들은 무한한 윤회의 바퀴 속에서 태어나고 또 태어나면서

삼독三毒◆◆의 괴로움에 끊임없이 시달린다.

이같은 상황이 윤회 속의 어머님들이 처해 있는 상황이다.

이를 생각한 다음, 최상의 마음인 보리심을 일으켜라.

문제는 악업과 번뇌 가운데 있다. 중생들이 영원한 안락과 괴로움으로부터의 자유를 성취하는 유일한 방법은 그들 안에 있

◆ 역자 주: 생로병사 또는 탐욕, 출생, 무지 그리고 잘못된 견해를 뜻한다.
◆◆ 역자 주: 고통의 괴로움, 쇠락의 괴로움 그리고 편재하는 괴로움을 말한다.

는 두 가지 악을 제거하고 이를 대치할 것들을 일으켜야 한다. 그들이 그렇게 할 때까지는 괴로움과 더한 괴로움이 그들의 미래에 여전히 있을 것이다.

3대 달라이 라마

지금 나에게 그러한 힘이 있는지 살펴보면, 일체중생은 말할 필요도 없고 한 중생조차도 윤회의 고통에서 구제해 최상의 안락으로 이끌 수 있는 힘이 없다. 내가 직접 구제하겠다는 결심을 했으니 이제 그 약속을 외면하면 악도에 떨어지게 된다. 그러므로 '일체중생을 고통에서 벗어나게 하고 최상의 안락으로 이끌 수 있는 힘은 오직 붓다께 있고 다른 이에게는 없으니, 나는 이를 위해 원만구족한 붓다의 경지를 반드시 이루고 말겠다.'고 결심해야 한다.

14대 달라이 라마

만일 어머니가 도움이 필요할 때 아이들이 돕지 않는다면, 누가 당신을 도울 수 있다는 말인가? 그러니 우리 스스로 수 생에 걸쳐 나의 어머니였던 다른 중생들의 행복을 위해 보편적인 책임감을 일으켜야 한다.

그러나 우리에게 다른 중생들의 이익을 위한 지혜와 방편 그리고 힘이 있을까? 윤회로부터 자유롭지 않을뿐더러 세속적인 수준의 조언 말고는 할 줄 아는 게 없는 우리가 무엇을 할 수 있을까? 누가 최상의 방법으로 그들에게 가장 효과적인 이익을 줄 수 있을까? 그렇게 할 수 있는 분은 오직 일체지와 완전한 방편 그리고 능력을 지니신 분뿐이다. 그분은 다른 중생들과 교류하며 한순간에 그들 전생의 업을 모두 파악하고, 근기를 알아보신다. 따라서 뭇사람의 천 마디 말보다 그분의 말씀 한마디가 훨씬 더 도움이 될 것이다. 스승은 반드시 자신의 경험에서 비롯한 가르침을 펴야 한다. 붓다와 인도 스승님들의 말씀을 앵무새처럼 읊는 것은 전혀 도움이 되지 않는다. 한 번도 가 보지 못한 곳을 가느라 헤매는 여행자에게 길을 가르쳐 주듯, 일체중생을 실수 없이 효과적으로 안내하기 위해서는 반드시 깨달음을 성취해야 한다. 깨달음을 성취하지 않고서는 다른 이들은 고사하고 우리 자신에게도 도움을 줄 수 없을 것이다.

보리심의 목표가 다른 이들에게 이익을 줄 수 있도록 깨달음을 얻는 것이지만, 이는 정식으로 스승이 되어야 한다는 말은 아니다. 깨달음을 성취한 다음에는 아주 다양한 방법을 통해 중생들을 복되게 할 수 있다. 마치 미륵보살이 구더기가 들끓는 병든 개의 몸으로 아상가의 앞에 나타나 그의 마음에 연민이 흘러넘치도록 도와준 것처럼 말이다. 마찬가지로 까규빠의 원류인 인도의 스승, 띨로빠께서 나로빠 앞에 물고기를 생으로 먹는 반미치광이 거지로 나타나셨었다. 경전과 논서는 중생들의 이익을 위해 그들의 깨달음을 아주 세속적인 방법으로 나타내신 풍부한 예를 담고 있다. 때로 그분들은 우리가 삶에서 맞닥뜨리는 어려움을 해결하는 몇 마디 말씀을 해 주는 사람으로 나타나시기도 했고, 우리가 지식을 필요로 하면 책으로 나타나시기도 했으며 심지어 조난당했을 때 다리가 되어 나타나시기도 했다. 깨달으신 분들께서는 이러한 놀라운 능력들을 가지고 계신다.

모든 중생의 이익을 위해 우리가 깨달음을 갈구하고 있다는 것을 이해할 때, 중생들에 대한 우리들의 태도에서 일어나는 작은 변화가 곧장 효력을 발휘한다. 우리의 자비심은 깊어지고 풍요로워지며, 우리의 공성에 대한 명상은 새로운 차원으로 나아간다. 이때 미묘한 변화가 일어나는데 이것이 바로 발보리심의 스물두 단계 가운데 첫 번째 단계, 모든 것의 기반이 되는 대지와 같은 발보리심으로 보리심이 일체지라는 완전한 깨달음(구경각究竟覺)을 향해 서서히 나아가는 것이다.◆

보통 사람들이 경험하는 보리심은 일종의 소극적인 보리심이다. 우리는 이렇게 생각한다. "완전한 일체지를 성취하기 위해서는 보리심이 필요하다. 그리고 다른 중생들에 대한 연민과 자애가 그 보리심의 기반이 된다. 따라서 나는 반드시 자비심을 닦아야 한다." 참나에 집착하는 마음을 없애고, 다른 이들의 이익을 위한 자애와 연민으로 바꾸어 놓는 힘으로 쓸 수 있게 된다. 시작할 때는, 사실상 다른 사람들보다는 자기 자신의 이익을

◆ 역자 주: 자량위資糧位(tshogs lam)부터 무학도無學道(mi slob lam)까지 보살이 보리심을 닦는 스물두 단계로, 스물두 가지의 대상을 보리심의 발전 단계에 비유하고 있다. 예로 대지와 같은 발보리심, 황금과 같은 발보리심, 달과 같은 발보리심 등이 있다.
참조: 〈The Hidden Teachings of the Prefection of Wisdom Sutras: Jam-Yang-Shay-Pa's Seventy Topics and Kön-Chog-Jig-May-Wang-Po's 173 Aspects: With Ngag-ang-Pal-Dan's Commentary on the Citations from Maitreya's Ornament for the Clear Realizations〉(Jeffrey Hopkins and Jongbok Yi, Dyke, VA: UMA Institute for Tibetan Studies, 2015)

위해서 보리심의 수행을 해야 한다. 따라서 이때의 보리심은 명목상의 보리심일 뿐이다. 보리심의 본질 자체가 다른 이들을 위한 것이므로, 꾸준히 수행하다 보면 이 보리심의 소극적인 면이 사라질 것이다.

우리가 보리심에 대한 명상의 경험을 닦기 시작할 때, 스승께 발보리심의 의식을 집전해 주실 것을 부탁하는 것은 아주 좋은 일이다. 다른 이들을 위해 최상의 깨달음을 얻고자 하는 열망을 항상 가지고 가겠다는 맹세를 스승 앞에서 굳건히 함으로써, 우리는 보리심의 기반을 단단하게 만들 수 있다. 보리심의 서원을 맹세한 다음, 지금부터 설명할 네 가지 선한 행인 흰색 법(백법白法)을 실천하고 네 가지 나쁜 행인 검은색 법(흑법黑法)을 금해야 한다.

3대 달라이 라마

그와 같은 발보리심만으로는 부족하기에 이번 생에 보리심이 쇠퇴하지 않게 하는 원인 네 가지가 있다. 첫째, 발보리심에 대한 환희심을 증장하기 위해 보리심의 공덕을 생각하기. 둘째, 본격적으로 보리심을 증장하기 위해 하루 여섯 번 보리심을 일으키기. 셋째, 보리심을 일으키는 목적인 중생을 어떤 상황에서도 버리지 않기. 넷째, 자량 쌓기이다.

첫째, 보리심을 일으키기만 해도 인간과 천신 모두의 공양 대상이 되고, 아라한보다 수승한 출발점으로 성문과 독각 아라한들을 압도하고, 전염병이나 마장의 해침을 당할 수 없으며, 정행 등 네 가지 행◆을 어려움 없이 성취하고, 삼악도에 태어나지 않고, 태어났더라도 빨리 벗어날 수 있으며, 아무리 큰 죄도 빨리 소멸되는 공덕이 있다. 《입보살행론》에서 만약 보리심을 일으킨 공덕이 형상으로 있다면 허공을 다 채우고도 남을 것이라고 설하신 것처럼 이 보리심을 쇠퇴하게 하지 않고 증장시키겠다고 생각해야 한다.

둘째, 내가 이 보리심을 중간에 포기하면 바라이죄를 파계하는 것보다 이숙異熟, 즉 업의 과보가 더 무겁기에 성불하기 전까지 보리심을 포기하지 않고 낮에 세 번, 밤에 세 번 다음의 기도

◆ 역자 주: 정행靜行은 병·악마·장애 모두가 정화되는 밀교행, 증행增行은 수명과 복덕을 증장시키는 밀교행, 역행力行은 자신의 힘으로 일체중생을 구제할 수 있는 능력을 갖추게 하는 밀교행, 폭행暴行은 자비심으로 원수와 장애를 다스리는 밀교행을 말한다.

문을 세 번씩 외우며 보리심을 일으켜야 한다.

저는 이 순간부터 완전한 깨달음 얻을 때까지
거룩한 불법승 삼보에 귀의합니다.
제가 보시 등을 행한 모든 선한 공덕으로
일체중생을 위해 성불하게 하소서.

셋째, '내가 일체중생을 위해 보리심을 일으켰기에 중생의 입장에서 나를 어떻게 대하더라도, 나는 일체중생 누구도 어떤 상황에서도 마음에서 버리지 않겠다.'고 생각해야 한다.

넷째, 한 번 일으킨 보리심이 쇠퇴하지 않고 더욱 증장되게 하기 위해 삼보께 공양하는 등 광대한 복덕의 자량을 부지런히 쌓아야 한다.

다음 생에도 보리심과 멀어지지 않게 하는 원인은 네 가지 나쁜 행(흑법黑法)을 버리고 네 가지 선한 행(백법白法)을 실천하는 것이다. 첫째, 아사리와 스승님 등 공경의 대상 누구도 거짓으로 속이는 것은 나쁜 행이다. 따라서 그와 같은 행은 절대로 해서는 안 되고, 그 대치법으로 중생 누구에게도 크게는 목숨을 걸어야 하는 상황에서나 작게는 농담이라 해도 거짓말을 하지 말아야 한다.

둘째, 다른 이가 스스로 후회 없이 쌓은 선업을 내가 후회하게 만드는 것은 나쁜 행이므로 그와 같은 행은 절대로 하지 말아야 하고, 그 대치법으로 자신이 이끌어야 할 제자가 받아들일 그릇이 된다면 소승으로 이끌지 않고 대승으로 이끌어야 한다.

셋째, 대승에 발보리심한 보살이 미워서 비방하는 것은 나쁜 행이므로 그와 같은 행은 절대로 해서는 안 되고, 그의 대치법으로 대승에 머무는 분이 붓다라는 인식을 일으켜 적당한 때에 사실과 맞는 칭찬을 하고, 일체중생을 허물없이 청정하게 보는 긍정적인 마음을 닦아야 한다.

넷째, 중생에게 자신의 허물을 숨기거나 없는 것을 있다고 속이는 것은 나쁜 행이므로 그와 같은 행은 절대 하지 말아야 하고, 항상 중생들에게 거짓 없는 마음으로 대해야 한다.

14대 달라이 라마

일체중생을 위해 보리심을 성취하겠다고 발원하는 원보리심顧菩提心은 나무의 몸통과도 같은 것이며, 행보리심行菩提心은 가지와 이

파리 같은 것이다. 행보리심은 깨달음의 길 그 기반 자체이며, 보리심을 수행하는 것으로 육바라밀六波羅蜜, 사섭법四攝法 등을 실천하는 것이다. 원보리심을 가지고 있다는 것은 우리가 대승 불교의 수행자라는 것을 증명해 주는 것이며, 발보리심이 꺾이는 것은 대승에서 멀어지는 것이다. 대승불교의 수행자인지 아닌지는 오직 원보리심의 유무에 따라 결정된다.

보리심은 쇠를 금으로 바꿀 수 있는 연금술의 약물 같은 것이다. 보리심을 지닌 이들의 모든 행동을 황금의 일체지로 만들기 때문이다. 보리심은 모든 공덕을 이끌어 낼 수 있는 마음이다. 보리심이 있는 모든 공덕은 수백 배로 불어나기 때문이다. 따라서 우리는 반드시 온갖 노력을 기울여 보리심을 일으키고, 보호하고, 증장시켜야 한다. 나가르주나의《보행왕정론》, 샨띠데바의《입보살행론》과 같이 보리심의 특징과 보리심을 닦는 방법을 가르치는 논서를 읽는 것도 도움이 될 것이다. 내 스승님 가운데 한 분이신 돌아가신 꾼누 라마 뗀진 겔첸께서도《보리심론》이라는 흥미로운 짧은 논서를 쓰셨지만, 영어로 번역되지는 않은 것 같다. 이러한 논서들은 도움이 되기도 하며 우리를 고무시키기도 한다.

3대 달라이 라마

스승 쫑카빠대사께서도 이렇게 말씀하신다.

> 발보리심發菩提心은 수승한 대승의 중심이고,
>
> 위대한 육바라밀 행의 바탕이며 지지대이다,
>
> 복덕과 지혜 두 자량은 모두를 황금으로 바꾸는 약물과 같다.
>
> 광대무변한 선근을 모으는 복덕의 보배광산이니,
>
> 승리자의 자손이자 영웅이신 보살들께서는 이와 같이 알고서
>
> 보배로운 수승한 마음, 보리심을 수행의 핵심으로 지니신다.

11장

대승과 금강승의 공통적 수행

● ● ●

3대 달라이 라마

이제 원보리심을 일으키기만 하면 될까? 그것으로는 부족하다.
원보리심에 더해 보살계를 받아 보살의 위대한 행을 실천해야
한다. 또한 자신을 성숙하게 하는 육바라밀행과 다른 사람을 성
숙하게 하는 사섭법四攝法을 실천해야 한다. 먼저, 자신의 마음을
성숙하게 하는 육바라밀을 실천하는 방법은 다음과 같다.

첫째, 보시를 실천하는 방법은 이러하다.

일체중생을 위해 성불하겠다고 하는 마음을 동기로 정법이
가난한 모든 이에게 정법을 바르게 베풀고 전쟁 등의 상해와 악
마, 뱀 같은 짐승 등의 유정으로 생긴 상해와 불, 물 등의 무정으
로 생긴 재난에서 구제한다. 음식과 침구, 병을 낫게 하는 약 등
재물이 가난한 이들에게는 그것들을 아낌없이 베푼다. 요약하

면 몸과 재물, 삼 세에 쌓은 선근까지 모두 아낌없이 베풀어야 한다. 스승 쫑카빠대사께서도 이렇게 말씀하셨다.

보시布施는 중생의 원을 채워 주는 여의주이며,

인색함의 끈을 잘라 내는 최상의 무기이다.

두려움 없는 용기를 일으키는 보살행이며,

시방에 명성을 드날리게 하는 바탕이다.

현명한 자는 이같이 알고서

자신의 몸과 재물, 선근 모두 베푸는 뛰어난 수행을 한다.

14대 달라이 라마

세 가지를 보시하는 수행(삼시三施)을 해야 한다. 세 가지 선물이란 재물을 베푸는 재시財施, 불법을 베푸는 법시法施 그리고 두려움으로부터 보호를 베푸는 무외시無畏施이다. 샨띠데바께서는 보시의 수행에 대해서 이렇게 말씀하신다.◆

만일 중생들에게 베풀어서

보시 바라밀을 완성할 수 있다고 치면,

여전히 남아 있는 가난한 이들을 두고

과거의 붓다들은 어떻게 보시 바라밀을 완성하셨겠는가?

가지고 있는 모든 것과 보시 등의 결과 즉, 선업까지

모든 중생에게 주겠다는 그 마음을 가지고

보시 바라밀이라고 말씀하셨으니,

보시 바라밀은 베풀겠다는 마음 그 자체이다.

보시 바라밀은 내가 가진 여의주이며 다른 이들에게는 희망이다. 다른 이들에게 마음을 열고 관대해지는 것이 그들이 필요로 하는 것을 충족시켜 주고, 보시하는 그 행위로 말미암아 모은 선업이 미래의 나의 안락에 이바지하기 때문이다. 중생들이 괴로움이라는 밧줄에 꽁꽁 묶여 있다고 해 보자. 거지들은 동냥 바가지를 잃어버리는 것을 두려워하고, 백만장자들은 자신뿐만

◆ 달라이 라마께서 인용하고 설명하는 이 게송과 다음 게송들은 《입보살행론》에서 인용한 것이다. 샨띠데바의 《입보살행론》은 고전 인도 논서 가운데 보살의 바라밀을 현실에 맞게 가장 명료하게 설명하고 있다.

아니라 친지들에게도 자신의 재물을 베풀어 이익을 나눠 주지 못한다. 보시 바라밀은 중생들을 묶고 있는 괴로움의 밧줄을 자르는 날카로운 칼이다. 괴로움은 가슴을 단단히 옥죄는 매듭과 같은 것으로 자신과 다른 이들에게 가늠하기 어려울 정도의 불필요한 고통을 일으킨다.

보시 바라밀의 수행을 시작할 때, 수행자는 다른 이들이 무엇을 필요로 하는지 파악하고 단순한 보시행을 행한다. 동물이나 새들에게 남은 음식을 나누고 좋은 목적을 위해 작은 선물을 주고 도움이 필요한 이에게 친절을 베푸는 등의 상황에서, 주겠다는 마음을 일으키고 그 마음을 주시하며 보시하는 것이 그 예이다. 보시가 자신의 마음과 영혼에 어떠한 울림을 주는지 관찰해 보는 것도 흥미로울 것이다. 나중에는 수행자의 숨결, 움직임, 말 한마디 한마디가 세상을 향한 아낌없는 마음의 표현인 베풂의 행위가 될 것이다.

3대 달라이 라마

둘째, 지계를 실천하는 방법은 이러하다.

중생을 위해 성불하겠다는 결심을 하고, 성불하기 위해 꾸준히 정념正念과 정지正知, 부끄러움과 조심하는 마음으로 목숨이 다하더라도 불선不善을 행하지 않고, 그와 같이 모든 계를 지켜야한다. 모든 악행을 끊는 계율(섭율의계攝律儀戒)에 의지해서 육바라밀을 더욱 증장하도록(섭선법계攝善法戒) 한다. 섭율의계와 섭선법계를 바탕으로 중생을 위해 말로만이 아닌 행으로 도움을 주는 (섭중생계攝衆生戒) 이 세 종류의 청정한 계율(삼취정계三聚淨戒)을 실천해야 한다. 스승 쫑카빠대사께서도 이렇게 말씀하신다.

지계持戒는 악행의 때를 씻어 내는 물이며
번뇌의 열을 식혀 주는 달빛이다.
대중 가운데 있는 수미산처럼 웅장하고,
장애 없이 모두가 공경하게 한다.
현명한 이들은 이를 알고서
계율을 자신의 눈동자처럼 청정하게 지킨다.

14대 달라이 라마

삼취정계三聚淨戒를 지켜야 한다. 선善을 일으키고, 파계 등의 실수를 삼가며, 중생들이 필요로 하는 바를 충족시켜주는 것이 그것이다. 계의 실천에 대해 샨띠데바께서는 이렇게 말씀하신다.

> 계戒를 지키고자 하는 이는
> 반드시 마음을 단단히 붙들고 지켜야 한다.
> 이렇게 마음을 보호하지 않으면,
> 계를 잘 지키는 것은 불가능하다.
>
> 마음이라는 코끼리를 풀어놓는 것은
> 무간지옥의 고통과 같은 해악을 끼친다.
> 그러나 야생의 미친 코끼리라 할지라도
> 이 세상에 그만큼의 고통과 같은 해악을 끼치지 않는다.

보살은 다른 중생들의 행복을 위해 구경각, 즉 보리심을 성취하기 위해서 계율을 지킨다. 보살행은 자신의 이익이라는 염오에 물들지 않으므로 악업 종자의 힘을 씻어 내는 물과 같다.

지계持戒 수행은 그 시작부터 화, 집착, 무지, 질시 등으로 불타날뛰는 마음을 시원하게 식혀 주는 달빛과 같은 것이다. 수행자는 계를 지킴으로써 차분해지고 마음을 한곳에 집중하며, 고결하고, 수미산이 세상 위에 우뚝 솟아 있듯 보통 중생들보다 훨씬 뛰어날 것이다. 다른 이들은 이 계를 지키는 수행자가 가진 힘에 이끌릴 것이고 그에게 큰 감화를 받아 지계 수행에 확신을 가지게 될 것이다. 지계 수행은 우리를 평화롭게 하며, 다른 사람들과 중생들이 우리와 관계 맺는 방식을 평화롭게 만들 것이다. 따라서 현명한 수행자들은 그들의 계를 그들의 눈을 보호하듯 한다.

3대 달라이 라마

셋째, 인욕忍辱을 실천하는 방법은 이러하다.

남이 나를 해치는 것에 화를 내서는 안 된다. 그것은 과거 내가 그를 해쳤던 탓으로, 그 역시 자신의 의지가 아닌 분노의 힘으로 해치는 것이므로 앙갚음해서는 안 된다. 찰나만 화를 내도 수 겁 동안 쌓아 온 몸, 말, 뜻으로 지은 선근이 파괴되므로 '나

는 화내려는 생각을 마음 한 켠에조차 절대로 일으키지 않겠다'
고 결심하는 것은 '해침에 흔들리지 않는 인욕 수행'이다.

남이 나를 해쳐 큰 고통을 겪음으로써 자존심과 오만함 등이
줄어들게 되고, 윤회에서 벗어나려는 출리심^{出離心}을 일으키게 된
다. 원하지 않는 고통은 불선업으로 생기기 때문에 '어떻게 원인
없이 결과가 생기겠는가' 하는 생각으로 불선업을 행하지 않게
된다. 남이 나를 해침에 인욕을 실천함으로써 다른 육바라밀 수
행 또한 원만해져 붓다의 경지까지 이를 수 있다. 따라서 해치는
이를, 해침에 대한 인욕 수행의 가르침을 주는 스승으로, 큰 은
혜를 베풀어 주신 분으로 여기는 것은 '고통을 받아들이는 인욕
수행'이다.

삼보와 불보살님의 위신력이 불가사의함을 보아 보살행과
무아의 뜻을 환희심으로 배우는 것은 '법에 대해 확신하는 인욕
수행'이다.

이 세 가지 인욕행을 마음 깊이 새겨 바르게 수행 정진해야만
한다. 스승 쫑카빠대사께서도 이렇게 말씀하신다.

인욕은 용감한 이들에게 최고의 장엄이며,

번뇌의 불길을 잡는 최고의 고행이다.

분노의 뱀을 잡아먹는 가루다^{迦樓羅}와 같으며

거친 말의 무기를 막아 내는 견고한 갑옷이다.

이같이 알고서 다양한 방법으로

인욕행을 닦아 익혀야 한다.

14대 달라이 라마

인욕, 인내의 수행은 모든 수행에 크나큰 자산으로 특히 자애심
과 연민 같은 대승의 자질을 일으키는 데 깊이 관련된다. 인욕의
수행은 샨띠데바의 《입보살행론》에 아주 잘 소개되어 있다. 이
논서에서 샨띠데바께서는 이렇게 말씀하신다.

거친 중생들은 허공만큼이나 많으니

그들을 무찌른다는 것은 불가능하다.

그러나 성난 이 마음 하나를 정복하면,

모든 적을 정복한 것과 같다.

온 땅을 가죽으로 덮는다 치면,

그 가죽을 어디서 다 찾을 수 있겠는가?

내 신발 바닥을 가죽으로 덮으면

땅 위를 모두 덮은 것과 마찬가지이다.

3대 달라이 라마

넷째, 정진을 행하는 방법은 이와 같다.

몸, 말, 뜻의 나태함과 음행, 수면의 즐거움 등 작은 행복을 탐착하고 윤회를 싫어하는 마음(출리심出離心)을 닦지 않아서 게으름이 생기기 때문에, 이런 게으름의 원인으로부터 벗어나 몸, 말, 뜻의 세 가지 문(삼문三門)은 오직 선행으로만 바빠야 한다.

오직 한 중생만의 고통을 없애는 데 몸과 목숨을 다해 고행하겠다고 하는 것은 '갑옷과 같은 정진'이다. 이 정진에 의지해서 육바라밀의 수행이 더욱 증장되도록 하는 것은 '선법을 행하는 정진(섭선법攝善法의 정진)'이다. 이 두 가지 정진으로 입이 아닌, 몸소 중생을 위해 부지런히 노력함을 실천하는 것은 '중생을 이롭게 하는 정진'이다.

이 세 가지 정진을 부지런히 행해야 한다. 스승 쫑카빠대사께서도 이와 같이 말씀하신다.

> 물러서지 않는 견고한 정진^{精進}의 갑옷을 입으면
>
> 교학과 수행이 상현달처럼 차오르며,
>
> 모든 일이 의미 있게 되어
>
> 뜻대로 다 이루어지네.
>
> 이같이 알고서 게으름 모두 없애는
>
> 위대한 정진을 보살들께서 실천하시네.

14대 달라이 라마

샨띠데바께서는 다음과 같이 말씀하신다.

> 정진이란 무엇인가? 복덕을 증장하는 것이다.
>
> 복덕과 반대되는 것을 설명하자면
>
> 나태함, 불선^{不善}에 집착함,
>
> 낙담에서 오는 자기혐오이다.

정진은 수행을 성공적으로 마치는 데 필수 불가결한 요소이다. 그러나 명료하게 알지 못하고 그 우둔함의 경계를 뚫고 나아가지 않은 채 정진한다면, 수행과 교학의 학습에 큰 진보가 없을 것이다. 명료하게 알고 정진하는 것은 붓다의 가르침에 대한 배움과 깨달음을 상현달처럼 증장시킬 것이다. 인욕은 매사에 힘과 목적을 주어 모든 일을 마무리 지을 수 있는 힘을 준다.

샨띠데바께서 말씀하신 세 가지 힘 가운데 인내와 반대되는 것, 수행의 자질을 일으키는 능력과 수행길을 따라 나아갈 수 있는 힘이 자신에게 부족하다고 생각하는 나태함은 특히 위험하다. 이러한 맥락에서 샨띠데바께서는 이렇게 말씀하신다.

파리, 등에, 벌과 같은

벌레가 된 그 중생들 또한

정진의 힘을 일으키면 그 얻기 힘든

가장 수승한 보리심을 성취할 수 있다.

3대 달라이 라마

다섯째, 선정을 닦는 방법은 다음과 같다.

발보리심에 기인한 세간과 출세간의 두 가지 선정, 명상의 분류 측면에서 사마타(지止), 위빠사나(관觀), 사마타와 위빠사나를 겸하는 수행(지관쌍수止觀雙修)의 세 가지 선정, 선정 작용의 분류 측면에서 보이는 현생인 이번 생에 몸과 마음을 편안하게 하는 선정, 신통 등 상위上位의 공덕을 이루게 하는 선정 그리고 중생의 뜻을 이루는 선정의 세 가지 등 이와 같은 선정들을 혼침과 도거 없이 보리심의 마음으로 배워서 닦아야 한다. 스승 쫑카빠 대사께서도 이같이 말씀하신다.

> 선정禪定은 마음을 다스리는 왕처럼 입선하면
> 흔들리지 않는 수미산과 같고,
> 선정에서 나와도 선善의 모든 대상에서 벗어나지 않아
> 몸과 마음을 큰 경안輕安에 이르게 한다.
> 수승한 명상 수행자들은 이같이 알고서
> 산란함의 적을 물리쳐 늘 선정을 닦는다.

선정을 분류하는 방법은 다양하다. 몇몇 선정의 이름을 듣는 것만으로 만족하겠지만, 불법의 효용을 당장 체험하고 싶어 하는 사람들은 그들 안에서 선정을 계발하고 싶어 할 것이다.

우리의 마음은 선정에 든 집중하는 마음이 아니라 연속적으로 흐르는 동작을 하고 있을 때 아주 온순하고 유연한 것처럼 보인다. 그러나 그 마음을 명상의 대상에 적용하고 마음이 얼마나 거칠고 다루기 어려운지 보아라. 수련이 안 된 마음은 아주 거칠며, 통제가 안 되고, 바로잡기 힘들다. 내면의 대화와 정신적 산만함이 너무나 심해서 명상의 대상을 가까스로 볼 수 있다. 그러다가 우리가 마음을 몇 초간만이라도 침착하게 유지할 수 있게 되면, 곧장 잠들어 버린다. 이 시점에서 다시 마음을 보면 마음은 전혀 온순하고 유연한 것으로 보이지 않을 것이다. 역으로 삼매의 힘을 가진 마음은 원하는 만큼 명상 대상에 집중할 수 있고, 그 상태에서 집중의 명료함과 환희를 유지하고, 삼매의 영역을 조절한다.

이러한 유형의 마음에 기반한 명상은 당연히 혼란한 마음에 기반한 명상보다 훨씬 더 효과적일 것이다. 제어되지 않은 마음

은 그저 산만하기만 해서 자신을 허비할 뿐이며 명상의 명료함
에 들어갈 수 없다. 선정에 들면 수행자는 몇 날 몇 주에 걸쳐 어
떠한 산란함도 없이 삼매에 몰입해 있을 수 있다. 이것이 우리의
에너지와 지혜의 창고를 매우 빠른 속도로 개화하게 만든다. 선
정을 성취하면 과거의 전생을 아주 쉽게 기억하는 숙명통 등의
소소한 능력을 계발할 수 있게 된다. 이러한 힘 자체가 가치 있
는 것은 아니지만, 이 힘들은 수행자에게 업의 법칙에 대한 굳
건한 확신을 주며, 수행을 안정시키고 강화한다. 아띠샤께서는
《보리도등론》에서 이렇게 말씀하신다.

> 신통神通(통혜通慧)을 가지고
> 하루에 쌓을 수 있는 복덕은
> 신통 없이 백 번을 태어나며
> 복덕을 쌓아도 가질 수 없다.

3대 달라이 라마

여섯째, 지혜를 닦는 방법은 다음과 같다.

윤회의 뿌리를 완전히 뽑는 공성의 뜻을 깨닫는, 진제를 깨달은 지혜와 속제를 깨달은 지혜 그리고 이 두 가지를 바탕으로 중생을 이롭게 하는 지혜들을 보리심의 마음으로 배워서 닦아야 한다. 스승 쫑카빠대사께서도 이렇게 말씀하신다.

지혜는 심오한 공성을 보는 눈이며,
윤회의 뿌리를 완전히 제거하는 길이다.
모든 경론에서 공덕의 원천이라 찬탄하며,
무지의 어둠 밝히는 최고의 등불로 알려졌다.
해탈을 원하는 지혜로운 자는 이같이 알고서
수많은 정진으로 지혜를 일으킨다.

14대 달라이 라마

모든 경전과 논서들은 지혜가 수행자를 윤회에서 자유롭게 만들고 다른 이들을 윤회의 괴로움에서 벗어날 수 있게 해 주는 최고의 방편이라고 찬탄한다. 따라서 우리는 반드시 세 가지 종류의 지혜를 길러야 한다. 세 가지 지혜란 궁극적인 존재의 참모습을 이해하는 지혜인 진제眞諦, 세상이 받아들이는 참이라고 생각하는 것들을 이해하는 지혜인 속제俗諦 그리고 세상의 필요에 따라 이 두 가지 지혜를 선택해서 가르칠 수 있는 지혜이다.

윤회에서 오는 괴로움의 근본적인 원인은 우리가 현상을 파악하는 방법의 오류에 있다. 우리는 현상에 참나 혹은 자성이 있다고 짐짓 착각하며, 그 착각에 기반하여 현상을 인식한다. 이것이 무명 혹은 무지이다. 우리는 자신과 주변 대상들이 변하지 않고 영원히 실재할 것처럼 착각한다. 우리는 자성을 모든 현상에 덧붙이며, 그 결과 우리의 지각은 대상에 대한 왜곡된 관념, 즉 존재하지도 않는 자성을 마치 있는 것처럼 덧씌우고는 좋고 나쁨 등으로 구별한다. 우리는 이렇게 잘못 설정한 이름표에 의지하여 집착, 화 등을 일으킨다. 이러한 감정을 부추기는 참나 또는 자성은 사실 실재하지 않는 것이다. 이러한 자성은 꿈속에서 마술사가 만들어 낸 환영과 같은 것이다.

가끔 우리에게 집착이나 화를 일으킨 대상을 돌이켜 보면 우리가 그 사건의 본질을 파악하는 방식, 즉 잘못된 인식으로 얼마나 오해했는지 알게 되어 쓴웃음 짓는 경우가 있다. 무엇인가가 우리의 인식, 감정 조절 그리고 업을 일으키는 행동에 잘못 섞여 들어가 있다. 이것이 십이연기十二緣起의 시작점이며 우리가 윤회 속의 괴로움을 계속 유지하는 방식이다. 우리가 실재의 궁극적인 존재 방식인 참나, 즉 공성의 지혜를 닦아서 십이연기의 첫번째 사슬인 무명 또는 진리에 대한 무지를 끊어 버릴 수 있다. 이것이 참나 혹은 자성에 대한 잘못된 인식이라는 근원적인 착각을 제거할 것이다.

인도 불교의 네 학파인 대비바사론부 또는 설일체유부, 경량부, 유식부, 중관부는 크게 공성에 대한 이론과 진제와 속제라는 두 가지 차원의 진리(진속이제眞俗二諦)에 대한 견해 차이에서 비롯한다. 이러한 주제를 공부하는 것은 어렵고 많은 노력이 필요하지만, 그 공부의 영향력은 매우 크다.

우선 우리는 경론에서 공성이라고 설한 것이 무슨 뜻인지를 지적으로 이해해야 한다. 그다음에는 그 이해를 기반으로 공성을 명상하고, 공성에 대한 즉각적인 이해를 수행해야 한다. 이 방법이 지혜 바라밀을 이루는 길이다.

3대 달라이 라마

타인의 마음을 성숙하게 하는 사섭법을 실천하는 방법은 다음과 같다.

일체중생을 위해 붓다를 이루겠다는 보리심의 마음으로 처음에 재보시財布施로 중생들을 가까이 다가오게 하는 보시섭布施攝, 중생들을 기쁘게 하기 위해 먼저 밝은 얼굴로 맞이하고 부드러운 말로 편안하게 한 뒤 육바라밀 등 법을 듣는 이의 마음에 와닿게 말하는 애어섭愛語攝, 법에서 말씀하신 뜻대로 수행할 수 있게 하는 이행섭利行攝, 다른 이를 수행에 들어가게 한 것처럼 자신이 먼저 육바라밀행 등을 실천하는 동사섭同事攝이다. 남을 이롭게 하는 이 수승한 방법들을 반드시 배워 실천해야 한다.

14대 달라이 라마

육바라밀은 본질적으로 자기 마음의 흐름을 성장시키는 기능을 한다. 다른 이들을 돕는 네 가지 방법(사섭법四攝法)은 다른 이들의 마음의 흐름을 성장시킨다. 따라서 보리심을 향상하기 위해서는 반드시 사섭법을 실천해야 한다. 그 네 가지 방법은 수행자를 물질적으로 돕고(보시섭布施攝), 그들에게 사랑과 관심을 주며(애어섭愛語攝), 그들에게 불법을 수행하도록 권장하고(이행섭利行攝), 자기 자신도 불법을 따라 수행하는 것이다(동사섭同事攝). 이 사섭법은 다른 이들의 마음의 흐름을 성숙하고 깨달음을 향해 나아가도록 해 준다.

3대 달라이 라마

참나 또는 자성에 대한 집착은 윤회의 뿌리이다. 따라서 이에 직접적으로 대치되는 길을 수행하지 않고서 오로지 사마타만을 닦는 것으로는 윤회의 뿌리를 끊을 수 없다. 그리고 대상에 산만함 없이 일심으로 머무는 사마타를 닦지 않고, 무아를 깨닫는 지혜만으로는 아무리 위빠사나를 수행하더라도 번뇌를 박멸할수 없다. 왜냐하면 번뇌를 멸한 해탈의 경지를 얻기 위해서는 공성을 올바르게 깨달은 견해가 명상의 대상에 오롯이 집중하는 사마타라는 말에 올라타고서 여여함(진여眞如), 즉 공성을 깨닫는 지혜를 증장시켜야 하기 때문이다. 여기서, 공성을 깨닫는 지혜를 증장시키기 위해서는, 상견常見과 단견斷見의 모든 극단적인 인식방식을 예리한 칼과 같은 중관의 네 가지 논증을 통해 부수고 여여함의 뜻을 이치대로 분석하는 반야지를 닦아야 한다.

14대 달라이 라마

공성을 이해하는 지혜를 수행하는 것이 가장 효과적인 방법이 긴 하지만, 삼매와 함께하지 않는다면 자성을 인식하는 가장 깊은 뿌리를 끊어 낼 힘을 일으킬 수 없을 것이다. 이와 반대도 마찬가지이다. 삼매에 들어 명상 대상에 오랜 시간 동안 마음을 집중하는 힘을 성취하고 선정에 들었을 때의 몸과 마음의 편안함(경안輕安), 천안통, 숙명통 등의 신통을 가질 수 있다. 이러한 능력은 수행자의 이번 생에 큰 자유를 줄뿐더러 죽은 다음 색계色界 또는 무색계無色界에서 천신으로 태어날 수 있는 기반이 된다. 그러나 만일 삼매가 지혜 안에서 잘 단련되지 않으면, 가장 미세한 윤회의 원인들인 중생과 현상의 참나 혹은 자성의 전도몽상인 무명을 제거할 수 없기 때문에, 가장 높은 위계의 신으로 태어나더라도 언젠가는 보다 낮은 수준의 중생으로 환생하게 된다. 삼매와 함께하는 공성의 수행은 수행자를 보살 수행의 다섯 단계 가운데 두 번째, 가행도加行道의 공성 이해 정도에 따른 네 단계◆

◆ 역자 주: 선근善根을 일으키는 다섯 가지 뿌리(오근五根), 장애를 제거하는 다섯 가지 힘(오력五力)을 수행하는 난煖, 정頂, 인忍, 세제일법世第一法의 네 단계를 말한다.

를 뛰어넘어 존재의 궁극적인 존재 방식인 공성을 직접 지각하는 견도見道로 나아가도록 해 준다.

중관 논증의 네 열쇠와 같은 방법들을 적용하여 명상하는 가운데 공성에 대한 인식을 일으키고, 그 공성을 명상 대상으로 집중하여 흔들림 없이 삼매에 들어야 한다. 만일 삼매의 힘이 없다면, 고생 끝에 일으킨 공성의 인식이 쉽사리 사라질 것이다. 공성을 깨닫는 방법을 지지해 주는 힘이 부족하면 절대 기초적인 수행 이상으로 나아가지 못할 것이다. 공성에 대한 인식의 명료함과 공성을 대상으로 하는 명상을 안정적으로 지속시킬 수 있는 힘이 없다면 절대로 진리에 대한 깊은 이해를 성취하지 못할 것이다. 마음이 공성이라는 주제를 충분히 궁리할 수 있을 만큼 강하게 머무르지 못하기 때문이다.

경전에서 "붓다가 이 세상에 나오든 나오지 않든, 진리는 영원히 여기에 있을 것이다."라고 말씀하셨다. 자성의 공함은 붓다께서 창조하신 철학이나 교학 이상의 것이다. 자성의 공함은 우리의 몸과 마음 그리고 우리가 경험하는 세계의 궁극적인 존재 방식이다. 붓다께서 이 세계에 계시든 계시지 않든, 우리가 이 진리를 깨닫든 깨닫지 않든 간에 존재의 본성은 우리 세계에 늘 가득하다. 그렇지만 이 깨달음이 중관의 논증 방식 같은 믿을 만한 방법으로 성취한 것이 아니고 삼매를 기반으로 수행한 것이 아니라면, 우리는 가장 깊은 이해를 얻을 수 없을 것이다.

최상의 진리, 궁극적 실재는 깨달으신 분들께서 창조하신 것이 아니며, 윤회하는 중생의 부정한 업의 활동으로 만들어진 것도 아니다. 이 세계의 기반은 공성이라는 궁극적인 진리(진제眞諦)이다. 공성은 통상적인 마음으로는 볼 수 없는 약간 가려진 현상이기 때문에, 깨달으신 분들과 수행의 길을 따라 나아간 보살들은 보실 수 있다. 이 공성의 앎 속에 머무는 지혜를 일으키는 것은 번뇌과 악업 그리고 마음의 착각에 의지해서 일어난 괴로움에서 벗어나는 자유를 성취하는 것이다.

우리 인식의 문제는 이러하다. 우리는 언제나 인식하는 현상의 본질을 과장한다. 즉 현상이 지나치게 영원하고 안정적이라고 믿거나 현상은 덧없거나 존재하지 않는다고 생각한다. 우리는 인식의 대상 속에서 실재하지 않는 어떤 것을 보거나 존재하는 어떤 것을 간과한다. 대상을 지나치게 올려다보거나 내려다본다. 이러한 극단적 오류는 중생을 괴롭히는 모든 문제를 일으킨다. 따라서 양극단에서 벗어난 중도의 수행자는 인식의 대상에 논리를 적용하는 것으로 공성에 대한 수행을 시작한다. '나' 또는 다른 현상과 같은 인식의 대상들이 마음에 어떻게 일어나는지 명확한 이해를 얻으려고 노력한다. 그러고 나서 마음에 일어나는 대상의 기반을 검토한다. 예를 들어 우리가 마음에 '나'로 일어나는 자아의 본질을 분석할 때, 이 나의 본성을 확인한다음 몸과 마음 그리고 제 삼의 것에 '나'가 기반을 두고 있는지 찾아본다. 이 거짓 나의 기반이 되는 분석 대상에 논증을 하나씩 적용해서 나의 존재가 불가능하다는 것을 증명한다. 이렇게 하면 우리의 명상은 자신에게 일어나는 세상에 대한 매우 심오한 의심을 일으킬 수 있다. 사실상 '나'와 '세상'이라는 이 두 가지는 통상적인 마음이 짐짓 인식하는 방식으로는 절대 존재할 수 없다. 이러한 의심이 우리 존재 전체를 뒤흔들어서 우리의 마음이 아무 생각 없이 잘못 인식하던 대상이 우리에게 미치는 압도적인 힘을 잃게 만든다. 아리야데바께서는 이렇게 말씀하신다.

복덕이 작은 자는 진속이제眞俗二諦, 연기緣起 등 이 법에 대해
관심이 없어서 의심조차 하지 않지만,
단지 이 법에 관심을 가지고
의심하는 것만으로도 윤회를 산산이 부스러뜨린다.
우리는 지혜의 날카로운 칼을 들고, 삼매라는 명마를 타고서,
이 전도몽상에 빠진 마음의 근원을 공격해야 한다.◆

3대 달라이 라마

스승 쫑카빠대사께서도 이렇게 말씀하신다.

> 선정만으로는 윤회의 뿌리 자를 수 없고,
>
> 선정 없는 지혜만으로도 번뇌를 제거할 수 없다.
>
> 따라서 공성을 올바르게 깨닫는 지혜가
>
> 산만함 없는 사마타의 말에 오르게 하고,
>
> 예리한 무기와 같은 극단을 여읜 중관의 논리로
>
> 양극단의 모든 인식 방식을 파하여
>
> 이치에 따라 분석하는 위대한 반야지로
>
> 공성을 깨닫는 지혜를 증장시켜야 한다.

◆ 역자 주: 원역자의 의역으로 원문을 찾기 매우 힘들었다. 이 내용은 쫑카빠대사의 제자 겔찹제 다르마 린첸 대사의 해석을 첨가한 것이다. 티베트어 원문을 알려 준 템플 대학 교의 더글라스 덕워스 교수에게 감사를 드린다.

공성에 대한 깨달음이 없는 삼매는 언제나 일정 정도의 왜곡을 경험한다. 역으로 삼매가 결여된 공성의 앎을 서서히 물들게 하는 인식 방법은 절대 힘을 얻을 수 없다. 자성의 공함을 대상으로 삼아 집중하는 삼매는 수승해져 마음을 왜곡시키는 요소들을 제거한다. 그리고 공성의 인식을 일으키는 방법이 매우 강력해질 것이다. 따라서 수행자의 공성에 대한 삼매는 모든 개념 분별이 사라지고 오직 최고의 진리인 공성의 광휘만을 볼 수 있는 허공과 같은 경험으로 발전할 것이다. 그리고 이 광휘가 업의 종자와 번뇌의 뿌리를 서서히 없앨 것이다.

이 허공과 같은 의식은 삼매를 통해 의식의 발현을 억눌러 생기는 무념무상無念無想과는 전혀 다른 것이다. 허공과 같은 의식은 의식을 억눌러서 발생하는 것이 아니라 우리를 윤회에 얽매이게 만드는 번뇌의 속박을 차츰차츰 제거함으로써 일어나는 것이다. 번뇌가 어떻게 우리를 완전히 속이는지, 존재하지 않는 것을 마치 실재하는 것처럼 보게 만들고 동시에 우리의 마음을 그 거짓 진리에 얽매이게 하는 것을 안다면, 우리의 마음은 더 이상 그 거짓에 가지 않고 그들은 사라지게 될 것이다. 이에 따라 우리 생각의 과정은 보다 심오한 앎의 영역을 경험하도록 열릴 것이다. 이것이 통상적인 생각의 구름이 걷힌 허공과 같은 공성이다. 이것은 무념무상과 같은 허무주의적 관념의 무와는 전혀 관계가 없다.

3대 달라이 라마

한 대상에 흔들림 없이 집중함으로써 사마타의 선정을 이룰 수 있을 뿐만 아니라 한마음으로 삼매에 머문 상태에서 공성의 뜻을 이치대로 분석하는 위빠사나의 지혜로 공성에 대한 아주 견고한 선정이 생겨난다. 그러므로 사마타와 위빠사나를 함께 부지런히 닦아 정진함이 경이롭다고 생각하며 지금부터 이 같은 지관쌍수의 수행을 할 수 있도록 원을 세워 종자를 심어야 한다. 스승 쫑카빠대사께서도 이렇게 말씀하신다.

집중 명상을 익힘으로

선정을 얻는 것은 물론

분석 명상으로도 공성에 대한

흔들림 없는 선정을 얻을 수 있기에

지관쌍수止觀雙修를

부지런히 닦는 것은 경이롭다.

14대 달라이 라마

따라서 명상하는 동안 수행자는 일심으로 공성에 집중한다. 명상의 효과는 좌선을 끝낼 때 같이 끝나는 것이 아니다. 명상할 때 공성에 의식을 집중하여 머물면서 거친 수준의 번뇌를 잠재웠기 때문에 이 명상에서 다음 명상 사이의 시간 동안 우리는 계속해서 현상이 우리의 마음에 일어나는 방식에 대해 의구심을 가져야 한다. 우리는 반드시 중관학파의 논증식을 우리의 집, 사람, 산과 같은 다양한 대상에 적용해서 이 의식의 상태를 유지해야 한다. 일반적으로 이러한 현상들이 마음에 일어날 때는 마치 참으로 존재하는 것 같은, 마치 주체와 동떨어진 실제 존재인 것 같은 아주 강한 인상을 마음에 남긴다. 그렇지만 중관의 수행자들은 명상 시간이 끝나고 일상생활을 하는 동안에도 분석의 과정을 이어 간다. 마음에 일어나는 대상의 본질을 검토하며, 그

형상이 참이라는 근거가 있는지 찾아본다. 그 근거를 찾을 수 없으므로, 수행자는 세계를 무지개, 마술사의 창조물 그리고 꿈에서 일어나는 일들을 보는 시점에 머무른다.

우리가 지각하는 외부의 대상들은 우리의 마음에 명백한 참으로 존재하며 스스로의 힘으로 존재하는 것처럼, 마치 그 현상 자체의 실제 기반이 있는 것처럼 떠오른다. 외부의 대상은 마치 원인과 조건으로 발생하지 않은 것처럼 일어난다. 그렇지만 이러한 자립적 존재는 어디에도 존재하지 않는다. 모든 현상은 오직 원인과 조건으로 발생한다. 예를 들어 우리가 수레의 존재 기반이 무엇인지 수레의 부품 하나하나에서, 부품들의 집합에서 또는 이 두 가지 가능성 말고 수레 밖에서 그 존재의 기반을 찾아보더라도, 우리가 상상하는 참으로 존재하는 수레의 기반은 그 어디에서도 찾아볼 수 없다. 심지어 가장 작은 원자조차 최소한의 실재성을 가지고 있지 않다. 대상이 부분, 물질 그리고 부분들이 그 대상을 구성하는 방식에 의존하는 것은 그 수레가 자립적이지 않다는 것을 증명한다. 수레는 실제로 자성을 가지고 존재하는 것처럼 보이지만, 이는 다양한 조건들의 축적이 이루어 낸 것이다. 실재하는 것처럼 보이는 무지개도 사실상 견고한 기반이 없는 것처럼. 우리가 해야 할 것은 현상의 통속적인 형상을 취해서 그 대상을 무자성성의 인식과 합치시키는 것이다. 이것이 명상 시간 후에 공성의 인식을 계발하는 수행의 핵심이다.

중요한 것은 이 지혜의 수행을 대승 수행의 뿌리인 보리심의 영역 안에서 행해야 한다는 것이다. 짠드라끼르끼(Candrakīrti, 월칭月稱)께서는 "기러기들의 왕이 강한 두 날개를 펼쳐 무리를 목적지로 이끌듯, 우리도 방편과 지혜의 두 날개를 펴고 다른 중생들의 행복을 위해 일체지의 깨달음을 향해 나아가야 한다."고 말씀하신다. 또한 아띠샤께서도 "지혜는 공성의 인식을 통해 계발한다. 방편은 이외의 모든 수행을 포함한다."고 말씀하셨다. 따라서 방편의 근본은 보리심이며, 이 보리심은 보시, 지계, 인욕, 정진, 선정의 다섯 바라밀 등이 받쳐 준다. 공성에 대한 명상은 모든 중생의 행복을 위해 깨달음, 곧 일체지를 성취하겠다는 보살의 발원 안에서 행해지는데 보살은 이 공성의 명상(지혜)을 인욕, 선정 등의 바라밀과 함께한다. 이러한 보살은 하사도 또는 중사도의 길을 돌아서 상사도로 나아가지 않는다. 보살은 지혜를 통해 모든 윤회 속의 경험으로부터 자유를 찾고 보리심의 대비심으로, 윤회로부터의 자유에 머무르지 않는다. 보살의 목표는 윤회에도 열반에도 머무르지 않는 것이다. 이 무주처열반無住處涅槃은 수행자가 보리심의 수행에 공성을 이해하는 지혜와 방편을 겸하는 수행을 근본으로 할 때 성취할 수 있다. 수행자는 보살의 37 수행법과 같은 다른 범위의 방편들로 이 상사도의 수행을 뒷받침하면서, 보살의 열 단계(보살십지菩薩十地)를 천천히 나아가 마침내 완전한 일체지를 성취한다.

3대 달라이 라마

사마타와 위빠사나의 합일에 고요히 머무는 허공과 같이 모든 극단의 희론을 여읜 공성에 일심으로 고요히 머무른 다음, 이 명상에서 일어나서 사람들과 현상의 자성은 성립할 수 없지만 마치 성립하는 것처럼 일어나는 마법사의 환영과 같다고 보고 공성을 수행한다. 그다음에 연민과 보리심이 함께 한 방편과 지혜로 왕자의 수행, 즉 보살행을 완성하니 이는 높이 찬탄함이 합당하다. 스승 쫑카빠대사께서도 이렇게 말씀하셨다.

> 사마타와 위빠사나를 함께 수행하는 허공 같은 공성과
>
> 명상에서 나와서 관찰한 현상이 마법사의 환영과 같다는 공성,
>
> 이 두 가지 공성을 수행한 뒤에 방편과 지혜를 함께 닦는

왕자 즉, 보살의 수행의 완성은 찬탄함이 합당하다.

이같이 이해한 뒤에, 지관을 함께 닦는 도를 알아

지혜와 방편 어느 한쪽으로도 치우치지 않는 것이

행운아들의 전통이다.

12장

금강승의 수행

●●●

3대 달라이 라마

이와 같이 먼저 현교와 밀교(금강승 또는 딴뜨라)의 공통된 수행
을 바르게 실천하고 난 뒤, 밀교에 입문해야만 한다. 밀교에 들
어가는 방법은 다음과 같다. 먼저 올바른 자격을 갖추신 금강 아
사리, 즉 밀경密經에서 말씀하신 바와 같이 밀교의 스승에게서 관
정灌頂을 받아 밀교 수행의 토대를 닦아야 한다. 이때 자신이 다
짐한 서원과 밀교의 계율을 청정히 잘 지켜야 한다. 세 가지 하
부 밀승인 소작所作·행行·요가 딴뜨라에 따르면 유상有相과 무상無相
의 요가 수행을 닦아야 하고, 상부 즉 무상 요가 딴뜨라에 따라
두 차제인 생기차제生起次第와 원만차제圓滿次第(또는 구경차제究竟次第)
를 순서대로 닦으니, [현교와 밀교 수행의 모든 핵심과 체계를
갖춘 수행을 원만하게 할 수 있기에 유가구족의 몸을 가진 목적

을 이루는 것이다. 이와 같은 수행 방법으로 자타 모두에게 승리자 붓다의 보배로운 가르침이 널리 퍼지게 하소서! 스승 쫑카빠대사께서도 이같이 수행하셨다. 그리고 우리들 앞에도 스승님께서 나타나 "제자들이여, 이같이 완전한 수행을 하시오."라고 직접 말씀해 주신다고 관상한다. 이같이 스승 쫑카빠대사께서도 말씀하신다.]◆

두 가지 수승한 대승의 길(원인승原因乘 현교와 결과승結果乘 밀교)이

반드시 갖추어야 할 공통의 수행도를 바르게 일으켜,

지혜로운 선장 같은 수호자이신 밀교의 스승에 의지하여

넓은 바다와 같은 밀경에 들어가

두 가지 대승의 핵심인 수승한 법을 원만히 수행하면

유가구족의 몸을 의미 있게 하는 것이다.

수행자 나 역시 이처럼 실천하였으니

해탈을 구하는 그대도 그렇게 행해야 하리라.

◆ 역자 주: 이 괄호의 부분은 13장에 나오지만,《황금 정련의 요체》원문에는 쫑카빠대사의 게송 전에 나오기 때문에 12장과 13장에 중복해서 싣는다.

14대 달라이 라마

《황금 정련의 요체》에서 지금까지 논의한 것들은 선지식과의 관계를 돈독하게 하는 것부터 공성을 삼매의 대상으로 삼아 수행하는 것까지이다. 이는 현교의 교리 체계이다. 이러한 소승과 대승의 수행을 공통적인 또는 일반적인 수행의 길이라고 부르는데, 이러한 현교의 두 가지 승乘은 수행자의 마음속에 보다 상위 체계인 딴뜨라 수행의 기반을 일으키기 때문이다. 따라서 현교의 두 가지 승은 금강승과 공통적인 기반을 가진다. 불교의 딴뜨라 수행을 하고 싶어 하는 사람은 우선 현교의 수행법들을 따라 그의 마음의 흐름 안에 수행의 경험을 정련하고 성숙시켜야 한다. 이처럼 금강승의 기초가 되는 현교의 수행법은 단지 책 몇 권을 읽거나 기도문을 몇 개 암송한다고 완성할 수 있는 것이 아니라 각 명상 대상에 대한 내적 경험이 무르익어야 한다.

티베트 불교의 네 개 종파인 닝마빠, 사꺄빠, 까규빠 그리고 겔룩빠는 현교의 수행법에 다소 비슷한 견해를 가지고 있다. 특정한 용어 사용이나, 다양한 수행법을 체계화시키는 방법에 차이는 있다. 그러나 네 종파 모두 지금까지 소개한 소승과 대승 수행법들을 모두 비밀승인 금강승 또는 밀교의 예비 수행으로 가르친다. 까규빠는 이를 '마음을 바꾸는 네 가지 길'이라고 하고, 사꺄빠는 '네 가지 집착을 끊음'이라고 하는 등의 차이는 있지만, 이 예비 수행의 주제, 특징, 목적은 동일하다. 밀라레빠의 수제자인 위대한 감뽀빠께서는 《해탈장엄론》*이라는 람림 논서를 저술하셨는데, 오늘날까지도 대부분의 까규빠 수행자들이 공부하는 논서이다.

딴뜨라의 전통을 분류하는 방법은 아주 다양하다. 신파新派인 사꺄빠, 까규빠 그리고 겔룩빠는 대부분 딴뜨라를 네 가지로 분류하지만, 구파舊派인 닝마빠는 여섯 가지로 나눈다. 《황금 정련의 요체》는 딴뜨라를 네 가지로 나누는 분류법을 따른다. 이는 끄리야kriya 또는 소작所作 딴뜨라, 짜리야caryā 또는 행行 딴뜨라, 요가 딴뜨라와 무상 요가 딴뜨라이다. 이 분류법은 첫 세 종류의 딴뜨라를 '하위 딴뜨라', 무상 요가 딴뜨라를 '상위 딴뜨라'로 분류하여 크게 두 가지로 나눈다. 수뜨라야나(sūtrayāna) 또는 현교승顯教乘의 수행을 따라 수행에 진보를 이룬 수행자는 이 네 종류의 딴뜨라를 통해 딴뜨라 또는 밀교의 수행법을 따르는 것을 고려해 볼 수 있다.

◆　역자 주: 한국어 번역은 《해탈장엄론: 고귀한 가르침의 여의주》(운주사)를 참조할 것.

어떤 딴뜨라의 분류법을 따르고, 그 안에서 어떤 딴뜨라를 수행할지는 우리의 몸과 마음, 지금까지 쌓아 온 업이 이룬 환경의 자질과 성향에 따라 다르다. 무상 요가 딴뜨라 안에서 몸의 에너지 통로, 차크라, 생명을 이루는 에너지, 타고난 성향의 자질 들은 고려해야 할 중요한 요소들이다. 이들은 딴뜨라를 수행하기로 결정하기 전에 자신의 스승님과 상의해야 할 사안이다.

특정 딴뜨라의 시스템이 자신에게 가장 잘 맞는다는 확신이 들면, 그 딴뜨라를 정통적으로 계승하는 스승에게 입문식(관정)을 온전하게 받아 딴뜨라에 입문한다. 딴뜨라의 모든 성취는 입문식 때 입문자가 한 서원과 서약에 따라 일어나기 때문에, 수행자는 반드시 이러한 것들을 유의하고 있어야 한다. 예를 들어 두 종류의 하위 딴뜨라인 소작 딴뜨라와 행 딴뜨라 수행자는 귀의와 보리심의 서원을 한다. 그리고 고기를 먹지 않고, 검은색 음식을 섭취하지 않는 등의 서약을 한다. 요가 딴뜨라에서는, 다섯 방향 붓다들(오방불五方佛)의 열아홉 가지 서약을 하위 두 딴뜨라의 서약에 추가한다. 무상 요가 딴뜨라에 입문하기 위해서는 반드시 스물두 가지 딴뜨라의 서원과 함께 수행자가 실천할 특정 딴뜨라와 연관된 다양한 서약들을 수행한다. 모母 딴뜨라의 예를 들면, 수행자는 모든 행동을 왼쪽부터 시작해야 한다. 음력

10일과 25일에는 다까와 다끼니*가 수행자의 몸 안의 에너지 통로, 정수리와 척추의 끝에 각각 있는 흰색과 빨간색의 두 개의 정수 등에서 춤을 춘다. 이때 무상 요가 딴뜨라의 수행자들은 남성적 에너지와 여성적 에너지의 합일을 상징하는 비밀 공양을 올려야 한다.

딴뜨라 수행자는 자신이 행하기로 한 특정 딴뜨라의 계율을 지속적으로 유지하면서 딴뜨라 수행의 두 단계를 성취해야 한다. 소작, 행, 요가의 하위 딴뜨라에서 이 두 가지 단계는 유상有相과 무상無相의 요가들이다. 무상 요가 딴뜨라에서 이 두 단계의 요가는 생기차제生起次第와 구경차제究竟次第(또는 원만차제圓滿次第)이다. 이 길은 과거의 많은 불교 수행자들과 과거의 위대한 성취자들(마하싯다mahāsiddha)께서 걸으셨던 길이다. 그분들께서 확인하고 적용한 중요한 방법인 본존本尊요가는 특히나 강력한데, 우리 삶의 매 순간마다 효과적으로 적용할 수 있는 방법이기 때문이다.

딴뜨라의 수행 방법을 실천하기 위해서 수행자가 첫 번째로

◆　역자 주: 다까와 다끼니는 남성형과 여성형 신으로 딴뜨라 수행자의 성취를 돕는다고 한다.

해야 할 것은 출리심出離心, 대승의 대비심大悲心 그리고 공성의 올바른 이해를 통해 개인적으로 수행할 자격을 갖추는 것이다. 출리심이 없다면 감각적인 탐욕과 억제하지 못할 생물학적 본능이 수행자의 성취를 방해할 것이다. 이 출리심을 미리 갖추는 것이 성적인 이미지가 들어가 있는 무상 요가 딴뜨라에서는 특별히 더 중요하다.

스승 쫑카빠대사께서 언급한 두 번째 자질인 보리심의 대비심은 수행을 일체지의 원인으로 전환시키기 위해 필요한 것이다. 또한 무상 요가 딴뜨라 대부분이 폭력적이기 때문에, 대비심을 충분히 갖추지 않은 수행자는 오해할 가능성이 아주 크다.

세 번째 자질은 공성의 교리를 이해하는 것인데, 이는 딴뜨라 수행의 근간이 되는 것이다. 모든 딴뜨라 수행 시간은 시작부터 끝까지 공성의 명상을 기반으로 구축된 것이다. 금강승을 공성의 지혜 없이 수행하는 것은 아주 위험하다. 예를 들어 한 중심적인 딴뜨라 수행 방법은 미세한 본존의 자긍심을 닦는 것이다. 이는 수행자 자신을 깨달으신 본존, 만달라의 주존이라고 하는 확신에서 오는 것이다. 이때 수행자의 마음은 붓다의 법신이고, 그의 언설은 보신이며, 몸은 화신이다. 그리고 이 세계와 이 세계에 살고 있는 중생들은 다양한 형상을 띤 딴뜨라의 여러 신들과 보살들이 살고 있는 만달라로 여긴다. 따라서 우리는 반드시 우리의 '나'에 대한 관념을 바꾸어야 한다. 그렇게 하기 위해서는 공성에 대한 이해가 필수적이다. 본존의 자긍심을 수행하는 데 공성에 대한 이해가 없다면, 이 수행은 쓸모없을 뿐만 아니라, 정체성의 혼돈과 원하지 않던 심리적 문제들을 불러오게 될 것이다. 따라서 금강승을 올바른 기반 위에서 제대로 수행하면 성불을 향한 빠른 수행의 길이 되지만, 정신적으로 준비가 되지 않은 상태에서 수행하면 무척 위험하다. 이러한 위험 때문에 금강승은 반드시 자격을 갖춘 금강 아사리 또는 그 딴뜨라를 정통으로 계승한 스승의 인도하에 수행해야만 한다.

만일 수행자가 앞서 말한 출리심, 대비심 그리고 공성의 이해라는 세 가지 자질을 아직 갖추지 못했다면, 이 세 가지 자질이 안정적인 내적인 힘으로 일어날 때까지 현교승의 수행을 수개월에서 수년 동안 수행해야 한다. 그러나 우리는 금강승을 가능한 빨리 수행할 수 있기를 바라고 반드시 최선을 다해 이 세 가지 자질을 갖추도록 노력해야 한다. 금강승의 보조 없이 현교승만을 수행한다면, 이번 생에 깨달음을 성취할 수 없을 것이다. 그러나 현교승에서 성취한 기초적인 정신적 안정과 경험에서 비롯한 마음의 얼개 안에서 금강승을 수행한다면 몇 년 안에 깨달음, 즉 보리심을 성취할 수 있을 것이다. 한 생에 깨달음을 성취한 인도와 티베트의 위대한 수행자들의 예가 있다. 한 생 만에 깨달음을 얻으신 위대한 요기들을 담고 있는 책들도 많다. 티베트 사람들이 거듭해서 밀라레빠의 함자를 언급하는 것은 그분이 티베트에서 태어나 깨달으신 유일한 분이시기 때문이 아니다. 밀라레빠께서는 우리의 정서와 언어에 특히 더 가까운 민중의 붓다셨다. 당신께서 여러 곳을 여행하는 동안 대중들과 교류하셨던 이야기들을 우리가 즐겨 기억하고 말한다. 밀라레빠는 티베트 사람들이 사랑하고 티베트의 국가적 특징으로 높이 여기는 자연스럽게 발현하는 본연의 모습이 현현하신 분이시다.

만일 우리가 무상 요가 딴뜨라의 생기차제와 원만차제를 성취할 수 있다면, 이번 생에 이 몸을 가지고 성불할 수 있다는 것은 확실하다. 심지어 우리가 오직 생기차제의 요가만 성취했다 하더라도, 이번 생의 모든 목표를 이루고 위대한 보리심의 성취가 죽음의 순간 혹은 중음도에서도 가능하다. 생기차제에서 수행자는 본존의 '자긍심의 본존 요가'와 임종 시 중음도 그리고 환생 과정의 청명한 빛의 마음을 각각 법신, 보신 그리고 화신으로 관하는 수행으로 알려진 명상 과정과 크게 관련이 있는 '청명한 빛의 본존 요가'를 수행한다. 이는 수행자의 마음을 굉장히 정교한 원만차제의 딴뜨라 요가를 수행할 수 있도록 준비하는 것이며, 붓다의 완벽한 세 가지 몸, 즉 법신, 보신, 화신의 씨앗을 심는 것이다. 원만차제의 요가를 수행하는 것은 후에 이러한 씨앗들이 영글고 익어서 실제 붓다의 세 가지 몸으로 발현하게 할 것이다. 만일 우리가 죽음에 이르기 전까지 원만차제를 수행할 기회를 가지지 못한다면, 생기차제의 수행 중에 임종 시의 청명한 빛의 마음을 법신으로, 중음신을 보신으로 그리고 환생신을 화신으로 여기는 수행이 우리에게 위대한 깨달음을 성취하고 환생할 몸과 환경을 통제할 수 있는 세 번의 기회를 줄 것이다. 더불어 우리가 생기차제의 수행들을 완성한다면 중생들의 안락을 위해 만달라의 다양한 밀교 활동들 가운데 많은 부분을 실행할 수 있게 된다. 본존 요가의 수행은 광대하고 심오하며, 붓다께서 남기신 모든 가르침을 어우르고, 우리들이 맞닥뜨릴 모든 유형의 상황들을 망라한다.

생기차제의 수행법들은 원만차제라는 학교에 들어가기 위한 입학 허가증과 같은 것이다. 생기차제 만달라 수행법의 미세한 수준까지 계발하지 못하더라도, 원만차제를 본격적으로 수행하기 전까지 최소한 거친 생기차제의 수행들을 안정시켜 놓아야 한다. 또한 특정한 원만차제의 수행을 생기차제의 수행을 하면서 하는 전통도 있는데, 이는 원만차제의 구성 요소들을 미리 익히고 후에 원만차제 요가들을 집중적으로 수행할 때 유용할 업의 가능성을 마음의 흐름에 심어 두기 위한 것이다.

헤루까 딴뜨라, 구햐사마자 딴뜨라, 깔라짜끄라 딴뜨라, 헤바즈라 딴뜨라, 야만따까 딴뜨라 등의 무상 요가 딴뜨라는 몸의 생명 에너지들(바람)을 의지로 통제하여 중앙의 에너지 통로로 향하게 하는 몸에 기반한 딴뜨라의 모든 명상법을 가르친다. 이 에너지들은 다양한 에너지 통로가 교차하는 몸의 여러 차크라에 집중되어 있는데, 무상 요가 딴뜨라의 수행은 중심적인 에너지(바람)가 자유로운 흐름을 막는 매듭을 푸는 것이 목표이다. 여기서 수행자는 반드시 딴뜨라의 수행을 통해 우리의 몸이 근본적으로 형성하는 남성적 성격의 하얀색 정수액와 여성적 성격의 붉은색 정수액이 합쳐진 불괴^{不壞}의 근본 정수액을 통제할 수 있는 힘을 가지고, 차크라를 통해 움직이게 하여 차크라를 정화하고 자극한다. 이것을 짜-틱-룽(rtsa-thig-lung) 또는 '에너지 통로, 정수액, 생명 에너지들-바람'이라고 한다. 현상에 대한 딴뜨라의 관점을 따르자면, 몸의 생명 에너지(바람)는 마음의 탈것이다. 생명 에너지들이 청정하고 미세하면, 마음 역시 그렇게 된다. 물질적인 에너지를 바꿈으로써 의식의 상태를 전환하는 것이다.*

짜-틱-룽 수행법을 어떻게 사용해야 할까? 생명 에너지를
중앙 에너지 통로로 향하게 하고, 남성적 상징의 하얀색 정수액
과 여성적 상징의 붉은색 정수액을 각각의 거주처인 정수리와
척추의 끝**의 차크라에서 움직여, 심장에 있는 차크라에 합일
시킨다. 생성된 매우 미세한 수준의 생명 에너지(바람)를 매우
미세한 수준의 의식(청명한 빛의 마음, 정광명심淨光明心)이 일어나게
한다. 이 매우 특별한 수준의 의식이 공성의 지혜 속에서 일어나
게 한다. 이러한 매우 비상한 수준의 의식과 그 의식을 지지하
는 물질적 생명 에너지의 영역 안에서 하루를 수행하는 것이 통
상적인 수년간의 명상보다 훨씬 더 효과가 있다. 그 때문에 여러
생에 걸쳐 현교승의 수행 방법을 따라한 것을 금강승 수행자는
몇 년 안에 성취할 수 있다고 하는 것이다.

일체지를 성취하기 위해서, 우리는 반드시 붓다의 마음과 몸
을 이루는 원인들을 가져야 한다. 앞에서 육바라밀을 논하며 말

◆ 역자 주: 이에 대한 보다 자세한 설명은《달라이 라마, 죽음을 말하다》를 참조할 것.
◆◆ 역자 주: 원역자는 배꼽이라고 했으나, 붉은색 정수액의 자리는 척추의 끝자락이라고
    한다.

했듯이 현교승에서는 붓다 몸의 원인이 방편의 수행이고, 법신의 원인이 공성에 대한 명상이라고 한다. 이는 모두 세속적인 몸과 마음의 얼개 안에서 그렇게 설명한 것이다. 무상 요가 딴뜨라에서는 가장 미세한 수준의 생명 에너지(바람)를 환상의 몸으로, 청명한 빛의 마음을 가장 미세한 의식으로 생성한다. 그리고 나서 청명한 빛의 마음이 올라탄 가장 미세한 생명 에너지(바람)와 명상 중에 집중한 청명한 빛의 마음 형상이 색신^{色身}의 원인이 되거나 붓다의 몸을 현현하게 만든다. 그리고 가장 미세한 의식인 청명한 빛의 마음과 공성의 삼매가 법신의 원인이 된다. 가장 미세한 생명 에너지(바람)가 환영의 무지개 몸으로 일어나게 하고 나서 미세한 의식인 청명한 빛의 마음을 진여, 즉 공성의 인식 안으로 향하게 한다. 이것이 짜–틱–룽 수행이 목적한 가르침이다. 이번 생 동안에 딴뜨라 수행을 통해 깨달음을 성취하는 것의 요점은 근원적인 청명한 빛의 마음을 구체화하는 데 있다. 이 근본적인 청명한 빛의 마음을 기반으로 깔라짜끄라 딴뜨라 또는 대중적 딴뜨라인 헤루까 딴뜨라, 구햐사마자 딴뜨라를 수행함으로써 이번 생에 불성을 빠르게 성취할 수 있다. 우리의 통상적인 몸, 즉 색온^{色蘊}을 무지개 몸으로 전환해서 무여의열반^{無餘依涅槃}◆의 상태도 성취할 수 있다. 무지개 몸을 성취한 딴뜨라 수행자들의 일화가 많다. 그분들이 돌아가실 때, 그분들의 몸은 보통 머리카락과 손톱 등만 남긴 채 무지개로 변해서 사라진다.

◆ 역자 주: 현생의 몸을 아직 유지하면서 열반에 드는 유여의열반有餘依涅槃과 달리 현생의 몸까지도 다 한 상태의 열반을 말함. 예를 들어 석가모니 붓다께서 성불하시고 나서 열반에 들 때까지를 유여의열반, 완전한 열반에 드신 것을 무여의열반이라고 할 수 있다.

●●●

3대 달라이 라마

현교와 밀교 수행의 모든 핵심과 체계를 갖춘 수행을 원만하게 할 수 있기에 유가구족의 몸을 가지는 목적을 이루는 것이다. 이와 같은 수행 방법으로 자타 모두에게 승리자 붓다의 보배로운 가르침이 널리 퍼지게 하소서! 스승 쫑카빠대사께서도 이같이 수행하셨다. 그리고 우리들 앞에도 스승님께서 나타나 "제자들이여, 이같이 완전한 수행을 하시오."라고 직접 말씀해 주신다고 관상한다. 이같이 스승 쫑카빠대사께서도 말씀하신다.

14대 달라이 라마

스승 쫑카빠대사께서 아래에 소개할 게송의 짧은 시 형식에 요약한 람림의 교리 범위는 이러하다. 쫑카빠대사께서는 당신의 마음을 붓다의 가르침과 더 가까이하기 위해서뿐만 아니라, 람림 가르침의 가치를 제대로 알 수 있는 복 많은 이들의 이익을 위해서도 쓰신 것이다.

깨달음의 도시에 대해 말할 때, 이는 매우 가깝고 단박에 성취할 수 있을 것처럼 보인다. 그렇지만 실제로 수행해 보면 불현듯 깨달음은 성취하기 매우 어렵고, 요원한 것처럼 느껴진다. 이것이 생각과 실제의 간극이다. 이 차이를 깨닫고 물러나지 말라. 힘을 다하고 마음을 모아 총력을 다해 수행해야 한다. 인내, 주의 집중, 결단 그리고 계율을 지키는 것을 기뻐할 수 있는 능력은 안정적으로 앞으로 나아가는 데 필요한 요소들이다.

수행하며 저지르는 일반적인 실수는 빨리 수행의 결과를 보고 싶어 하는 조바심이다. 우리가 앞서 말한 미세한 차원의 미세한 생명 에너지(바람)와 청명한 빛의 마음을 일으키지 않는 한, 빨리 깨달았다는 징표를 보고 싶어 안달복달하지 않으며 수행하는 것이 훨씬 현명한 일이다. 우선 작은 성취를 이루었다는 징표부터 일으키도록 노력해야 한다. 깨달음을 멀리 있는 것으로 생각하면 수행이 안정되고 차분해질 것이다. 수행의 빠른 결과를 기대하는 것은 수행의 진보를 막는다. 반면 이러한 기대 없이 수행하는 것은 모든 성취를 가능하게 한다.

수행의 진보란 무엇인가? 우리의 수행에 진보가 있다는 것을 어떻게 알 수 있을까? 가르침은 우리의 몸과 말과 뜻의 행동들을 비추어 볼 수 있는 거울과 같은 것이다. 작년을 뒤돌아보며 그 당시의 몸, 말, 뜻으로 한 일련의 행동을 지금과 비교해 보라. 만일 우리가 수행을 잘 했다면 어느 정도 진보의 흔적이 불법의 거울에 비칠 것이다.

조바심을 내며 수행하면 올바르게 행하는 것을 기대하기 힘들다는 문제가 있다. 수행의 진보가 무엇인지 모르면서 틀린 곳에서 징표를 찾고자 한다. 실망 빼고 우리가 찾을 수 있는 것은 무엇일까? 어떤 수행을 하건 실천하기 전에 논증을 통해 철저히 검토하고, 내면에서 일어나는 변화를 관찰하면서 안정적으로 꾸준하게 수행하는 것이 공상이 실현되기를 기대하는 것보다 훨씬 낫다. 마음은 끊임없이 변화하는 유기체이지, 스위치를 눌러서 켜고 끌 수 있는 기계가 아니다. 마음을 묶고 제한하는 힘, 즉 마음을 존재의 괴로움에 던져 놓는 힘은 무상하고 덧없는 것이다. 우리가 부단히 수행을 실천하면, 이들은 엷어지고 사라질 수밖에 없다. 진리에 대한 무지와 '참나'에 대한 집착은 무시 이래로 우리들과 같이 있었다.♦ 그리고 탐욕, 혐오, 화, 질투 등은 우리 마음의 흐름 속에 아주 깊숙이 자리 잡고 있다.♦♦ 이들을 제거하는 것은 방에 불을 밝혀서 어둠을 쫓아내는 것처럼 쉬운 일이 절대 아니다. 우리가 꾸준히 안정적으로 수행할 때, 어둠의 힘이 서서히 쇠퇴할 것이고, 이러한 번뇌를 대치하고 마음을 밝힐 수 있는 수행의 자질이 강화되고 단단해질 것이다. 따라서 우리는 위빠사나와 사마타 명상을 통해 다양한 람림의 주제를 안정적으로 수행할 수 있도록 힘써야 한다.

람림에서 소개하는 수행 단계를 이해하는 다양한 방법이 있다. 티베트 람림 수행의 몇몇 전통 스승은 람림에 나오는 명상 하나하나를 개별적으로 수행자에게 가르친다. 즉 그 수행자가 이미 받은 람림의 수행 주제를 통달하기 전까지는 그보다 상위의 주제를 가르치지 않는다고 한다. 그러나 나는 이것을 개별 명

♦ 역자 주: 일체지, 보리심의 깨달음의 두 가지 장애 가운데 지혜를 가로막는 장애인 아집과 법집을 일컫는다.
♦♦ 역자 주: 두 가지 장애 가운데 번뇌의 장애를 일컫는다.

상들이 단계적으로 연결되는 수행의 체계를 완벽하게 계발하는 방법으로 생각하지 않는다. 오히려 우리는 다음 단계로 나아가기 전에 각각의 주제와 어느 정도 익숙해지는 것이 좋다고 생각한다.

예를 들어 스승과 돈독한 관계를 계발하는 명상을 누구나 접근 가능한 현교승의 체계 안에서 수행하는 것은 비밀스러운 금강승의 체계 안에서 수행하는 것과 매우 다르다. 삼매, 공성과 자아의 내적인 경험 등의 자질을 계발하기 전과 계발한 후에는 스승을 대하는 태도가 사뭇 달라질 것이다. 무상 요가 딴뜨라 안에서도, 생기차제와 원만차제의 스승에 대한 인식이 서로 다르다. 따라서 우리가 람림 수행의 첫번째 단계-구루 요가-를 완성하기 전에 두 번째 단계인 인간으로 환생한 것의 고귀함에 대한 명상으로 나아가는 것이 불가능하다는 것은 명백하다.

수행자가 할 수 있는 것은 지금 자기가 수행하고 있는 특정 주제의 중심적 요점에 대한 기본적인 명상 경험을 성취하도록 노력하는 것이다. 구루 요가를 예로 들면《황금 정련의 요체》에서 제시하는 두 가지 중심 주제를 명상하는 것이 그것이다. 우선 우리는 스승을 붓다 또는 깨달으신 분들을 대표하는 분, 즉 중생의 안락이라는 당신들의 사업을 행하기 위해 우리의 삶에 평범한 모습으로 오신 분으로 여겨야 한다는 것을 배운다. 그다음으로, 우리는 스승의 위대한 사랑과 스승과 맺는 올바른 관계를 통해 우리가 성숙시킬 수 있는 이익에 대해 생각해 보아야 한다. 선지식들이 붓다의 전령들이라는 진가를 저절로 이해하고 당신들이 우리 안에서 수행의 문을 열 수 있도록 도와주신다는 것을 제대로 인식할 때 우리는 다음 단계의 명상인 무한한 깨달음의 가능성을 가진 인간으로 환생하는 것의 소중함과 귀함, 즉 유가구족을 수행할 수 있는 충분한 기반을 갖추게 된다.

그다음으로, 한동안 이 주제를 명상의 중심 주제로 수행해서 인간의 몸이 영원한 안락을 성취할 내면의 자질을 생성할 수 있는 배로서, 수행의 탈것이라는 진정한 이해가 일어나게 한다. 윤회 안의 일반적인 마음은 인간의 몸을 물질적, 사회적, 생물학적 욕구를 만족시키기 위한 도구로 본다. 그러나 이 모든 욕구는 그저 영혼의 피상적인 수준만을 만족시킬 뿐이다. 그리고 이러한 욕구를 충족시킨 결과는 죽음의 문턱을 넘어서지 못한다. 우리는 인간의 본성이 가지고 있는 본래적인 깨달음의 가능성을 진정으로 이해하는 법을 배워야만 하며, 인간의 삶이 가지고 있는 이 긍정적이고 창조적인 면에 대해 약간의 자부심을 가져야 한다. 마치 아주 단단한 소굴을 만든 쥐가 그 안에 온갖 잡동사니를 가져다 놓는 것처럼, 만일 어떤 이가 자신의 삶에서 덧없고 순간적인 목적 이상의 것을 추구하고자 하지 않는다면, 그 사람은 수행에 들어가기 힘들 것이다. 이러한 공허하고 세속적인 삶의 자세를 가진 마음을 깨기 위해 우리는 명상을 하며 4장에서 설명했던 여덟 가지 자유(팔유가八有暇)와 열 가지 구족(십구족十具足)의 유가구족有暇具足에 대해 깊이 성찰해야 한다. 이에 대한 사유는 우리에게 일종의 긍지를 가지도록 하여 자신과 존재를 이해하는 시야를 미세하게 바꾸어 줄 것이다. 이러한 관점의 변화는 자신을 코앞에 있는 욕구만을 충족시키기 급급한 동물에 불과한 존재로 보는 것을 멈출 것이다. 그리고 인간은 동물, 곤충과는 다르게 수행을 통한 성장 가능성과 진리를 꿰뚫어 볼 수 있는 인식의 자질이 있다는 것을 진심으로 받아들이게 될 것이다. 이는 삶의 정수를 꺼내는 생각과 강렬한 기쁨이 함께 일어나게 할 것이다.

다음 명상의 주제는 6장에서 논한 죽음과 무상함에 대한 것이다. 이 주제는 무상함을 본질로 하는 삶 안에 희망과 기쁨의 기반이 있다는 것을 이해하도록 해 줄 것이다. 언제건 죽음은 우리의 생명을 앗아갈 수 있고 우리가 지혜를 닦지 않으면 죽음이 우리의 목숨을 빼앗아 갈 때 넋 놓고 앉아 당할 수밖에 없다는 것을 끊임없이 유념해야 한다. 스승 쫑카빠대사께서는《도의 세 가지 핵심(람쪼남숨)》에서 이렇게 말씀하신다.

유가구족의 몸 얻기 어려움과 삶의 무상함을 사유하고
마음에 깊이 새겨 금생에 대한 집착을 끊고,
거짓 없는 업보와 윤회의 고통들을 거듭 사유하면
내생에 대한 집착 끊을 수 있네.

이렇게 사유하고 닦음으로
윤회의 행복을 바라는 마음 한 찰나도 일어나지 않고,
밤낮으로 끊임없이 해탈을 구하는 마음 일어나면
그때 출리심이 생겨난 것이네.

이러한 윤회로부터의 자유에 대한 열망이 이제 아주 강력한 추진력이 되었다. 윤회의 바퀴를 끊임없이 돌리는 가장 원초적인 힘은 '참나'를 인식하는 무지 또는 무명이라는 것을 알 수 있다. 이 무지는 자신을 실제로는 근거가 없는 허구의 존재인 참나와 동일화시키는 본래적인 습관이다. 그리고 이 무지가 끝없는 망분별, 번뇌 그리고 몸과 말의 잘못된 행동을 야기하는 것을 이해할 수 있다. 우리는 마음과 인식의 대상이 가진 보다 심오한 본성, 즉 공성을 인식함으로써 이 개념 분별과 괴로움 그리고 무지가 불러온 혼란이 제거할 수 있는, 근거 없는 허구에 불가하다는 것도 알 수 있다. 우리 존재의 보다 깊은 본성인 공성을 이해할 때, 마음이 태생적으로 가지고 있는 허구적 실재의 인식을 멈추고, 모든 망분별을 없앨 수 있다. 이 모든 현상의 보다 심오한 본질을 이해하는 것은 사성제 가운데 세 번째 성제인 모든 괴로움이 사라진 상태인 열반적정涅槃寂靜을 성취하는 것이다.

모든 현상은 이보다 깊은 존재의 본질, 즉 공성 안에서 일어나고 공성으로 사라진다. 이것이 모든 장애와 염오로부터 자유로운 법계法界이다. 이 법계 안에서 지혜를 일으킴으로써, 마음은 세속적인 염오와 속박에서 스스로 자유로워질 수 있다. 이보다 깊은 존재의 본질에 대한 부분적인 이해도 우리의 연속적인 존재의 흐름을 오염시키는 악업과 망분별의 격류를 크게 잠재울 수 있다. 따라서 수행자는 현상의 보다 깊은 본질인 공성을 드러낼 방법을 수행에 적용하고, 이를 통해서 계율과 선정의 수행을 지지대로 삼아 지혜의 수행에 들어간다.

이 지점까지의 수행은 자신의 괴로움과 윤회로부터의 자유(열반)를 얻는 것과 같이 자기 자신을 위한 명상이었다. 수행의 초입에서는 참나를 인식하고 자신을 위하는 힘이 굉장히 강하기 때문에 마음을 개인의 자유에 관심 가지도록 하는 것이 훨씬 쉽다. 이 관심이 견고해지고 지혜의 수행이 보다 거친 수준의 무지를 잘라 낼 때, 수행을 보다 보편적인 관점을 향해 열어 놓을 수 있게 된다.《황금 정련의 요체》에서는 대비심과 보리심을 8장에서 설명한 '일곱 가지 인과의 요의법'을 통해 일으킨다. 또 다른 방법은 '자기와 타인의 입장을 바꿔 보는 수행법'이다. 이는 샨띠데바께서《입보살행론》에서 가르치시는 것이며, 이보다 훨씬 오래 전에 나가르주나께서《보행왕정론》에서 가르치신 것이다. 나는 이 두 논서 가운데《입보리행론》은《보행왕정론》의 핵심적인 가르침에 전반적인 주석을 달고 있는 것 같다고 생각한다. 이 두 논서를 공부하는 것이 우리로 하여금 다른 중생들의 행복을 위하여 깨달음을 성취하겠다는 대승의 대비심을 고무시키는 데 아주 큰 도움을 준다.

'일곱 가지 인과의 요의법'과 '자신과 남이 처한 상황을 바꾸어 생각하는 명상'을 지속적으로 적용하는 것은 다른 중생들의 괴로움으로부터의 자유와 행복에 대한 우리의 걱정이 매우 강력하며, 마침내 그 걱정이 보리심을 성취하겠다는 원보리심願菩提心으로 변하게 된다. 이를 기반으로 육바라밀의 수행 등과 같은 실질적인 보리심의 수행인 행보리심^{行菩提心}에 들어간다. 그러나 여기서 제 린뽀체 쫑카빠대사와 3대 달라이 라마께서 가르치는 수행의 순서에 따라, 수행자는 사마타와 위빠사나의 합일(지관 쌍수^{止觀雙修})을 딴뜨라 수행에 입문하는 예비 수행으로 닦는다. 오늘날 대부분의 수행자는 이 순서를 따르지 않고 육바라밀 등의 수행, 즉 행보리심의 수행을 닦은 다음 곧바로 무상 요가 딴뜨라 수행에 들어가 금강승의 생기차제 방법을 따라 사마타와 위빠사나를 함께 닦는다. 이는 빨리 깨달음을 성취하는 보다 효과적인 방법이다. 이렇게 하면 수행자는 최소한 거친 단계의 생기차제 요가를 완성하고 환영신(가장 미세한 생명 에너지 또는 바람), 청명한 빛의 마음 그리고 위대한 합일의 단계를 일으키기 위해 강력한 원만차제의 수행에 들어간다. 이에 따라 그는 짧은 인간의 한 생 동안에 완벽한 깨달음을 실현한다.

3대 달라이 라마

자신의 보리도차제 수행과

복 있는 다른 이들을 이롭게 하기 위해,

붓다께서 기뻐하시는 원만구족한 이 가르침을

알기 쉬운 말로 설한 이 인연 공덕으로

모든 중생이 이 청정한 가르침과

단 한순간도 떨어지지 않게 하소서.

수행자 나 또한 이같이 회향하였으니

해탈을 구하는 그대도 그렇게 회향해야 하리라.

이와 같이 요의법을 주셨다고 관상하면서

저는 이 순간부터 태어나는 모든 생마다

쫑카빠대사님의 연꽃 발에 공손히 절하고

스승의 가르침을 들어 몸과 말과 뜻으로

오직 당신이 기뻐하는 행만 하게 가피하소서.

라고 하는 등과

세세생생 승리자이신 쫑카빠대사님을

대승의 스승으로 삼아

붓다께서 찬탄하신 최상의 도와

단 한순간도 떨어지지 않게 하소서.

라고 가슴 깊은 곳에서 우러난 회향을 간절하게 해야 한다.

붓다이신 아띠샤 스승님과
쫑카빠 스승님의 가르침의 핵심인
《보리도차제》의 요지를 모두 모아
틀리지 않게 설한 이 공덕으로
모든 중생이 붓다께서 기뻐하시는 길로
나아가게 하소서.

삼사도의 차제로 이끄는 감로《보리도차제(람림)》를 정제한 황금의 가르침인《황금 정련의 요체(람림 셀슌마)》는 쫑카빠 대사의《보리도차제약론》을 토대로 쉽고 편하게 이해할 수 있게 주석한 것이다. 불법을 밝힌 큰 스승이며《보리도차제》의 수행 방식에 큰 환희심을 가지고 수행 정진하신 꾼켄 첸뽀 셰랍 뻴상의 큰 사원에 계신 큰 스승 도최 최제의 간청으로, 불법을 전하는 석가족의 비구 쏘남 갸초가 뻴덴 데뿡 사원의 처소인 간덴 포당 (도솔천궁 일광전)에서 저술했다. 그는 아주 어렸을 때부터 쫑카빠 스승님께서 가피하신 좋은 징조를 보았던 이다. 이 공덕으로 불법의 정수가 시방삼세 모두에 널리 퍼질 수 있게 하소서. 싸르 와 망갈람.

14대 달라이 라마

만일 우리가 이 모든 명상 수행에 올바르게 들어간다면, 즉 스승 을 향한 올바른 자세를 계발하는 것부터 완전한 깨달음을 일으 키는 원만차제의 딴뜨라 수행까지 수행한다면, 우리가 수행의 길을 따라 앞으로 나아갈 수 있으리라는 데에는 한 치의 의심도 없다. 스승을 향한 올바른 자세를 기르는 것, 계율의 기반을 세 우는 것과 같은 기초적인 명상에서 실수하는 것은 후에 모든 상 위 수행에도 똑같은 실수를 일으킬 것이다. 따라서 수행자는 반 드시 주의 깊게, 꾸준히 자신의 생각과 행동의 흐름을 관찰하 고, 이를 다시 가르침에 따라 살펴보아야 한다. 붓다께서는 "자 기 자신의 자유를 위해 수행하라."고 말씀하셨다. 우리는 반드 시 수행의 진보에 대한 일종의 책임감을 느끼며 명료하고 겸손 하게 수행해야 한다. 그러고 나면 깨달음의 길이 우리의 손바닥에 있는 것과 같을 것이다.

5대 달라이 라마께서는 이렇게 말씀하신다. "깨달음은 어렵지 않다. 장인이 점토를 빚어 완벽한 붓다의 상을 어렵지 않게 만드는 것처럼, 우리가 수행에 숙련되기만 하면 윤회 속의 우리의 몸, 말, 뜻이라는 점토를 완전한 일체지를 성취한 최상의 몸으로 쉽게 바꿀 수 있다."

「람림 예비 수행 기도문」

람림 수행의 예비 의식

이것은 3대 달라이 라마의 《황금 정련의 요체》의 시작 부분에서 구루 요가를 설명하는 기도문이다. 1976년 제14대 달라이 라마께서 자세하게 설법하셨지만, 이 책에 포함하지 않았다. 설법이 서약을 맺은 수행자만을 위한 것이었기 때문이다. 그러나 3대 달라이 라마의 기도문을 이 책에 포함하는 것은 유용하다고 생각한다. 이 기도문이 《황금 정련의 요체》의 계승 전통을 보여 주며 명상의 기반을 일으킬 마음 자세를 설명하기 때문이다. 티베트에는 이러한 성향의 기도문이 많다는 것을 독자들이 알았으면 좋겠다. 이 가운데 몇몇은 초심자들을 위한 것이며, 다른 몇몇은 상위 수행자들을 위한 것이다. 종종 이 기도문과 같은 문헌들은 수행자의 수행에 따라 확장되기도 하고 시간의 제약으로 요약되

기도 한다. 따라서 이 부분을 생략하거나 더하거나, 다른 문헌에
서 빌려 온 비슷한 내용으로 대치하는 것이 특별한 일은 아니다.◆

람림 예비 수행 기도문

먼저 마음이 편안한 좋은 장소를 마련하여 불상, 불탑과 불경을
모시고 거짓 없는 공양을 여법하게 올리며, 편안한 자리에 가부
좌하고 앉는다. 진심을 다해 삼보三寶를 믿어 완전히 맡김으로써
마음에서 우러나는 귀의심을 여러 차례 일으킨다.

> **나모 구루브햐흐, 스승님께 귀의합니다.**
> **나모 붓다야, 붓다께 귀의합니다.**
> **나모 달마야, 불법에 귀의합니다.**
> **나모 상가야, 승가에 귀의합니다.**

◆ 역자 주: 원역자인 글렌 멀린이 기도문의 요약과 확장을 말하는 것은 〈람림 예비 기도
  문〉의 대부분이 '등등'으로 생략되어 있는데, 이를 원역자가 확장해 실었기 때문이다.

그리고 다음과 같이 사무량심四無量心을 수행한다.

모든 중생이 행복과 행복의 원인을 가질 수 있기를 기원합니다.

모든 중생이 괴로움과 괴로움의 원인에서

떨어질 수 있기를 기원합니다.

모든 중생이 괴로움을 초월한 행복에서

떨어지지 않을 수 있기를 기원합니다.

모든 중생이 가까운 이에 대한 애착과 먼 이에 대한 증오를 버리고

평등심에 머물 수 있기를 기원합니다.

1. 귀의심과 보리심 일으키기

이제, 대승의 귀경게를 읊는다.

거룩한 불법승 삼보에

완전한 깨달음을 얻을 때까지 귀의합니다.

제가 보시 등을 행한 공덕으로

일체중생 위해 성불하게 하소서.

2. 불보살님 등 모시고 복전 관상하기 ─────────

이와 같이 보리심을 일으킨다.

'옴 스와브하바 슛다 사르와 달마 스와브하바 슛도 항'

마음으로 모든 법이 자성으로 공한 공성으로 변한다고 관상
한다.

이 공한 가운데 앞의 허공에 커다란 사자 여덟 마리가 받치고 있는

보석으로 된 광대하고 드넓은 좌대 위,

각양각색의 연꽃과 달의 방석 위에

저에게 이 보리도차제를 가르쳐주신 스승과

둘이 아닌 부처님 계시나이다.

그 부처님은 광대한 법맥의 스승들과

심오한 법맥의 스승들로 둘러싸여 계시고,

이를 시방의 부처님과 보살, 성문, 연각, 다카, 다키니,

호법신들이 둘러싸고 있다네.

이렇게 관상한 뒤, 이와 같이 모든 불보살님과 권속들을 모셔서 내 앞 허공에 모두 다 계신다고 관상한 뒤, 다음 게송을 천천히 독송한다.

3. 모든 불보살님과 권속들 모시기

법신은 청정한 법계에서 움직이지 않으시지만,

무량한 자비로 시방에서 중생을 보시고,

모든 붓다의 행을 행하신

삼세의 스승님과 권속들 모두 강림하소서.

모든 중생의 보호주이시며,

모든 마군 물리치신 본존,

모든 법을 바르게 보신

붓다와 권속들 강림하소서.

이처럼 관상과 기도문으로 모든 불보살님과 권속을 모신다.

4. 관욕실 준비하기

미묘한 향기 가득한 관욕실은

수정으로 된 바닥이 밝게 빛나며

보석이 반짝이는 기둥은 아름답고

진주의 영롱한 빛이 화개를 수놓은 그곳에서

5. 관욕 공양 올리기

붓다께서 태어나신 후

신들이 나타나 당신을 물로 씻기었듯이,

이 불보살님과 권속들에게

이 관욕수를 올립니다.

옴 아 사르바따타가따아비세카사마야슈리예 훔

oṁ āḥ sarvatathāgatābhiṣekasamayaśriye hūṁ

무량한 복덕에서 태어난 몸에

무한한 중생의 바람을 채워 주는 말씀에

삶을 여여하게 보시는 마음에

지금강불持金剛佛께 이 관욕수를 올립니다.

옴 아 사르바따타가따아비세카사마야슈리예 훔

oṁ āḥ sarvatathāgatābhiṣekasamayaśriye hūṁ

보리심의 광대한 행의 전통과

심오한 공성의 전통과,

축복받은 딴뜨라 수행의 전통과

이 세 전통의 스승들께 이 관욕수를 올립니다.

옴 아 사르바따타가따아비세카사마야슈리예 훔

oṁ āḥ sarvatathāgatābhiṣekasamayaśriye hūṁ

불교의 전통을 일으키신 붓다께

마음을 보호하는 다르마에

수행을 도와주는 상가에

수호자인 삼보에 이 관욕수를 올립니다.

옴 아 사르바따타가따아비세카사마야슈리예 훔

oṁ āḥ sarvatathāgatābhiṣekasamayaśriye hūṁ

부처님과 보살님들께

많은 보병에 향기롭고 기분 좋은 향수를 가득 채워

갖가지 노래와 음악과 함께

목욕시켜 드리옵니다.

6. 관욕 후 몸 닦아 드리기

그분들의 몸을 비할 데 없는

깨끗하고 향기로운 천으로 닦아 드리옵니다.

옴 훔 뜨람 흐릭 아 까야 비쇼타나에 스바하

oṃ hūṃ trāṃ hrīḥ āḥ kāya viśodhanaye svāhā

7. 법의 올리기

그리고 아름다운 색으로 물들이고

그윽한 향내 나는 청정한 옷을 올리옵니다.

8. 장신구 올리기

얇고 부드러운 다양한 좋은 옷과

최상의 갖가지 장신구를

거룩한 보현보살, 문수보살, 관세음보살과

모든 보살님께 올리옵니다.

9. 공양 올리고 복전에 모시기 ───────────

대자비의 마음으로 저와 일체중생 위해

제가 공양 다 올릴 때까지

붓다께서는 신통력으로

공양의 대상으로 머물러 주시옵소서.

관욕실을 준비해 목욕시켜 닦아 드리고, 법의를 올리며 장신구로 장엄해 드린다. 붓다와 보살님들께 등으로 공양 올린다. "대자비의 마음으로 저와 일체중생 위해…" 등을 《입보살행론》에 나오는 것처럼 해야 한다. 그리고 복덕을 쌓고 업장을 정화하는 핵심을 요약한 일곱 가지 수행을 절하기부터 순서대로 행한다.

10. 복전에 계신 모든 불보살님께 절 올리기 ────────

모든 부처님을 하나로 합친 분,

금강을 지니신 지금강불持金剛佛 그 자체이며,

불법승 삼보의 근원이신

거룩한 스승님께 예배하옵니다.

대자비의 선서이신 지금강불,

법을 통달하신 띨로빠와 나로빠,

최고의 성자 돔비빠와 아띠샤 등

수행의 가피를 전해 주신 스승님들께 예배하옵니다.

마이뜨리야와 아상가, 세친, 위묵띠세나,

빠라마세나, 위니따세나, 사자현, 꾸쌀리,

라뜨나세나, 쎌링빠 등 광대한 법맥의

스승님들께 예배하옵니다.

유무의 양극단을 무너뜨린 문수보살과

용수와 월칭, 나이 든 릭뻬쿠죽, 붓다빨리따와

다른 빼어난 스승님들, 부처님의 뜻을 밝히신

심오한 견해의 스승님들께 예배하옵니다.

부처님 앞에 가장 훌륭한 보살이신

설산의 나라에 뺄덴 말메제(성스러운 등불을 밝히신 분),

도솔천의 청정한 하늘이라 불리며

여의주와 같은 이타행을 하신 성스러운

아띠샤 스승님께 예배하옵니다.

모든 수행자의 선지식이며 구세주이고

부처님의 아들과 같은 보살이자

자타의 뜻 이루게 하는 보배와 같은 근원이신

돔뙨빠 스승님께 예배하옵니다.

한량없는 자비의 대원천이신 관세음보살

허물없는 지혜의 왕이신 문수보살

모든 마군 물리치신 금강수보살

눈의 나라 장엄하신 최상의 지자

쫑카빠 롭상 닥빠의 두 발에 예배하옵니다.

저에게 바른 논리와

현·밀경과 논서의 요의법을 가르쳐 주고

계율, 관정, 가피를 주신

직간접의 스승님들께 예배하옵니다.

위없는 설법자이신 보배로운 부처님

최상으로 구제해 주는 보배로운 가르침

최고로 이끌어 주시는 보배로운 승가

귀의처인 삼보에 예배하옵니다.

뛰어난 방편과 대자비로 석가족에 태어나

누구도 제어할 수 없는 마군을 물리치신 자

황금 수미산과 같은 몸으로 장엄하신

석가족의 왕 붓다께 예배하옵니다.

11. 보현행 칠지공양 중 절과 공양 올리기 ──────────

시방 일체 모든 세계,

삼세에 오신 모든 인간의 사자

제가 빠짐없이 저분들 모두께

몸과 말과 뜻과 신심으로 절하옵니다.

보현행을 믿는 마음의 힘으로

승리자 모두를 마음으로 관상하고

티끌 수만큼의 몸으로 공경하여

모든 승리자께 간절히 절하옵니다.

한 티끌 위 모든 티끌 수만큼의

불보살 가운데 계시는 분들

그같이 제법의 공성 빠짐없이

모든 승리자들 가득하게 관상하옵니다.

저분들 찬탄 다함이 없는 바다들,

바다와 같은 음률, 소리 모두로

승리자의 모든 공덕 높이 말하고

모든 선서를 제가 찬탄하옵니다.

청정한 꽃, 청정한 염주와 악기와

맑은 향, 최상의 일산과 밝은 등과 사르는 향,

청정한 것으로

승리자 그분들께 공양 올리옵니다.

청정한 옷들과 최상의 향기,

수미산만큼의 가루향 주머니

특별한 최고의 모양 모두로

승리자 그분들께 공양 올리옵니다.

위없고 한량없는 모든 공양을

승리자 모두 마음으로 떠올려

보현행을 믿는 마음의 힘으로

모든 승리자께 절하며 공양 올리옵니다.

12. 만달라 공양 올리기

모두 함께 불국토를 공양 올립니다.

옴 벤자 부미아 훔.

강력한 황금의 땅이 여기에 있습니다.

옴 벤자 레케아 훔.

철위산의 울타리가 모든 환경을 둘러싸고 있고,

그 한가운데 산들의 왕인 수미산이 있습니다.

수미산 동쪽에는 동승신주, 남쪽에는 남섬부주,

서쪽에는 서우화주, 북쪽에는 북구로주가 있습니다.

동쪽에는 부속주로 신주와 승주가 있고,

남쪽에는 불주와 별불주가,

서쪽에는 소행주와 승도행주가,

북쪽에는 성불미주와 성불미월주가 있습니다.

동쪽에는 보배의 산, 남쪽에는 여의수, 서쪽에는 여의우,

북쪽에는 농사짓지 않아도 나는 옥수수가 있습니다.

전륜성왕의 일곱 보배인 법륜 보배, 여의주 보배,

왕비 보배, 신하 보배, 코끼리 보배, 최상의 말 보배,

장군 보배와 보배가 가득한 보병이 여기에 있습니다.

아름다운 여신, 화환을 든 여신, 노래하는 여신, 춤추는 여신,

꽃을 든 여신, 향을 든 여신, 등을 든 여신,

향수를 든 여신이 공양하고

태양, 달, 보배, 일산으로 장엄하고

모든 방향에 승리의 깃발이 서 있습니다.

그 한가운데 신과 사람의 부[※]가 완전하여 없는 것이 없으니

청정하고 아름다운 이 공양들을

은혜로운 직간접의 모든 영광스럽고 바른 스승들과

비길 데 없는 석가족의 왕과 왕 주위의 여러 권속들께

불국토로 관상하여 올립니다.

자비로써 중생을 위해

제가 올리는 이 공양을 받으시고,

저희와 부모였던 일체중생에게

큰 자비의 마음으로 가피하소서.

온 대지에 향 바르고, 꽃 가득히 올리고,

수미산과 사대주, 태양과 달로 장엄한 이곳을

불국토로 관상하여 공양 올린 공덕으로

일체중생 성스러운 국토에 들어가게 하소서.

저와 남의 몸, 말, 뜻, 재물과 삼세에 쌓은 선업들,

보배로운 만달라와 널리 길상한 공양을

마음으로 받아 스승님과 이담들과 삼보님께 공양하오니

자비로써 받으시고 저에게 가피하소서.

이담 구루 라뜨나 만달라깜 니르야 따야미

13. 공양의 요지

이외에도 다른 공양물들 올리오니

즐거운 음악과 감미로운 음성으로

중생의 고통을 소멸시키는

구름 모양 공양들 곳곳에 머물게 하소서.

14. 일체 악업 참회하기

오호라! 위없는 스승이신 지금강불 등 시방에 계시는 모든 불보살님

과 청정한 승가이시여, 저를 보아 주소서.

저 _____(이름)라고 부르는 이가

시작 없는 전생부터 지금까지

번뇌인 탐욕·분노·무지의 힘으로

몸, 말, 뜻으로 지은 불선의 죄 열 가지, 무간죄 다섯 가지,

이것과 가까운 죄 다섯 가지를 지은 것과

별해탈계를 어긴 것, 보살의 학처를 어긴 것,

밀교의 맹세를 어긴 것, 부모를 공경치 않은 것,

전승사와 아사리를 공경하지 않은 것,

해탈을 추구하는 도반들을 공경치 않은 것과

삼보에게 해 끼친 업, 불법을 버린 업,

승가를 비난한 업, 중생에게 해 끼친 업 등

제가 짓거나, 짓게 했거나,

남이 짓는 것을 뒤따라 기뻐한 것 등

삼선도와 해탈에 장애가 되고,

윤회와 삼악도의 원인이 되는 죄와 불선 모두

위없는 스승이신 지금강불 등

시방에 계신 모든 불보살과 청정한 승가의 눈앞에 드러내나이다.

이미 지은 죄업 감추지 않겠습니다. 깊이 참회합니다.

다시는 짓지 않겠습니다.

드러내고 참회하지 않으면 고통이 따를 것이니

드러내고 참회하여 저 행복에 머물겠나이다. (세 번)

15. 보현행 칠지공양 중 참회부터 회향까지 하기 ─────────

탐욕·분노·무지의 힘으로

또 몸과 말과 마음으로

제가 지은 죄업 모두

낱낱이 참회하옵니다.

시방 일체 부처님과 보살,

연각들과 유학·무학의 성문,

평범한 이들의 공덕을 모두

제가 수희 찬탄하옵니다.

시방 일체 세계 등불들,

완전한 정각 이루고 일체를 아시는 분

모든 구제주 저분들께

제가 위없는 법륜 굴리시길 청하옵니다.

열반을 보여 주신 그분들께

일체중생의 이익과 안락을 위해

항하사겁 동안 머무시기를

제가 두 손 모아 간절히 청하옵니다.

절하고, 공양 올리고,

참회하고, 수희하고, 권하고, 청한

제가 지은 작은 공덕들 모두

제가 보리를 얻기 위해 회향하옵니다.

그리고 다음의 《람림의 스승들의 법맥(람림 라규)》을 음률과 함께 간절한 마음으로 독송한다.

16. 〈보리도차제〉 스승의 법맥 - 대승의 문을 여는 기원문 ─────

거룩하고 보배로운 근본 스승이시여,

제 정수리 위 연꽃과 달의 좌에 앉으시어

큰 은혜로 저를 지켜

몸과 말과 뜻의 성취를 내려 주소서.

● 광대한 행의 스승들을 청함

비할 바 없는 설법자 붓다와

바르게 승리자 대신하시는 거룩한 미륵보살,

승리자께서 수기하신 성스러운 아상가,

불보살이신 세 분께 간절히 청하옵니다.

세간의 지자 가운데 최고 장엄이신 바수반두,

중도를 깨달으신 성스러운 위묵띠세나,

자량도에 계시는 위묵띠세나고민,

세간의 눈 뜨게 하신 세 분께 간절히 청하옵니다.

위대하고 신비로우신 빠라마세나,

깊은 도로 자신을 다스리신 위니따세나,

광대한 행의 원천이신 바이로차나,

중생의 벗 되어주신 세 분께 간절히 청하옵니다.

최상의 길인 반야경 널리 설하신 하리바드라,

승리자의 모든 요의법 지니신 꾸쌀리,

중생을 자비로 거두신 라뜨나세나,

중생의 선장船長이신 세 분께 간절히 청하옵니다.

보리심으로 마음 익히신 셸링빠,

큰 수레의 전승 지니신 디빵까라(아띠샤),

바른 길 보여 주신 스승 돔뙨빠,

불법의 중심이신 세 분께 간절히 청하옵니다.

● 심오한 견해의 스승들을 청함

비할 바 없는 설법자이며 최고로 이끄시는 석가모니,

승리자의 모든 지혜 모으신 문수보살,

심오한 뜻 깨달으신 최고의 성자 나가르주나,

설법자 중 최고의 장엄이신 세 분께 간절히 청하옵니다.

나가르주나의 뜻 밝히신 짠드라끼르띠,

그분의 수제자이신 나이 든 위드야꼬낄라,

보살이신 젊은 위드야꼬낄라,

최고의 지자 세 분께 간절히 청하옵니다.

심오한 연기법 이치대로 깨닫고

큰 수레의 전승 지니신 디빵까라(아띠샤),

바른 길 보여 주신 스승 돔뙨빠,

세간의 장엄이신 두 분께 간절히 청하옵니다.

● 까담 람림빠의 스승들을 청함

최고의 수행자이신 스승 괸빠와,

깊고 흔들리지 않는 선정에 계신 스승 네우술와,

모든 율장 지니신 스승 탁마빠,

변두리인 티베트의 등불이신 세 분께 간절히 청하옵니다.

간절히 수행 정진하신 스승 남카쎙게,

성자께 가피 받으신 스승 남카걜뽀,

세속팔법을 멸하신 스승 쎙게상뽀,

스승 걜째상뽀의 발아래 간절히 청하옵니다.

보리심으로 중생을 자식처럼 여기시고,

본존께서 아끼시어 가피의 힘 받으시며,

말세의 중생 이끄신 최고의 선지식

남카걜챈의 발아래 간절히 청하옵니다.

● 까담 슝빠와 법맥의 스승들을 청함

승리자의 대리인 선지식 뽀또와,

비할 바 없는 지혜 갖추신 스승 쌰라와,

보리심에 뛰어나신 스승 채카와,

중생의 희구 채워 주시는 세 분께 간절히 청하옵니다.

교법과 증법 지닌 보살인 스승 쩰부와,

허물 없는 최상의 지자 스승 룽기왕축,

삼세 중생의 구제주 스승 곤뽀 린뽀체,

위대한 장로 세 분께 간절히 청하옵니다.

청정한 지계의 향내 나는 스승 상첸빠,

모든 율장 통달하신 스승 초나와,

아비달마의 바다 건너가신 스승 뙨다빠,

중생을 이끄시는 세 분께 간절히 청하옵니다.

심오하고 광대한 법 통달하였기에

모든 행운아들의 귀의처가 되시며,

뛰어난 행으로 불법을 널리 펼치신

거룩한 스승 최꺕상뽀의 발아래 간절히 청하옵니다.

● 까담 멩악빠의 스승들을 청함

최고의 대도인 스승 출팀왈,

선지식을 바르게 의지하신 스승 쉰누외,

대승의 길로 자신을 다스리신 스승 곌곰빠,

승리자의 아들이신 세 분께 간절히 청하옵니다.

신비로운 공덕의 보장 지니신 스승 쌍계왼,

성자로부터 가피의 힘 받으신 스승 남카걜뽀,

세속팔풍을 멸하신 스승 쌩계상뽀,

스승 걜쩨상뽀의 발아래 간절히 청하옵니다.

보리심으로 중생을 자식처럼 여기시고,

본존께서 아끼시어 가피의 힘 받으시며,

말세의 중생 이끄신 최고의 선지식

남카걜챈의 발아래 간절히 청하옵니다.

오, 싣디들의 왕 잠뻴갸초이시여,

오, 수행자들과 학자들의 아들 케둡제 겔렉뺄이시여,

비전 전통의 광산 바소 제둥이시여,

견줄 이 없는 세 분의 스승께 간절히 청하옵니다.

오, 위대한 대합일을 성취하신 최끼도제시여,

오, 붓다의 세 몸을 성취하신 걜와 웬사와시여,

경전과 지혜의 왕 상게 예쉐시여,

이 성스러운 수행자인 세 분의 스승께 간절히 청하옵니다.

● 까담 살마(겔룩) 법맥의 스승들을 청함

한량없는 자비의 대원천이신 관세음보살,

허물 없는 지혜의 왕이신 문수보살,

눈의 나라 장엄하신 최상의 지자 쫑카빠 롭상 닥빠의

발아래 간절히 청하옵니다.

지자이며 대도인이신 스승 쎄랍쌩게,

일체 지자이신 스승 계뒌둡빠,

삼신의 경지 얻으신 스승 놀부 상뽀,

거룩하신 스승 세 분께 간절히 청하옵니다.

사라와스티의 가피 받으신 스승 계뒌갸초,

해와 같이 설하시는 스승 곌렉뻴상,

─

◆   역자 주: ***로 표시한 부분은 원문에 수록되지 않았지만, 게시 소남 걀첸 스님의《람림
        율사의 법맥(람림라규)》에는 수록되어 있고, 수행 기도문으로 합당하기에 추가하였다.

지자이며 대도인이신 하쭌의 스승 쐬남뺄상,

바른 선지식 세 분께 간절히 청하옵니다.

관세음보살이신 쇠남갸초,

깊은 요의법에 뛰어나신 스승 최뺄상쁘,

지금강불이신 콘뙨의 스승 뺄죠르 훤둡,

지자이며 대도인이신 세 분께 간절히 청하옵니다.

최고의 승리자 스승 악왕 롭상갸초,

은혜로운 대스승 롭상최닥,

모든 법 아시는 스승 롭상걜챈,

잠양 셰뻬도제께 간절히 청하옵니다.

선지식 잠양 데왜 도제,

크나큰 은혜를 내리신 큰 스승 아왕 촉댄,

최고로 이끄시는 최상의 승리자 걜상갸초,

은혜로운 바른 세 분께 간절히 청하옵니다.

거룩하신 큰 스승 롱될 아왕 롭상,

빵룽의 환생자 아왕 넨닥,

경전과 논리에 능통한 스승 아왕 최진,

지혜의 바다이신 분들께 간절히 청하옵니다.

승리자의 대리인인 달마린첸,

중생의 등불이신 싸꺄갤첸,

거룩한 스승 된요캐둡,

불법을 밝히신 세 분께 간절히 청하옵니다.

최고의 설법자 스승 최끼갤첸,

대보살이신 스승 남카갤첸,

거룩하신 스승 롭상 최끼갤첸,

은혜로운 스승 세 분께 간절히 청하옵니다.

최고의 도인이신 스승 쬔뒤갤첸,

중생의 선장이신 담촉갤첸,

귀에서 귀로 전해지는 전승의 보장 지니신 스승 겔렉갸초,

은혜로운 스승 세 분께 간절히 청하옵니다.

바른 길을 밝히신 스승 아왕 잠빠,

관세음보살이신 스승 뺄덴예쎄,

큰 스승이신 예쎄걜챈 등

해탈의 길을 밝히신 세 분께 간절히 청하옵니다.

불법의 보장^{寶藏}을 지니신 자비로운 스승 롭상땐진,

그분의 수제자 아왕 최진,

최고의 지자이신 예쎄갸초,

해탈의 길을 이끄신 세 분께 간절히 청하옵니다.

보장과 같은 쫑카빠 대스승의 가르침을 지니신

비할 바 없는 불법의 최고의 스승

롭상 출팀 잠빠 갸초(파봉카 린뽀체)께

신구의 삼문으로 존경하여 간절히 청하옵니다.

문수의 지혜로 최고 능인의 가르침을

여름날 바다처럼 널리 하기 위해

두려움 없는 삼계의 주인이며 모든 면에서 익혀

완전히 승리하신 띠쟝 린뽀체께 간절히 청하옵니다.

능인의 가르침에 두 번째 최고인 능인처럼

교법과 증법의 가르침 지님에 비할 바 없고

행으로 삼계에서 완전히 익혀 주인 되신

거룩한 스승 링 린뽀체께 간절히 청하옵니다.

문수보살께 교설의 힘을 얻으시어

지혜의 감로가 당신 마음의 보병에 가득하고

불법을 널리 지님에 유희의 바다 장엄하신

관자재이신 달라이 라마 존자께 간절히 청하옵니다.

***

● 모든 선지식들에게 청함

광대무변한 가르침을 보는 눈이시며,

복 있는 이가 해탈로 나아가는 최상의 관문,

대자비와 뛰어난 방편으로

밝고 바르게 가르치신 선지식들께 예경하옵니다.

***

태어나는 모든 생마다 바른 스승과 헤어지지 않고

수승한 불법을 실천하여

십지와 오도의 공덕 다 이루어

지금강불의 경지를 속히 얻게 하소서.

***

그러고 나서, 수행의 단계를 빨리 깨닫기를 겔룩빠의 스승님들
께 청하는 스승 쫑카빠대사의 《공덕의 근원》을 독송한다.

《공덕의 근원》◆ ─────────────────────

모든 공덕의 바탕인 은혜로운 스승을

이치에 맞게 의지함은

도의 뿌리임을 바르게 알고서,

───

◆　역자 주: 티베트어 yon tan gzhir gyur ma.

많은 정진과 큰 공경으로 의지하게 가피하소서.

한 번 얻은 유가^{有暇}의 이 좋은 몸

매우 얻기 힘든 큰 뜻 알고서,

밤낮 모두 핵심 구하는 마음

끊임없이 일어나게 가피하소서.

몸, 목숨 흔들리는 물거품같이

금방 소멸되기에 죽음을 기억하고,

죽은 뒤 몸과 그림자처럼 흑백, 인과 뒤따르는 것 확고히 알아

불선^{不善}들 작고 작은 것들도 소멸시키고,

선^善들 모두 행하기 위해

항상 근면 갖추게 가피하소서.

채워도 만족되지 않으며

모든 고통의 문이자 믿고 맡길 수 없는 윤회의 허물 알고서,

해탈의 행복 추구함이 크게 일어나게 가피하소서.

해탈을 구하는 청정한 마음이 이끄는

매우 신중한 기억과 알아차림으로

불법의 뿌리 별해탈계를 수행의 핵심으로 삼게 가피하소서.

나 자신 윤회 바다에 떨어진 것처럼

어머니였던 모든 중생도 같음을 알아,

중생 제도의 짐 지는 최상 보리심 익어지게 가피하소서.

보리심 일으켰어도 삼종계三種戒에 익숙치 않으면

보리 성취하지 못함을 바르게 알고서,

보살계를 힘찬 정진으로 실천하게 가피하소서.

뒤집힌 현상에 대한 산란함 멸하고

바른 뜻 이치에 맞게 살펴,

사마타(지止)와 위빠사나(관觀) 함께하는 도道

속히 마음속에 일어나게 가피하소서.

공통도 닦아 근기가 되었다면

모든 승의 최상인 금강승,

선연 갖춘 이가 들어가는 청정한 관문에

어려움 없이 속히 들어가게 가피하소서.

그때 두 가지 성취 이루는 바탕인

청정한 서언과 계 지키는 것에

꾸밈없는 확신 얻고서 목숨 다해 지키게 가피하소서.

그 뒤 밀법의 두 가지 요체 제대로 알고서

하루 네 번 바른 수행에 방일치 않고 정진하여

바른 분의 말씀처럼 행하게 가피하소서.

이러한 참된 길 보여 주신 선지식과

이치대로 행하는 벗들 오래 머물고,

안과 밖 장애의 더미 완전히 소멸되게 가피하소서.

태어나는 모든 생마다 바른 스승과 헤어지지 않고

수승한 불법을 실천하여 십지와 오도의 공덕 다 이루어,

지금강불의 경지 속히 얻게 하소서.

이제 다음과 같이 공양의 대상인 불보살님과 권속들에게 청을

올려, 원래 머무시던 곳으로 잘 돌아가시는 모습을 관상해야 한다.

17. 복전에 모신 스승님들 환송하기 ─────────────

복전에 계신 불보살님과 권속들까지 모두 원래 머무시던 곳으로 잘
가시옵소서.

하루 네 차례 또는 여섯 차례 관상하며 수행을 한다면 불보살
님과 권속들이 원래 머무시던 곳으로 돌아가시기를 청하는 것
은 마지막 한 번만 하면 된다.

이상이 스승을 의지하는 수행 방법의 예비 단계이다.

부록 2
3대 달라이 라마의 전기

체촉링 용진 예셰 겔첸의 《람림 율사들의 전기^{lam rim bla brgyud}》에서 요약함.

> **자비의 백련을 지니신**
> **위대한 스승 소남 갸초 존자께 귀의합니다.**

전지하신 소남 갸초께서는 물-토끼 해(1543) 봄의 첫 번째 달(치) 25일, 또옹 계곡의 캉살 마을에서 경이로운 전조들 가운데 태어나셨다. 존자께서는 마치 흰색의 영광스러운 수정 구슬을 광휘로 감싼 것처럼 양수 주머니에 들어 있는 채로 태어났다. 양수 주머니가 아침 해를 맞은 백련이 꽃잎처럼 열렸을 때 수정처럼 흠 없고 깨끗하며, 눈에 잘 띄는 무수한 상^相과 눈에 잘 띄지 않는 종호^{種好}로 장엄한 작은 아이가 나타났다. 태어나시는 동안 하늘은 무지개로 가득 찼고 신들은 꽃비를 내렸다.

존자의 아버지 데빠 남겔 닥빠와 어머니 뺄좀 부티께서는 곧바로 그에게 복덕을 기원하는 수많은 게송과 기도를 읊으며 하얀 염소의 젖을 먹이고, 라누시 최펠상뽀(ra nu sri chos `phel bzang po)*라고 이름지으셨다.

아이는 태어난 순간부터 옴-마니-뻬메-훔 진언을 암송했다. 그는 어린아이로 할 수 있는 가장 뛰어난 행을 보이셨으며, 보통의 아이들처럼 놀지 않으셨다. 대신 전법륜인과 같은 신비로운 수인手印을 만들고, 가부좌를 틀듯 다리를 접고는 한동안 삼매에 드신 것처럼 앉아 계셨다. 말하는 법을 배우자, 그는 계속해서 돌아가신 2대 달라이 라마 겐뒨 갸초(1476-1542)를 언급하였는데, 2대 존자께서 살아 계셨을 때 있었던 일과 때를 놀라울 정도로 정확하게 말씀하셨다. 그리고 돌아가신 2대 존자과 비슷한 행동을 하셨다. 이때 나이가 세 살이었다.

출생 시의 경이로운 일들과 독특한 소년의 행동은 널리 알려졌으며, 머지않아 많은 사람이 이 소년이 겐뒨 갸초의 환생신임에 틀림없다고 믿었다. 마침내 데뿡 사원에서 스님과 관리 사절

◆   역자 주: 염소젖의 보호를 받는 행복한 아이라는 뜻.

단이 방문해서 관찰했다. 이 소년이 돌아가신 스승의 환생신이 맞다는 확신이 들자, 불-말의 해(1546)에 데뿡 사원의 승려 전원이 공양을 올려 모셔 왔다. 같은 해에 존자께서는 그의 선대이신 겐뒨 갸초께서 데뿡 사원의 간덴포당에 건립하신 사자좌에 오르셨다.

데뿡 사원에서 빤첸 소남닥빠(1478-1554)*께서 이 젊은 라마를 돌보셨고 우바새계優婆塞戒를 주셨다. 이때 존자께서는 소남 갸초 뻴상뽀 뗀뻬니마 촉레남겔(줄여서 소남 갸초)라는 법명을 받으셨다.

티베트력 15월 3일, 소남 갸초께서는 데뿡 사원을 떠나 최콜겔 사원**으로 순례를 떠나셨다. 당신께서 가시는 곳마다 수천의 신도가 길가에 서서 당신을 뵙고, 목소리를 듣고, 옥수玉手에 닿고 싶어 했다. 그렇게 하다 보니 그다음 달 15일이 되어서야

♦ 빤첸 소남닥빠는 2대 달라이 라마의 상수제자였다. 후에 3대 달라이 라마의 스승이 되었다. 소남닥빠가 지은 승가 교과서는 여전히 데뿡 사원에서 사용하고 있다.
  역자 주: 빤첸 소남닥빠의 교과서는 로셸링 승가대학의 주교과서이다. 데뿡 사원의 다른 승가대학인 고망 승가대학은 잠양쉐빠의 교과서를 사용한다.
♦♦ 최콜겔 사원(chos 'khor rgyal dgon)은 2대 달라이 라마께서 건립하신 사원으로 달라이 라마의 환생신을 찾을 때 영상을 보는 하모라초(lha mo lha mtsho)의 근방(도보로 4시간)에 있다.

걀 메똑탕에 도착하실 수 있었다. 당신의 도착에 맞추어 여러 기적이 주변에서 일어났다. 라마께서는 이 사원에 안치되어 있는 성스러운 상들, 특히 수호신 뺄덴하모께 공양을 올리셨다.[*] 그는 또한 불교와 중생들의 복지를 위한 방대한 기도문을 올리고, 스님들에게 불법을 가르치셨다.

겔 지방에서 잠깐 시간을 보내고 데뿡 사원으로 돌아와 공부를 계속하셨다. 흙-새의 해(1549) 길상한 네 번째 달의 15일, 라마께서는 빤첸 소남 닥빠를 계사로, 상뿌 최제 렉빠 된둡을 갈마 아사리羯磨阿闍梨로 모시고 사미계를 받으셨다.

이렇게 사원 생활의 기초를 이루시고, 공부에 전념하셨다. 먼저 당신은 마음의 흐름 안에 전통을 계승하는 스승의 가피의 씨앗을 심기 위해서 빤첸 소남 닥빠께 많은 딴뜨라 관정을 받으셨다. 이 관정은 아미타불 장수 관정, 뺄덴하모 관정, 케둡 뺄덴 셍게로부터 전해진 마하깔라 관정과 사비四臂 마하깔깔라의 체계를 포함하며, 불법의 수호신들인 법왕들의 관정도 받으셨다.

◆ 뺄덴하모 또는 슈리데비(śrīdevi)는 따라 보살의 분노존의 형상으로, 깨달음의 동적인 자비심의 상징이다. 1대 달라이 라마 겐뒨둡께서는 따라 딴뜨라의 체계를 당신의 주요 명상 수행으로 삼으셨고, 2대 달라이 라마께서는 이 전통을 이어가면서 뺄덴하모를 그의 주요 수호신으로 삼으셨다.

그러고 나서 링또 최제 렉된께 다음과 같은 가르침을 받으셨다. 이들은 바즈라바이라바 관정, 아슈바고샤의《구루요가 오십송(gurupañcāśika)》, 쫑카빠의《보리도차제광론》과《보리도차제중론》, 아띠샤의《보리도등론(bodhipathapradīpa)》,《율장律藏》의 대론과 소론, 나가르주나의《근본중송根本中頌(중론中論), mūlamadhyamakakārikā》과 함께 짠드라끼르띠의《입중론入中論(madhyamakāvatāra)》, 쫑카빠의 상기 두 논서에 대한 주석서《논리의 바다(릭빼갸초)》와《중관의 뜻을 밝힘(우마공빠랍셀)》, 다르마끼르띠의《양평석量評釋(pramānavārttika)》과 주석서들, 바수반두의《아비달마구사론阿毘達磨俱舍論(abhidharmakośa)》과 1대 달라이 라마 겐뒨둡의 주석서, 아비달마에 대한《뮬라수뜨라(mūlasūtra)》, 쫑카빠의《변요의불요의선설장론辨了不了義善說藏論(drang nges legs bshad snying po)》과 2대 달라이 라마의 주석서, 까담빠(게쉐 뽀또와)의《전례집前例集(dpe chos)》, 나가르주나의《오차제五次第(pañcakrama)》와 이에 대한 다양한 주석서, 케둡제대사로부터 전해진 다양한 전승들 그리고 케둡제대사의《성취의 바다(sgrub thabs rgya mtsho)》를 비롯한 수많은 심오한 전승들이다.

이와 더불어 샬쩨 렉된으로부터 많은 딴뜨라 전통의 전승을 받으셨다. 이 전승에 포함된 것은 백색 문수보살과 사비관음四臂

觀音의 만달라, 하야그리바(마두관음馬頭觀音)의 비밀 수행, 백색 따라, 살바비드야, 우짜라, 다섯 장수 전통, 꾸루꿀라, 이십 따라, 바이슈라와나, 슈라마나, 적색과 흑색 야만따까, 문수보살의 환희존과 분노존의 합일 진언 암송법, 구햐사마자만주슈리바즈라, 천수관음千手觀音 전통, 열 여섯 까담빠 닝틱, 까담렉밤과 다른 많은 전통들이었다.

지금까지 나열한 것은 존자께서 전수받은 것 가운데 일부분만을 나열한 것이다. 이러한 개개의 전통을 공부할 때, 존자께서는 우선 그 전승을 공부하고 생각하여 그 뜻을 분명하게 확인한 뒤 집중 수행을 통해 핵심으로 나아가셨다. 존자께서는 매일 대부분의 시간을 수행에 전념하였고, 때때로 안거에 들어가셨다.

가끔 소남 갸초께서는 데뿡 사원에 머무는 시간과 곌 사원에 머무는 시간을 동등하게 나누어, 여러 스승님과 함께 수행하고 수학하셨다. 이 두 사원 사이를 여행하면서 여러 사원을 방문하여 가피와 가르침을 주시고, 기도를 올렸다.

물-쥐의 해(1552)에 빤첸 소남닥빠와 함께 머무시면서 데뿡 사원의 법좌에 오르시어 사원장이 되셨고, 사원의 물질적·종교적인 복지를 유지할 책임을 지셨다.

물-소의 해(1553)에 존자께서는 대기도법회(뫤람첸모smon

lam chen mo)를 관장하시면서 오전에는 아르야슈라(Āryaśūra)의 자따까말라(jātakamālā, 본생만本生鬘)에 대한 전통적인 설법을 하시고, 오후에는 기도 법회를 이끄셨다. 이렇게 존자께서는 전통을 존중하셨다. 그날 무수한 기적의 징표가 일어나서 복덕의 힘의 환희를 증명했다.

이날 이후, 존자께서는 다시 공부에 전념하여 빤첸 소남 닥빠의 지도를 받아 구햐사마자 악쇼뱌 바즈라 만달라의 관정과 함께 완전한 가르침을 받았다. 존자께서는 까담빠의 역사와 까담빠의 논서와 주석서를 모은《푸른 화병(청병靑瓶, be'u bum sngon po)》을 구두로 전승받으셨다. 그리고 겔룩빠 조사들의 역사서인 까르마샤뚬을 비롯해 비슷한 여러 논서를 전수받으셨다.

위대한 수행자이자 성취자이신 악람빠 겐된 따시께서는 관세음보살 전통의 다양한 가르침을 존자께 주었으며 아미타불 전통의 삼존과 구존 만달라의 전통도 가르치셨다. 이때 티베트에서는 바즈라말라(vajramāla, 금강만金剛鬘)의 다양한 전승 관정이 있었지만, 이 가운데 가장 뛰어난 것은 끄라마삼웃짜야(kramasamuccaya)와 함께 결집된 사십오만 달라의 전통이었다. 그러나 최제 도제창 에흐왐빠 말고는 누구도 이 귀중한 전통을 완전히 통달하신 분이 계시지 않았다. 소남 갸초 존자께서는 특히 이 체계를 공부하고 수행하는 데 많은 시간을 공들여서 깨달음을 얻고, 후대를 위해 보전하셨다.

더 나아가, 이 동안 존자께서는 구하사마자 딴뜨라의 아르야와 즈냐냐빠다 전통 모두를 포함한 술까의 관정, 짜끄라상와라 딴뜨라의 육십이 본존 만달라, 짜끄라상와라이 상푸따 딴뜨라의 다섯 본존의 간드하빠다 만달라, 헤바즈라 딴뜨라의 맨아와 독 전통, 나이라트먀 다끼니의 십오 본존 만달라, 르와 로짜와 전통의 바즈라바이라와 전통, 끄리스나야마, 샹 전통의 사십구 본존 수행, 슈리드하라 전통에 따른 적색 야만타카의 십삼 본존 만달라, 마하짜끄라, 아짤라, 우슈니슈위자야, 시따따빠뜨라, 아발로끼떼스와라 전통의 마이뜨리 요기 전통, 깔라짜끄라 관정들, 오종 바즈라빠니 만달라, 아미타유시 잠발라의 신다라니 전통들, 사하라 전통의 육비六臂 마하깔라, 십삼 마하깔라, 네 가지 데비 수행들과 더불어 많은 딴뜨라 전통을 전수받으셨다.

요약하자면, 존자께서는 그 당시 티베트에 존재하는 현교승과 밀교승의 모든 주요 전통으로 지식의 화병을 가득 채우셨으며, 경청하고 사유하여 이 가르침들과 관정을 투철하게 이해하고 나서 명상과 수행의 정진을 통해 당신의 것으로 만드셨다.

이때 존자께서는 요청을 받아 북부 티베트의 홀 지방을 방문하셨다. 이곳은 거칠고 난폭한 유목민들이 살고 있었다. 존자께서는 그곳에서 그들이 나쁜 삶의 방식을 버리고 평화와 십선업의 길에 들어서도록 하셨다. 당신께서는 이러한 방식으로 붓다의 다르마, 즉 불법을 눈의 나라 티베트에서 증장시키셨으며, 특히 라마 쫑카빠대사의 청정한 가르침을 널리 펴셨다.

홀 지방에서 돌아오신 다음에 존자께서는 라뎅 사원을 방문하셨다. 존자께서는 이 사원이 소장하고 있는 많은 성스러운 상들 앞에서 기도문을 올리셨다. 그리고 까담렉붐◆과 닝뽀뙨숨◆◆ 그리고 예닐곱 개의 다른 논서들도 가르치셨다. 모든 이들이 이 젊은 라마의 학문의 깊이와 지혜에 감복했다.

소남 갸초 존자께서는 최콜겔와 웬사와의 열세 분의 수제자들 가운데 한 분이신 뙤룽빠 뻴뗀도제를 뵙고 배우기 위해 데뿡 사원으로 돌아가셨다. 이 열세 분은 한 생 동안 완전한 깨달음을 성취했다고 전해지며, 수행 성취의 증거로 무지개 몸을 현현하셨다고 한다. 존자께서는 뙤룽빠에게서 라마 쫑카빠로부터 내려온 구전 전통을 모두 받았다.

—

◆ dka´ gdams gleng ´bum.
◆◆ snying po don gsum.

붓다의 탄생, 깨달음 그리고 열반을 기리는 나무-쥐 해(1564)의 4월 15일, 소남 갸초께서는 구족계를 받으셨다. 겔룩빠의 최고 수장인 전前 간덴티빠 케둡 겔렉 빨상뽀께서 전계아사리傳戒阿闍梨를, 까담빠의 게쉐 뽀또와의 환생신이신 현現 간덴티빠이 겐된 뗀빼 달게께서 갈마아사리羯磨阿闍梨를 맡으셨다. 샹 겐뻴최제께서 교수아사리敎授阿闍梨를, 헤쥔 소남빨상께서 뒤고와를 맡으셨다.◆ 그리고 계율로 정해진 숫자의 스님들께서 증명 법사로 참가하셨다.

이렇게 소남 갸초께서는 붓다께서 정립하신 승가의 전통을 존중하셨다. 구족계를 받는 동안, 당신은 구족계를 받은 스님에 대한 존경의 표시로 승가에 방대한 공양을 올렸다. 더불어 구족계를 받으신 이후, 존자께서는 서약하신 대로 언제나 계율을 청결하게 지키셨으며, 사소한 계라도 범하지 않으셨다. 이렇게 존자께서는 붓다의 승리의 깃발을 올리셨다.

구족계를 받고, 남티베트의 따쉬훈뽀 사원에서 초청장을 받으셨다. 초청장은 존자께서 창 지방에 오셔서 불법을 가르쳐 주

◆ 역자 주: 티베트어 'dus go ba. 구족계 수계의 시간을 선언하고 알려 주는 역할을 하는 이를 뜻한다. 5종이나 6종 아사리에는 들어가지 않는 것으로 알고 있다.

기를 요청하는 내용이었다. 이에 따라 존자께서는 창 지방으로 떠나셨다. 그러나 여행은 속도가 느렸는데, 존자께서 가는 길에 수천 명의 신도들이 줄을 서서 존자을 뵙고 축복을 받아 삼선도에 태어나고 마침내 윤회로부터의 자유를 성취할 수 있는 인연의 씨앗을 심을 수 있기를 바랐기 때문이었다.

따쉬훈뽀 사원으로 가는 도중 존자께서는 웬 사원에 들러 기도를 올리고 전능하신 곌와 웬사빠의 상 앞에서 명상하셨다. 그리고 케둡 셍게예쉐의 요청을 받고 며칠을 머무시면서 예닐곱 설법을 대중에게 하셨다. 따쉬훈뽀 사원에 도착하셨을 때, 장엄하고 화려한 공양을 준비한 열정적인 신도들의 환영을 받았다. 수만 명의 사람이 모여들었다. 존자는 사자좌에 올라 많은 설법을 하셨다.

따쉬훈뽀 사원을 떠나신 존자께서는 아띠샤와 초기 까담빠 스승들이 세우고 지고한 까담빠 가르침의 중심지인 날탕 사원을 방문하셨다. 여기서 존자께서는 많은 불상 앞에서 공양을 올리고 기도하셨으며, 그 지역의 스님들과 재가 신도들에게 예닐곱 번에 걸쳐 설법을 하셨다.

다음으로 존자께서는 강짼최뗄 사원에 들러 수호신 뺄덴하모의 제의를 행하시고 그곳에 모인 대중들에게 설법을 하셨다.

다음으로 또뿌 사원에 가서 이 사원에 모셔진 유명한 미륵불의 불상 앞에서 공양을 올리고 기도를 드렸다.

다음으로 존자께서는 사꺄 사원에 들러 이 사원에 모셔진 신성한 상들에 공양을 올리고 기도를 드렸다. 당시 이 사원의 수호신당에는 수호자 쩨답빠의 유명한 가면이 있었는데, 이는 굉장한 힘을 가지고 있다고 전해진다. 수년간 가면의 압도적인 힘에 눌려 누구도 이것을 감히 만지지 못했다. 소남 갸초께서는 수호신당에 들어가 가면을 집어 들고는 깨끗하게 닦으셨다. 당신께서 가면을 깨끗하게 닦는 동안 가면에 그려진 눈이 예닐곱 번 깜박였다는 이야기가 전해진다. 이는 소남 갸초의 행이 수호신을 기쁘게 해 드렸다는 것을 증명하는 것이었다. 소남 갸초께서이 지역을 방문하는 동안 셀 수 없이 많은 기적과 길조가 일어났다.

존자께서는 또한 카우 사원에 들러 이 사원에 안치되어 있는 성스러운 마하깔라의 존상 앞에서 의례를 행하셨다. 많은 길조와 기적이 이 지역을 방문하는 동안 일어났다.

존자께서는 다시 데뿡 사원으로 향하는 긴 여정을 떠나셨는데, 도중에 당신을 뵈러 온 수많은 사람에게 가르침과 축복을 주셨다. 존자께서는 이렇게 진리의 가르침을 높이 세우시고 당신을 만나는 복 있는 이들에게 신심을 일으키셨다.

중앙 티베트(우 지방)로 돌아오신 지 얼마 되지 않아, 세라 사원에서 현교와 밀교의 가르침을 요청하는 편지를 받았다. 마찬가지로 중앙 티베트의 여러 큰 사원에서도 초청 설법 요청이 있었다. 존자께서는 이 모든 요청을 받아들이려고 노력하셨고, 쉼없이 불법의 보전을 위해 힘쓰셨다. 어디를 가시든 불법에 대한 믿음이 없는 곳에 확고한 신심의 기반을 만드셨다. 악행을 즐겨하는 이들도 악행을 삼가고 복과 안락의 길을 따랐다. 그리고 감화 받은 모든 이들은 수행에 더욱 정진했다. 존자의 모습만 나타나도 사악함과 갈등이 사라졌고 평화와 행복이 증가했다. 이렇게 존자께서는 티베트에 불법을 부활시키고 증장시키셨다. 특히 쫑카빠대사께서 모으고 밝힌 전통들의 진가를 널리 알리셨다.

소남 갸초의 삶과 업적은 데뿡 사원과 최콜겔 사원에 큰 영향을 미쳤다. 이 두 사원은 존자의 중심 사원이었으며, 존자께서는 이 두 사원에 동일한 시간을 머무셨다. 두 사원에 존자께서 쏟으신 힘과 관심 덕분에 사원의 명성은 높아졌고, 존자의 일생 동안 종교적·물질적인 측면에서 큰 풍요를 누렸다.

존자께서는 이 시기 동안 거의 쉬지 않고 초청에 응하여 여행하며 가르치셨지만, 그럼에도 당신들의 제자들에게 가행정진의 전범을 세우기 위하여 항상 현교와 밀교의 수행법을 따라 장시간의 명상 일과를 지키셨다. 매일 해가 뜨기 훨씬 전에 일어나셨고, 명상할 곳을 청소하고, 삼보께 귀의하고, 절하고 공양을 올리는 등의 여섯 가지 예비 수행을 하셨다. 그러고 나서, 람림 명상을 하셨다. 이러한 현교의 기반들이 완벽해지면, 매일 하시는 금강승 수행을 행하셨다.

이러한 수행들은 너무나 많아서 모두 나열하기 힘들다. 몇 가지만 말하자면 이러하다. 마하깔라와 관련된 장수 요가, 네 장수 본존의 요가, 이와 함께 정신을 극락정토로 보내는 포와 수행, 헤루까 짜끄라상와라 만달라 명상과 같은 무상 요가 딴뜨라 수행, 이와 함께 하는 심심변心心邊 진언 삼백 번 암송, 악쇼뱌바즈라 성취법, 이와 함께 하는 장문長文 다라니 백 번 암송, 까담빠의 네 본존 성취법 이와 함께 하는 네 본존 각각의 진언 백 번 암송, 다양한 기도문, 찬탄문 그리고 이러한 전통 하나하나를 기리는 길한 게송들의 암송 등이다.

존자께서는 매일같이 아미타불 장수 성취법의 생기차제와 원만차제를 수행하셨고, 백색 따라의 장수 명상도 하셨다. 또한 매일 만주슈리바즈라 성취법, 백색 사라스바띠 성취법, 바즈라 요기니 성취법 그리고 짜끄라상와라 짜뚜삐타 성취법 등을 행하셨다.

존자께서 매일의 일과로 수행한 명상법은 너무나 광범위해서 일일이 열거하거나 설명하기 힘들다. 그러나 근본적으로 존자의 수행은 현교승과 금강승의 방법을 합일한 것이었다. 람림 수행에 헌신함으로써, 존자께서는 매일 모든 현교승의 수행 방법의 정수를 얻으셨다. 금강승 수행에 있어서, 존자의 수행은 네 종류의 딴뜨라를 포함한 전통들을 포함했고 특히 빠담빠셍게에게서 내려온 쬐(gcod) 수행과 합일한 무상 요가 딴뜨라의 두 단계인 생기차제와 원만차제와 마하깔라 등 여러 불법의 수호신들의 속죄贖罪 의례에 집중하셨다.

쇠-양의 해(1571)에 칭기즈 칸의 손자인 몽골 튀메르족의 왕 알탄 칸(1507-1582)에게서 초청장이 도착했다. 알탄 칸은 소남 갸초 법왕의 명성을 익히 들었으며 법왕과의 깊은 업의 인연을 느끼고 있었다. 존자 역시 알탄 칸과의 깊은 업연을 느끼셨다. 이 업연은 몽골인들을 교화하고 그들의 호전적인 삶의 방식을 바꿀 수 있는 기회라고 생각하셨다. 이런 생각을 마음에 품고 위대한 칸에게 후에 방문할 것을 약속하시면서, 그의 사절단으로 제자인 라마 쬔뒤 상뽀를 쪼카 지방으로 보내셨다.

소남 갸초 법왕께서 몽골을 방문할 예정이라는 소식에 티베트인들은 존자의 안전과 위험한 여정을 걱정하며 대경실색했다. 마침내 존자께서 데뿡 사원에서 출발하실 때, 많은 고승과 관료 그리고 신도들이 이 길한 목적을 가진 여행을 배웅했다. 전대와 현대의 간덴티빠*들께서 그 무리에 계셨으며, 간덴, 세라 그리고 데뿡의 주지들도 모였다. 린뽀체 뵈칼와, 짱빠빤첸 릭빠 셍게, 웬 사원의 생게 예쉐, 뾘욥 따쉬 릭빠, 최콜겔 사원의 깔빠 뾘롭 남카 잠빠 등과 같은 많은 저명한 스승들이 이 군중 속에 계셨다. 간략히 말하자면 모든 큰 사원을 대표하는 많은 스님과 정치 지도자와 족장 그리고 수백의 신도들이 모였다. 이들은 한목소리로 존자께 지금이라도 마음을 바꾸시어 티베트에 계실 것을 간청했다. 그러나 존자께서는 결심을 바꾸지 않고 여행을 떠나셨다.

먼저 존자께서는 라뎅 사원이 있는 곳까지 가서, 무리의 대부분에게 라싸로 돌아가고, 당신 혼자 여행할 수 있게 해 달라고 하셨다. 라뎅 사원을 떠나실 때, 섭정인 데빠 따쉬 랍뗀이 존자의 말등자를 꼭 부여잡고 눈물을 흘리며 이 시를 읊었다.

◆　역자 주: 간덴티빠는 겔룩빠의 종정으로 위계상 달라이 라마보다 높다.

불법을 지닌 성자이신 스승께서 오래도록 머무시고

불법을 지닌 이가 온 누리에 가득하기를 기원합니다!

그러나 존자께서 떠나신다는 생각에 눈물이 북받쳐 나머지 두 행을 마무리 짓지 못하고 말등자만 잡고 존자를 올려다보며 그저 울기만 할 뿐이었다. 이에 소남 갸초께서는 따스한 손을 제자의 머리 위에 얹고 그를 위해 내용을 바꾼 다음의 대구를 지으셨다.

불법의 공덕주에게 힘과 재물 더욱더 늘어나

불법이 오래 머무는 길상이 있기를 기원합니다!

이렇게 울고 있는 섭정 따쉬 랍뗀을 말등자에 매단 채로, 존자의 일행은 여행을 떠났다.

존자 일행이 양자강에 이르셨을 때, 악령과 방해꾼 악마들이 마법을 써서 강물이 차오르고 급변하는 격류를 만들어 강을 건널 수 없을 것처럼 보였다. 그러나 소남 갸초 법왕께서는 불가사의한 시선을 강물에 던져 분노의 신비한 수인을 맺으셨다. 그러자 강물이 갑자기 잦아들며 잠잠해졌다. 그리고 얼마 지나지 않아 일행은 어렵지 않게 강 건너편으로 건너갈 수 있었다.

마침내 일행은 냐쪼또에 도착했다. 이곳에서 수천의 스님과 재가 신도가 모여서 존자를 환영했다. 그들은 삼천 냥의 은과 많은 비단 두루마리 등 방대한 공양을 존자께 올렸다. 존자께서는 며칠간 사원에서 여독을 풀면서 대중에게 축복을 내리고 구루 요가에 대한 설법을 하고 육자진언, 즉 옴마니뻬메훔을 전수하셨다. 존자께서는 또한 수계법회를 집전하기로 동의하였는데, 이때 천여 명의 젊은이가 비구계를 받았다. 존자께서는 이렇게 무수한 사람을 열반과 성불의 길로 인도하셨다.

다시 여행을 시작한 일행은 황하에 이르렀는데 강물이 너무나 격렬해 일행 모두가 당황하고 염려했다. 존자께서는 두려워하지 말라고 안심시키고 다음 날 건너갈 수 있을 것이라고 말씀하셨다. 일행은 강둑에서 밤을 보냈다. 다음 날 아침 일어나 보니 놀랍게도 강이 거의 완벽하게 말라 시냇물 정도밖에 되지 않았다. 모든 일행은 소남 갸초 법왕의 신통력에 막대한 신심을 일으켰다. 그들은 어렵지 않게 강을 건너 여정을 계속했다.

얼마 지나지 않아 일행은 아흐릭 깔빠탕에 이르렀다. 이곳에는 존자의 일행을 맞이할 막사가 만들어져 있었다. 사람들은 소남 갸초께 지대한 신심을 보이며 천 마리의 말과 만 마리의 가축을 공양으로 올렸다. 여기에 머무는 동안, 하늘은 계속해서 무지개로 가득 차 있었고 선신들이 하늘에서 꽃비를 내렸다. 무수한 대중들의 마음속에 열반을 일으킬 업의 종자가 심어졌다.

아흐릭에 머무는 동안, 알탄 칸이 보낸 오백 명의 호위단이 도착했다. 존자께서 일찍이 사절단으로 알탄 칸의 왕실에 보냈던 제자 최제 쬔뒤상뽀가 이끄는 호위단은 통역사 고슈리 로짜와를 포함하고 있었다. 이들은 여정의 끝까지 존자의 일행을 호위했다.

여행자들은 이제 왕의 기장을 달고 바람에 깃발을 휘날리며 높은 가락의 얄링 나팔을 허공에 가득 채우며 앞으로 나아갔다. 그들은 마치 힘센 코끼리가 한가롭게 연못을 휘젓듯 한 몸처럼 움직였다. 이 호위단의 숫자는 점점 늘어나 몽골, 중국 그리고 티베트 변방에서 온 수천 명의 기사가 존자를 사방에서 에워쌌다. 마치 살아 있는 모포가 천천히 북쪽으로 날아가듯 땅을 가득 채웠다.

마침내 일행은 위대한 알탄 칸의 진영에 도달했다. 알탄 칸의 위세는 깔리유가(말세)의 전륜성왕의 그것과 같았다. 알탄 칸은 그의 어두운 나라에 불교라는 문명의 빛을 불러오기 위한 의지를 상징하기 위해 흰색 예복을 입고 있었다. 왕과 왕비 그리고 수행단이 만 명이나 넘는 그의 국민들과 함께 그곳에 모였다.

환영식이 끝난 뒤 소남 갸초 법왕과 알탄 칸은 존자를 위해 마련된 텐트로 들어갔다. 이 둘은 해와 달처럼 빛났고 수천 명의 신도는 그들을 하늘의 별처럼 에워쌌다. 스승님께서는 황금 법좌에 앉으셨고, 불법을 가르쳐 달라는 청을 받으셨다. 이때 고슈리 박시 로짜와가 통역을 했다.

몽골이 이때 불교를 처음으로 접한 것은 아니며, 알탄 칸 역시 유일한 연결점은 아니었다. 2세기 전 몽골, 중국 그리고 티베트 전역에 막대한 영향력을 펼치던 쿠빌라이 칸 당시, 사꺄 팍빠라고 알려진 사꺄빠의 스승 팍빠(파스빠)께서 몽골에 불교를 짧게 소개한 적이 있다. 그러나 쿠빌라이 칸의 계승자였던 튀무르 칸(원元 성종成宗)이 몽골 국민을 평화롭게 만드는 불교의 영향력을 반대했고, 그가 몽골을 지배하는 동안 불교를 거부하며 예전 종교의 폭력적인 방법을 선호했다. 다시 한번 몽골은 어둠의 땅이 되어, 악행을 즐기고 피와 살의 불화를 보며 즐겼다. 몽골은 자기 자신이 흘린 피의 바다에 떠 있는 섬이 되어 버렸다.

알탄 칸은 쿠빌라이 칸이 속해 있던 차하르 부족의 자손이었다. 그는 국민을 불법의 온화한 방법으로 돌려놓고 싶어 했다. 따라서 소남 갸초 법왕께서 그의 업적을 성취시켜 줄 수 있기를 간절히 바랐다.

암흑시대의 해와 달 같은 소남 갸초 법왕과 알탄 칸 두 분의
자애심의 합심으로 불교가 몽골에 다시 들어오고, 오랫동안 지
속된 이 나라의 유혈 시대가 막을 내렸다. 피의 바다가 젖으로
바뀌어 평화와 번영의 시대를 인도했다.

첫 번째 설법에서, 소남 갸쵸 법왕께서는 거기에 있는 모든 군
중, 즉 몽골인, 중국인, 티베트 변경인에게 똑같이 새로운 법을
선언하셨다. 법왕께서는 이들이 반드시 악을 버리고 붓다께서
가르치신 십선행을 따라야 한다고 말씀하셨다. 살생, 투도, 사음
등을 반드시 그만두어야 하고 생명, 소유물 그리고 다른 이들의
권리를 존중하는 법을 반드시 배워야 한다고 말씀하셨다.

법왕께서는 특히 차하르 몽골에게 피에 대한 갈망을 버릴 것
을 당부하셨다. 몽골의 전통에 따르면 한 사람이 죽으면, 많은
생명이 신들에 대한 제물로 희생되었다. 희생되는 생명의 숫자
는 고인의 지위에 달려 있었다. 종종 고인의 부인, 하인, 말 그리
고 다른 가축 들이 살해당한 뒤 제물로 바쳐졌다. 소남 갸초 법
왕께서는 그들에게 이 끔찍한 관습을 포기하고 고인의 소지품
가운데 일부를 종교적인 이상을 위해 간단한 공양물로 올리라
고 하셨다. 즉 소지품을 사찰이나 사원 등에 공덕의 원천으로 올

리고 피 대신 공덕을 쌓는 기도문과 좋은 소원들을 공양하라고
하셨다.

법왕께서는 순장과 같은 희생 제의는 반드시 철저하게 파기
되어야 한다고 하셨다. 어느 가족이라도 미망인이나 하인 등의
사람을 희생시킨다면, 어기는 자에 대한 처벌은 사형이라고 하
셨다. 동물을 불법적으로 희생시킬 경우, 벌은 죄인의 모든 소지
품을 국가가 압수하는 것이라고 하셨다. 누구라도 이 법에 보복
하기 위해 승려를 해치거나 사찰 또는 사원을 파괴할 경우, 그
벌로 그의 집이나 경작지가 국가의 소속이 될 것이라고 하셨다.

과거 몽골에서는 악한 신 옹곤을 보름달, 반달, 초승달의 날
그리고 특별한 연례행사에 소환했었다. 옹곤은 죽은 가족의 형
태로 나타나 특별한 경우에 쓰일 희생 제물의 크기와 종류를 말
해 주곤 했다. 소남 갸초 법왕께서는 옹곤의 모든 상을 태우고
파괴하고, 그에 대한 희생 제의를 금하셨다. 이 악신에게 동물을
희생하다가 잡힌 자는 죽인 동물의 열 배가 되는 숫자로 벌금을
내야 했다. 누구라도 이 악신의 상을 가지고 있다가 잡히면 그
의 집을 파괴했다. 소남 갸초 법왕께서는 몽골인들에게 옹곤의
상을 지혜의 수호신인 마하깔라의 상으로 교체할 것을 부탁했
다. 마하깔라는 여섯 팔을 가진 관세음보살의 분노의 화신(분노

존)이시다. 법왕께서는 마하깔라를 몽골을 보호하는 나라의 수호신으로 보라고 당부하셨다. 이에 따라 모든 피의 희생 제의가 금지되었고, 제물은 세 가지 흰색 식품인 우유, 우유를 응고시킨 응유 그리고 버터와 세 가지 단 것인 꿀, 설탕, 얼음 사탕 등의 간단한 음식물로 제한되었다.

일반적으로 라마께서 부탁하시면, 모든 이들은 반드시 복덕의 입장에서 최선을 다해야 한다. 특별히 초승달, 반달, 보름달의 날에는 사람들이 자신을 정화시키는 우바새 계를 받고 수행을 위해 전력을 다해야 한다.

몽골인들은 특히 중국, 티베트와 몽골의 다른 지역들을 습격하는 것을 멈춰야만 했다. 대신에 그들의 에너지를 평화로운 공존을 위해 써야 했다. 요약하자면, 몽골인들은 반드시 중앙 티베트의 온화한 방법을 따르고 붓다의 가르침을 그들의 삶 속에 녹아 내어야 한다. 이러한 법들과 다른 많은 법을 소남 갸초 법왕께서 제정하셨고, 알탄 칸이 법령으로 공포했다.

차하르 몽골족에게 새로운 삶의 규율을 주신 뒤에, 소남 갸초께서는 그들에게 관세음보살 명상법과 육자진언, 옴마니뻬메훔을 전해 주셨다. 존자의 가르침 전체가 지정된 통역사에 의해 몽골어와 중국어로 번역되어, 거기에 있던 모든 이들이 그들이 무엇을 해야 하는지를 정확하게 알도록 하셨다. 존자께서는 대중들의 지위 고하를 막론하고 육자진언을 최대한 많이 암송하라고 부탁하셨다.

법문을 하는 동안 하늘은 무지개로 가득 차고, 천상에서 꽃비가 내렸다. 그곳에 있던 모든 이들이 붓다 가르침의 심오함과 쫑카빠대사께서 모으고 전수한 전통, 즉 겔룩빠의 숭고함 그리고 소남 갸초 법왕의 경이로운 힘에 감복했다. 무수한 기적과 경이로운 징표가 당시 이곳에서 일어났는데, 이는 호법 신중의 기쁨의 표시*였다.

사람들은 소남 갸초 법왕과 알탄 칸이 만나 설법한 자리에 사찰과 사원을 세웠다. 그리고 소남 갸초께서 손수 재를 집행하셨다. 이 법회의 끝에 몽골인들은 다시 정성스러운 공양물을 존자의 가르침을 받아들이겠다는 징표로 올렸다. 알탄 칸은 개인적으로 존자께 백 벌의 겨울 명상용 승복, 백 두루마리의 비단, 수백 개의 보석 염주, 백 장의 동물 가죽, 은으로 된 용으로 상감하

◆ 역자 주: 원문은 'indicating the pleasure of the forces of goodness(선한 힘의 기쁨의 징표)'로 표현하나, 티베트어 원문의 "dkar phyogs kyi lha rnams dga' ba'i rtag(호법 신중의 기쁨의 징표)' 표현을 따랐다.

고 진주를 가득 채운 일곱 개의 공양용 황금 잔, 천 개의 은화로 만든 큰 화병과 많은 승복과 황금색 모자를 공양 올렸다. 그러자 대중들은 개인적으로 존자께 그들의 방법대로 공양을 올렸다. 여기서 존자께서는 각각 은전 세 개를 녹여서 만든 일곱 개의 은찻잔, 다섯 개의 은전을 녹여 만든 은쟁반 수백 장, 수천 무명 두루마기, 안장과 굴레를 포함한 백 개의 말 장식, 은으로 만들고 금과 보석으로 장식한 안장과 굴레를 찬 백마 세 필, 몽골인들의 존자에 대한 신심을 표현하며 가르침을 따르겠다는 그들의 의지를 상징하는 셀 수 없이 많은 공양물을 받으셨다. 존자께서는 답례로 불법을 상세히 설명하면서, 각자 자신의 역량이 닿는 데까지 최선을 다해서 수행할 것을 당부하셨다.

이렇게 해서 존자께서는 몽골에 붓다, 관세음보살 그리고 쫑카빠대사에 대한 흔들림 없는 신심의 확고한 기반을 만드셨다. 소남 갸초 존자께서 몽골에 미친 영향력은 너무나 커서 몽골의 종교 지형을 완전하게 바꾸어 놓으셨다. 전에 몽골인들은 오직 피와 폭력만을 즐겼는데, 이제는 평화의 길을 맹세했다. 전에는 한 사람이 죽으면, 그들의 샤머니즘의 신행 방식에 따라 사람과 동물을 제물로 바쳤는데, 이제는 그러한 행위가 쓸모없을 뿐만 아니라 그들이 기리고자 하는 고인에게 더 해가 될 뿐이며, 잘못된 방법은 반드시 사원을 짓거나 승가대학을 짓고, 기도문을 올리고, 관세음보살의 육자진언의 명상과 진언 암송을 하며, 쫑카빠대사의 다섯 줄 진언인 믹쩨마◆ 기도를 공양 올리는 등 창조적인 활동으로 대치되어야 한다는 것을 알게 되었다. 그들은 더이상 이웃 나라들을 끊임없는 공포 속으로 몰아넣었던 전쟁, 약탈, 폭력의 전리품에 의지해서 살지 않게 되었다.

소남 갸초 법왕께서는 그 뒤로 동티베트의 암도와 캄 지방에 가셨다. 여기서 존자께서는 리탕과 쫑카빠대사의 출생지인 꿈뿜 등에 여러 개의 사원을 지으셨다. 쫑카빠대사께서 태어나실 때, 탯줄에서 피가 한 방울 땅에 떨어졌는데 그 자리에 신비로운 전단향 나무가 자라났다. '대공덕의 나무'로 유명한 이 나무는 티베트에서 가장 성스러운 순례 대상 가운데 하나였다. 소남 갸초 법왕께서는 이 나무 주변에 은으로 탑을 지어 보호하셨다. 이 나무 옆에 꿈뿜 사원 또는 꿈뿜 잠빠링이라고 불리는 승가대학을 세워 붓다께서 가르치신 수뜨라와 딴뜨라의 학습과 수행에

◆ 이 간략한 기도문은 자애, 연민 그리고 비를 멈추고 믿음의 치유, 관정 명약 등을 만드는 비전에 대한 통찰력까지 다양한 분야에 응용된다. 참조《The Life and Teachings of Tsongkhapa》(Robert Thurman, India: Library of Tibetan Works and Archives, 1982)

진력하도록 했다. 꿈붐 사원은 동티베트 지역에서 가장 크고 영
향력 있는 승가대학으로 빠르게 성장하여 쫑카빠대사의 심오한
전통이 동쪽 변방을 뒤덮는 우산처럼 일어나게 했다.

중앙 티베트에서 멀리 떨어진 암도와 캄 지방 그리고 몽골에
서 보이신 소남 갸초 법왕의 많은 활동에 대해 1대 빤첸 라마이
신 제쭌 로상 걀첸께서는 다음과 같이 노래하셨다.

> 위대한 라마 소남 갸초 법왕께서는
>
> 티베트의 변경 지역까지 몸소 가시어 교화시키시니,
>
> 이는 이전의 스승들께서
>
> 미처 이루지 못하셨던 것이었다.
>
>
> 이렇게 시방세계의 불보살님의
>
> 지혜와 복덕(소남)의
>
> 바다(갸초)를 이루시니,
>
> 나는 이 노래로 당신을 찬탄하나이다.

또한 2대 빤첸 라마 에쉐 걀쩬께서는 다음과 같이 쓰셨다.

지혜와 방편으로 가르치시어

다스리기 어려운 이들을 다스리시고

그들을 자유를 향한 길 위에 올려놓으신

소남 갸초 법왕께 귀의합니다.

　소남 갸초 법왕께서는 그의 삶 대부분을 여행과 설법에 바치
느라 두 전대 달라이 라마처럼 많은 저술을 남기지는 않았지만,
그럼에도 짬을 내어 여러 중요한 저서를 쓰셨다. 이들 가운데 가
장 유명한 것은 의심할 바 없이《황금 정련의 요체》이다. 이와
더불어 존자께서는 여러 기도문, 찬탄, 수행 지침, 시를 쓰셨다.
존자께서 입적하신 뒤에 모은 존자의 저서들은 한 권 분량밖에
되지 않았다. 그러나 적은 분량에도 불구하고, 질적으로 붓다의
심연을 잘 파악하고 있다. 수년간 몽골과 동티베트를 여행하고
설법하고 사원을 건립하는 동안, 중앙 티베트와 남티베트에 있
는 당신의 제자들은 스승의 장기간 부재에 불안해했다. 특히 세
라, 데뿡 그리고 간덴 사원의 대중들은 좌불안석했는데, 그들을
가르치고 관정을 주는 중요한 스승님들 가운데 한 분이 존자였
기 때문이다. 마침내 라싸로 돌아와 달라는 소청의 물결이 넘쳐
흘렀다. 존자께서도 중앙 티베트로 돌아가 옛 제자들을 보고 싶

다는 말씀을 여러 번 하셨다.

그러나 비슷한 시기에 하르친 몽골의 왕이 존자께 가르침을 부탁하는 매우 강력한 요청이 들어왔다.◆ 처음에는 왕의 초청을 거절했다. 이미 동부 티베트와 몽골에 상당한 힘을 쏟아부었으며 라싸로 돌아가고 싶어 하셨기 때문이다. 그러나 왕은 끈질기게 초대의 강도를 높였다. 마침내 소남 갸초 법왕께서는 초청에 응하는 수밖에 없다고 생각하셨다.

하르친에서, 소남 갸초 법왕께서는 옛날 홀 몽골 왕들의 처소였던 샹또 궁전에 머무셨다. 이곳에서 존자께서는 왕과 신하들에게 헤바즈라 만달라 관정을 주고, 대중들에게는 불교적 삶을 소개하고 많은 이에게 우바새 계를 주셨다. 가르침이 끝나자, 왕은 존자께 은 기둥 두 개로 지은 집을 공양 올렸다. 존자께서는 그 공양을 받지 않았지만 왕과의 길한 업연을 이어 놓기 위해 그 집에 며칠간 머무셨다. 왕은 또한 금, 은, 비단, 말, 야크 등 많은 공양을 올렸다. 존자께서는 이 지역 민중을 위한 사찰과 사원을 짓기 위해서 받으셨다.

◆ 3대 달라이 라마의 상세한 전기에는 이 장소를 하르친이라고 언급하지만, 간략한 전기에서는 왕의 이름을 하르친이라고 한다.

흙-쥐의 해(1588) 첫 번째 달에 존자께서는 장엄한 대기도 법회를 여셨다. 첫 번째 달 말에 중국의 황제가 수도 방문을 청했다. 금 글씨로 쓰인 초청장은 여덟 명이 든 가마에 실려 왔다. 길한 업연을 중국 황제와 잇기 위해서, 존자께서는 초청에 응하는 답장을 보내 차후에 방문할 것을 약속하셨다. 그러나 그해 낙빠 달◆에 존자께서는 약간의 병세를 보이셨다. 생명이 얼마 남지 않았다는 것과 당신과 업연이 있는 이들을 모두 수행의 길에 귀의하게 하고 성숙하게 했다는 것을 아시고, 입적하기 전에 만날 수 없는 당신의 많은 제자에게 장문의 조언을 남기셨다. 이것이 존자의 마지막 가르침이었다.

같은 달 26일 새벽 존자께서는 좌선에 들어 호흡을 멈추셨다. 입적하신 뒤 존자께서는 도솔천 정토로 가 미륵보살과 쫑카빠대사님을 뵙고 중생들의 행복을 위해 환생해야 할지, 당신께서 하실 일에 대해 상의드렸다.

이상이 소남 갸초 법왕의 일생, 공부, 수행 그리고 행적이다. 존자를 통해 내려온 람림 또는 로종(마음 닦기)의 전통을 공부하

◆ 티베트 력으로 보통 4월의 첫 번째 초승달로 시작하는 달이다. 여기서 '보통'이라는 말을 쓰는 이유는 티베트 력의 윤달 때문에 다음 해에 비교적 늦게 시작하기 때문이다.

며 깨달음의 성취를 바라는 우리는 반드시 존자의 전기에서 힘을 얻어야 한다. 우리는 반드시 존자께서 펼치신 가행정진의 본보기를 따라야 한다.

특히 우리를 위해 존자께서 《황금 정련의 요체》에 남기신 조언을 유념해야 한다.♦ 《황금 정련의 요체》는 깨달음의 길에 대한 붓다의 가르침의 중요한 부분을 매우 잘 요약한 책이다. 우리는 이 내용을 특별히 우리에게 남긴 조언으로 받아들이고 이 책이 제시하는 수행을 실천해야만 한다. 이 고귀한 스승님의 은혜에 보답하는 최상의 길은 그의 가르침을 따라 수행하여 깨달음을 성취하는 것이다. 존자께서는 세상을 행복하게 만드는 최상의 방법인 깨달음의 불씨가 되는 데 당신 삶의 모든 순간을 바치셨다. 그러니 우리도 우리의 삶을 깨달음의 길에 헌신하는 것이 존자에 대한 최상의 공양일 것이다. 우리는 반드시 모든 노력을 다해 우리와 모든 중생의 이익을 위해 헌신해야만 한다.

—

♦ 나는 특히 3대 달라이 라마의 전기를 쓰신 체촉링께서 《황금 정련의 요체》를 강조하는 것을 보고 기뻤다. 이 《황금 정련의 요체》를 강조하는 부분적인 이유는 이 책이 중요한 람림 문헌이며, 3대 존자의 전기는 그의 《람림 전통의 역사(람림 율사들의 전기)》의 부분이기 때문이다. 체촉링께서 이 저서를 두 번이나 특별히 찬탄하고 있다는 것은 분명하다.

428

가루다: 내면의 악업을 파괴하는 에너지를 상징하는 신비로운 새.

간덴 사원: 쫑카빠대사께서 세우신 사원으로 겔룩빠 전통의 중추적 역할을 했다. 중국 공산당이 티베트를 침략했을 때 완전히 파괴되었다. 작은 규모의 간덴 사원이 티베트 난민들에 의해 남인도 문드고드에 설립되어 전통을 이어 가고 있다.

겔룩빠: '온전한 길'이라는 뜻. 닝마빠, 사꺄빠, 까규빠 등의 이전 전통과의 원융을 통해 쫑카빠대사를 중심으로 이룩된 티베트 불교의 절충주의 종파.

관세음보살(아발로끼떼스바라): 티베트어로는 짼레직(spyan ras

gzigs). 자비의 보살로, 달라이 라마는 이 보살의 화현으로 여겨진다. 딴뜨라 시스템에서 관세음보살은 깨달음을 성취하는 수행 방편의 상징이다.

구루: 라마 항목 참조.

구햐사마자: '비밀 집회'를 뜻하는 말로, 역경사 마르빠가 티베트에 소개한 주요 딴뜨라 시스템이다. 마르빠 전통의 구햐사마자는 현재 겔룩빠에서 주요 딴뜨라로 수행되고 있다. 반면 까규빠 전통에서는 구햐사마자 딴뜨라 대부분이 헤루까 딴뜨라로 대체되었다.

귀의歸依: 삼보三寶 항목 참조.

금강승金剛乘: 밀교승密教乘과 동의어이다.

까규빠: 11세기 중반, 인도에서 12년 동안 많은 스승에게서 배운 역경사 마르빠의 가르침을 중심으로 한 티베트 불교의 종파. 이 스승들 가운데 가장 중요한 분들은 나로빠와 마이뜨리빠이

다. 마르빠는 그의 전통을 밀라레빠에게 전수했으며, 밀라레빠
는 이 가르침들을 까담빠의 승려였던 감뽀빠에게 전수했다. 이
는 두 전통의 융화를 이루어, 감뽀빠의《해탈장엄론》이 나왔다.
감뽀빠 사후, 까규빠는 네 분파로 갈라졌으며 쫑카빠대사는 디
꿍 까규빠에서 오 년간 수학하고 그들로부터 구햐사마자 딴뜨
라, 나로빠의 여섯 수행법(나로육법), 마하무드라의 다섯 논서 등
을 전수받았다.

까담빠: 1042년에 티베트에 온 아띠샤를 중심으로 건립된 티베
트 불교의 종파. 까담빠는 신파^{新派}인 사꺄빠, 까규빠 그리고 겔
룩빠의 공통적인 기반의 역할을 했으며 겔룩빠 교리의 출발점
이 되었다.

깨달음: 티베트어로는 장춥(byang chub). '장(byang)'은 번뇌장과
소지장의 완벽한 정화를, '춥(chub)'은 지혜가 진속이제^{眞俗二諦}로
확장된 것을 뜻한다.

네 가지 관정: 보병, 비밀, 반야지혜 그리고 언어의 관정을 말한다.

첫 번째는 딴뜨라 입문자를 다섯 붓다의 다섯 가지 지혜로 인도하는데, 몸의 업의 부정적인 것들을 씻어 내고 딴뜨라의 생기차제를 수행할 수 있는 권리를 부여한다. 더불어 붓다의 화신의 원인이 될 종자를 심어 준다. 두 번째 비밀 관정은 입문자에게 딴뜨라의 성적인 요소를 해석할 비밀을 소개하며, 말의 업의 부정적인 것들을 정화하고, 환신幻身 요가를 수행할 수 있는 권리를 부여한다. 세 번째 지혜 관정은 '반야모般若母'의 딴뜨라적 의미를 소개하며, 마음의 업을 정화한다. 그리고 청정한 빛의 마음 수행을 할 수 있는 권리를 부여해 법신의 종자를 심는다. 네 번째 언어 관정은 진속이제眞俗二諦의 합일을 소개하며, 몸과 말과 뜻의 업의 부정한 것들을 동시에 정화한다. 대합일의 요가를 수행할 수 있는 권리를 부여하며 붓다의 자성신自性身의 종자를 심는다. 세 가지 하위 딴뜨라는 오직 보병 관정만을 한다. 비밀, 반야지혜 그리고 언어 관정은 오직 무상 요가 딴뜨라에서만 행한다.

네 가지 종류의 딴뜨라: 소작所作(kriya) 딴뜨라는 관욕과 같은 외적인 의례를 많이 사용한다. 행行(carya) 딴뜨라는 외적인 의례와 내적인 요가를 모두 사용한다. 요가 딴뜨라는 내적인 방법을 강조한다. 무상 요가 딴뜨라는 전적으로 내적인 방법만을 사용한다.

니르바나(열반涅槃): 일반적으로 소승에서 아라한의 경지를 성취한 것 또는 윤회로부터 자신만 벗어난 것을 뜻한다. 그러나 이 용어는 완전한 불성의 성취, 즉 보리심의 성취를 포함하기도 한다. 전자의 경우 번뇌와 번뇌의 습기가 사라져 윤회로 이끄는 업력이 사라진 것이며, 후자의 경우 존재하지 않는 자성을 인식하고 집착하던 본래적인 인식의 습관이 단절되어 일체지를 성취하는 것이다.

닝마빠: 티베트 불교의 구파舊派로 11세기 전에 전해진 경전을 중심으로 하는 종파이다.

다끼니: mkha´ `gro ma 또는 '공행녀空行女'. 지혜를 구체화한 딴뜨라의 여신.

다르마(법法): 붓다의 교리로 경전 전통과 수행 전통을 통합해서 말한다. 또한 올바른 인식의 대상을 말할 때도 있다.

대승大乘: 나가르주나와 아상가 등의 스승에 의해 전파된, 붓다 입멸 후 일어난 경전과 소승의 경전에 귀의하는 승乘. 출가를 기본으로 하는 소승과 달리 대승의 기본은 대대비심이며 그 목적은 개인의 열반이 아니라 완전한 깨달음인 일체지의 성취이다.

데뿡 사원: 초대 달라이 라마들이 교육을 받던 사원으로, 티베트에서 가장 큰 사원이었다. 중국이 1950년대에 침공할 당시 일만 명 이상의 승려가 있었다고 한다.

독각獨覺: 자신이 터득한 방법으로 홀로 살면서 니르바나를 성취한 소승의 수행자이다. 독각은 성문聲聞의 아라한과 대비되는데, 성문의 아라한은 크게 승가에 살면서 붓다의 가르침을 듣고서 니르바나를 성취한 사람을 일컫는다.

동물(축생): 눈으로 볼 수 있는, 인간을 제외한 모든 종류의 생명체로 곤충, 물고기, 새와 포유류 들이다. 상징적인 면에서 동물은 인간의 근시안적 면모를 뜻한다.

딴뜨라: 공개되지 않고 비밀리에 전해진 붓다의 가르침. 딴뜨라는 '흐름', '실'을 뜻하는 말로써 모든 존재를 아우르는 본래적 지혜의 '흐름' 또는 '실'을 의미한다.

딴뜨라의 두 단계: 세 종류의 하위 딴뜨라에서 이 용어는 유상有相 요가와 무상無相 요가를 뜻한다. 무상 요가 딴뜨라에서는 생기차제生起次第와 원만차제圓滿次第(또는 구경차제究竟次第)를 뜻한다. 전자는 세상을 만달라로, 세상의 소리를 만뜨라로, 생각을 환희와 공성의 본래적인 지혜로 일으키는 생기生起 수행에 대한 것이다. 후자는 모든 생명 에너지(바람)를 심장으로 모아, 환신幻身을 일으키고 (자식과 어머니) 두 가지 청명한 빛의 마음을 깨달아서, 위대한 합일의 경지를 성취함으로써 생기차제의 과정을 완성하는 것이다.

라마: '위없음' 또는 '견줄 바 없음'을 뜻하는 말이다. 이는 산스크리트어 구루(guru)에 해당하는 티베트어이다. 딴뜨라 수행에서 라마의 몸은 삼보三寶 가운데 승보僧寶로, 그의 말은 법보法寶로, 마음은 불보佛寶로 간주한다.

람림: '깨달음의 길의 단계'라는 뜻이다. 1042년 아띠샤께서 티베트에 도입한 불교 형태의 통칭이다. 이는 겔룩빠의 특징적 전통이지만 까규빠, 사꺄빠 그리고 겔룩빠 모두에 융화되어 있다.

마하무드라(대인大印): '위대한 표장標章'을 뜻하는 말로, 원만차제 딴뜨라의 공성에 대한 접근 방식의 통칭이다. 그러나 까규빠의 맥락에서 사용될 때는 보다 일반적인 뜻으로 사용된다.

만달라: 중생의 본질적인 조화와 완전함의 상징.

만뜨라: 신비로운 소리의 조합으로, 올바른 명상법과 함께 외우면 경이로운 결과를 일으킨다. 각각의 딴뜨라 체계는 많은 만뜨라를 사용한다.

문聞: 티베트어 토스 빠(thos pa). 문헌의 구전 전통을 말한다. 그러나 실제로는 문헌 혹은 주제의 학습을 뜻하지, 경청하는 것을 뜻하지는 않는다. 불교에서 문헌은 낭독을 듣고 설명을 들은 스승이 제자에게 그 내용을 낭독과 설명으로 전수하므로 티베트어 토스 빠, '듣다'가 사용되었다.

바즈라: 티베트어 도제(rdo rje). 금강, 보다 정확하게는 다섯 개의 뾰족한 끝을 모은 오고금강저五鈷金剛杵를 뜻한다. 금강이 파괴할 수 없는 것처럼 깨달은 분의 몸, 말, 뜻 역시 불괴不壞이다. 오고五鈷는 색色·수受·상想·행行·식識의 오온五蘊이 대원경지大圓鏡智, 평등성지

平等性智, 묘관찰지妙觀察智, 성소작지成所作智, 법계체성지法界體性智의 다섯 종류의 지혜로 전환되는 것을 상징한다.

바즈라다라(지금강불持金剛佛): '금강저를 든 분'을 뜻하는 말이다. 최초의 붓다로 깨달음 최초의 상태를 뜻한다. 이 바즈라다라의 상태를 성취하는 것이 금강승의 목표이다.

반야바라밀승般若波羅蜜乘: '반야지의 완성 승乘'이라는 뜻으로, 대승현교를 말한다.

번뇌: 산스크리트어 kleśa. 세 가지 근본적인 번뇌는 어리석음, 화 그리고 탐욕(치癡, 진瞋, 탐貪)이다. 이 번뇌와 번뇌의 근원을 부순 것을 열반이라고 한다.

보리심: '깨달은 마음'을 뜻하며, 보리심에는 세속적인 보리심과 진제적인 보리심 두 가지가 있다. 전자는 세상의 행복을 위한 수단으로써 최상의 깨달음을 얻겠다는 원보리심願菩提心과 깨달음으로 향하는 수행에 임하는 행보리심行菩提心이다. 후자는 공성의 지혜 안에 있다.

보살: 대승의 성인. 보살에는 두 종류가 있다. 보통의 보살은 수행의 길에 들어섰지만 공성의 직접지는 성취하지 못한 경우이다. 아르야(성인)는 공성의 지혜를 직접 지각한다.

보신報身**:** 산스크리트어 saṃbhogakāya. 붓다의 네 가지 몸 가운데 하나로, 오직 공성의 지혜를 터득한 이들만 볼 수 있다고 한다.

불성: 완전한 깨달음의 상태로 모든 마음의 번뇌가 사라지고 자비, 지혜, 능력 그리고 다른 자질들을 완전히 성취한 상태이다.

붓다: 티베트어 상게(rsangs rgyas). '상(sangs)'은 열반과 일체지의 장애를 정화한 사람을, '게(rgyas)'는 마음을 넓혀 모든 복덕과 지혜를 두루 가진 것을 뜻한다.

사꺄빠: 11세기 중반 독미 로짜와 하에 건립되었고 후에 사꺄 빤디따의 전통이 활성화한 종파.

사대치력四對治力**:** 악업에 대치하는 네 가지 수행.

사마타泰摩他: 몸과 마음의 환희를 특징으로 하는 정신 집중의 상태로 아홉 단계가 있다.

사법인四法印: 모든 현상은 무상하다(제행무상諸行無常), 모든 현상은 괴로움을 그 본성으로 한다(일체개고一切皆苦), 모든 현상에 참나 또는 자성이 없다(제법무아諸法無我), 열반은 완전한 평화이다(열반적정涅槃寂靜).

사성제四聖諦: 깨닫지 못한 중생은 늘 괴로움에 휩싸여 있다는 진리, 괴로움의 원인은 충동적인 업의 습기에 의해 작동하는 번뇌라는 진리, 괴로움을 여읜 상태, 즉 열반이 있다는 진리, 괴로움의 소멸의 상태로 나아가는 방법이 있다는 진리이다.

삼매三昧: 마음 명상의 힘. 마음의 능력으로 대상에 집중하는 힘이다. 명상 속 집중 대상에 마음을 완전히 몰두하는 능력을 말한다.

삼보三寶: 불교도의 시각에서 정신적 기반이 되는 세 가지 대상. 티베트 불교 전통에서는 구루 또는 라마도 언급되지만 네 번째의 귀의 대상이 아니라 삼보三寶가 하나로 구현된 것으로 본다.

삼약삼보리三藐三菩提: '완전한, 청정한, 완벽한 깨달음(보리심)'을 뜻한다.

삼장三藏: 세 종류의 불교 문헌으로 경장經藏, 율장律藏, 논장論藏으로 구성되어 있다.

삼학 三學: 계정혜戒定慧. 소승의 기반으로 삼장三藏 가운데 경장經藏의 중심 주제이다.

생기차제: 무상 요가 딴뜨라의 두 단계 참조.

선지식善知識: 산스크리트어 kalyānamitra. 구루와 동의어.

성문聲聞 **아라한**阿羅漢: 붓다의 가르침을 들어 열반을 성취한 소승 수행자이다.

소승小乘: '상대적으로 열등한 탈것'을 뜻한다. 이 용어는 붓다께서 세상에 계실 때 드러난 경전들(아함경부)에만 의지하는 특정한 종류의 수행을 지칭한다. 개인의 열반을 목적으로 하며, 수행은 크게 계정혜戒定慧 삼학三學으로 이루어져 있다.

수뜨라: 붓다의 공개적인 가르침을 담은 경전. 대승경전과 소승경전 두 가지가 있다.

수행의 세 가지 목표: 삼선도, 윤회로부터의 열반 그리고 다른 중생들의 행복을 위해 일체지를 터득한 자유의 성취를 뜻한다.

승가僧伽: 통상적으로는 사원 공동체를 뜻하지만 넓은 의미에서 불교를 믿는 사람들의 공동체를 포함한다. 좁게는 공성 또는 진제의 직접 지각을 할 수 있는 수행자들을 말하며, 이들은 아라한 이상이다.

신파新派: 티베트어 살마(rgsar ma). 티베트 불교의 사꺄빠, 까규빠, 까담빠, 겔룩빠를 지칭한다. 이들 종파는 11세기 이후 티베트어로 번역된 경전들을 중심으로 한다.

아라한: '적을 무찌른 자'를 뜻하는 말로, 일반적으로 소승의 길을 완성한 사람 또는 집착, 화, 무지 등과 이 종자를 포함한 망분별忘分別이라는 '적을 무찌른 자'를 뜻한다. 아라한이라는 용어는 또한 보살과 붓다도 포함할 수 있는데 이들 역시 이러한 적들을 무찔렀기 때문이다.

아르야: '고귀한 자', 공성을 직접 깨달은 사람을 뜻한다.

업業: '행동'을 뜻한다. 업은 종종 몸, 말, 뜻(신구의身口意) 삼업三業을 통해 변하는 물리적·심리적인 변화 과정을 뜻한다. 업의 법칙에 따르면 어떠한 경험도 원인 없이 일어나지 않는다. 일어나는 모든 현상은 과거의 행동을 그 씨앗으로 한다. 그리고 모든 행동은 마음에 씨앗(원인)을 심는데, 장래에 그 원인의 특성에 따라 경험이 일어나게 된다. 요약하자면, 악한 행동은 장래의 괴로움의 씨앗을 낳고, 선한 행동은 장래에 행복의 씨앗을 낳는다. 업은 염오의 업과 청정한 업 두 종류가 있다. 후자는 공성의 깨달음에 기반한 행동으로 행위자에게 전혀 결과를 일으키지 않는다. 염오의 업은 악, 선 또는 무기無記(중간)로 각각 삼악도, 삼선도 그리고 색계에 태어나는 과보를 일으킨다.

요가: 티베트어 낼졸(rnal ´byor)로 '진정한 수행'을 뜻한다. 요가는 종종 힌두교에서 언급되는 육체적인 운동뿐만 아니라, 정신적인 수행도 포함한다. '낼(rnala)'은 진실, '졸(byor)'은 길을 뜻한다.

요기: 요가를 수행하는 수행자.

원만차제(또는 구경차제): 무상 요가 딴뜨라의 두 단계 참조.

위빠사나: 공성에 대한 명상.

육도^{六道}**:** 지옥, 악귀, 축생, 인간, 수라, 천신의 여섯 종류 중생.

육바라밀^{六波羅蜜}**:** 보시^{布施}·지계^{持戒}·인욕^{忍辱}·정진^{精進}·선정^{禪定}·반야바라밀^{般若波羅蜜}로, 세상을 행복하게 하는 수단으로써 깨달음을 성취하겠다는 보리심의 발원을 그 기반으로 한다.

이제^{二諦}**:** 속제^{俗諦}와 진제^{眞諦}. 후자는 공성이다. 이외의 다른 모든 종류의 진리는 전자에 속한다.

자유: 티베트어 thar pa. 업의 습기와 번뇌 그리고 자아의 집착에서 벗어난 것을 뜻한다.

장애障碍**:** 산스크리트어 avaraṇa. 장애에는 윤회로부터의 자유를 막는 장애와 일체지를 막는 장애 두 가지가 있다. 대승 수행자는 이 두 가지를 모두 파한다. 반면 소승 수행자는 오직 번뇌장만을 파한다.

적모파赤帽派**:** 노란 모자를 쓰는 겔룩빠를 제외한 모든 티베트 불교의 종파. 노란 모자는 초기 인도에서부터 사용한 것이지만, 다끼니의 조언을 따라 붉은색으로 바뀌었다고 한다. 노란색은 대지와 숭고함의 증가를 뜻하고, 붉은색은 적의 타파를 뜻한다. 인도에서 모자의 색이 바뀐 것은 불교도가 지속적으로 힌두교와의 논쟁에서 패배해 불교의 교세가 약화되었기 때문이라고 한다. 쫑카빠대사는 붉은 모자가 시대에 뒤떨어진다고 생각했다. 티베트에서 논쟁은 다른 종교의 교리를 타파하기 위한 것이 아니라 수행과 계발을 위한 것이기 때문이다. 따라서 그는 모자의 색을 다시 불교의 확장을 뜻하는 노란색으로 바꾸었다.

중음中陰(바르도): 죽음과 다음 생 사이의 상태. 죽음의 중음, 실재의 중음, 환생의 중음 세 단계가 있다.

진언승眞言乘: 금강승金剛乘과 동의어이다.

현교승顯敎乘: 경전의 승乘. 즉 불교 수행의 길 가운데 대중들에게 공개된 측면으로 소승, 대승 그리고 바라밀승을 포함한다.

화신化身: 산스크리트어 nirmāṇakāya. 붓다의 네 가지 몸 가운데 가장 거친 형태의 색온으로 이루어진 몸이다. 일반 중생이 인식할 수 있는 유일한 형태의 붓다다.

황모파黃帽派: 겔룩빠의 대중적인 명칭. 후기 인도 불교에 유행한 붉은색 모자와 반대로 초기 인도 불교 빤디따들의 노란색 모자로 돌아간 티베트 불교의 종파이다. 적모파赤冒派 참조.

가끔 나는 고생을 사서 하는 습성이 있다는 생각을 한다. 이 〈달
라이 라마의 통찰 시리즈〉를 비롯해 티베트 원문이 들어간 역서
들을 번역할 때는 특히 그런 생각이 많이 든다. 능력이 안 되는
지, 어느 때는 종일 열 문장도 번역하지 못하는 경우도 있기 때
문이다. 이번 3대 달라이 라마의 《황금 정련의 요체》는 특히 3
대 존자의 문체에 적응하기가 어려워 초반에 약간 헤매고 있었
다. 티베트어를 영어로 번역한 원역자 글렌 멀린의 번역은 여러
부분이 의역되었고, 문맥을 원활하게 하고자 티베트 원문의 문
장 순서를 바꾸어 번역한 경우 등이 많아 원문과 비교하며 읽으
면서 조금 애를 먹었다.

　마음은 급하고, 그렇다고 티베트어 원문이 있는데 원역자의
티베트어-영어 번역을 다시 한글로 재번역할 수는 없는 노릇이
어서 고민하던 중, 한국에 있는 박영빈 님이 게시 하람빠 소남

걀첸 스님께서 번역하신《황금 정련의 요체》를 소개해 주셨다. 소남 스님의 번역이 훌륭해서 몇 군데 의미가 원활하게 통하도록 한 것 빼고는 손볼 것이 별로 없었다. 그래서 담앤북스에 연락해 이번에는 소남 스님을 공동 번역자로 올렸으면 한다고 부탁드렸고, 담앤북스에서 흔쾌히 동의해 주셔서 소남 스님과 함께 이 책을 번역할 수 있었다.

번역을 하면서 이번에도 역시 두 달라이 라마의 설법에 큰 감명을 받았다. 중사도와 상사도에 대한 가르침은 무척 대단했다. 복잡한 수행의 과정을 소승, 대승 그리고 금강승으로 이끌고 가면서 그 요점만을 설명하시는데, 3대 달라이 라마께서 지은 제목처럼 황금을 정련해서 그 안에서도 순금만을 뽑아내 가르치신다는 느낌이 들었다. 이 책은 앞서 담앤북스에서 나온〈달라이 라마의 통찰 시리즈〉를 총정리해 준다는 생각이 들었는데, 특히 상사도 가운데 대승의 육바라밀의 수행은《달라이 라마, 화를 말하다》(담앤북스, 2020)와《달라이 라마의 입보리행론 강의》(불광출판사, 2019) 등을, 금강승의 죽음의 단계는《달라이 라마, 죽음을 말하다》(담앤북스, 2019)를 참고하면 좋을 것이다.

몇 년 전 내 아버지가 돌아가실 때의 일이다. 그때 나는 버지니아 커먼웰스 대학교에서 선불교를 강의하고 있었는데, 학기 말에 아버지가 위독하시다는 연락을 받고 학생들의 양해를 얻어 수업을 한 주 일찍 끝내고 한국으로 왔다. 집에 누워 계시는 아버지를 보고 펑펑 우는데 어머니가 점심으로 내 소울 푸드 김치찌개를 만들어 주셨다. 건넛방에서 아버지는 신음 소리를 내며 누워 계신데, 숟가락을 든다는 것이 참 죄송했다. 평생 숟가락이 그렇게 무거웠던 적은 몇 번 없었던 것 같다. 그렇게 무겁게 숟가락을 들어 김치찌개를 떠서 입에 넣었는데, 김치찌개가 너무 맛이 있었다. 머리로는 아버지가 걱정되고 슬픈데, 그 순간 이 모든 것을 죄다 잊어버리고 즐거움을 느끼며 음식을 목으로 넘기는 나를 돌아보면서 이게 인생인가 싶어 참 서글펐다.

몇 년 전에는 양치를 하다 혀에 작은 반점을 발견했다. 아버지가 담배를 못 끊으셔서 구강암으로 처절히 앓다가 돌아가셨는데, 혀에 흰 반점이 나타나니 겁이 덜컥 나서 의사와 약속을 잡았다. 그러고 나서 삼 주 동안은 아마 성인처럼 산 것 같다. 죽음이 눈앞에 있다고 생각하니 모든 일에 너그러워지고, 학생들이 예의 없게 굴어도 웃으며 넘어가고, 아이들의 작은 실수도 안아 줄 수 있는 품이 생겼었다. 삼 주 후 의사가 별일 아니라고 말하는 순간, 삶의 의욕이 넘치면서 다시 혈기왕성한 나로 돌아왔다. 삶과 죽음은 이음동의어異音同意語이다. 그런데 나는 그 사실을 아주 자주 잊어버리는 것 같다. 존자께서는 다가올 죽음을 알지만 모르는 채로 살고 있는 우리들에게 급박함을 느끼라고 말씀하신다.

인간의 삶은 굉장히 귀하고 드문 것이지만, 영원하지 않다. 우리가 여기 앉아 있는 이 순간에도 우리는 끊임없는 변화를 겪고 있다. 만일 우리 주변의 사람들과 자신에게 지난해 얼마나 많은 친구와 지인이 돌아가셨는지를 묻는다면, 우리의 삶에 반드시 끝이 있다는 것, 즉 무상無常이 만고불변의 진리라는 것이 확연히 드러날 것이다. 어떤 이가 죽으면 그를 아는 친구들과 친지들은 굉장히 슬퍼하겠지만, 그 무거운 감정은 머지않아 사라질 것이다. 그의 시신은 화장되거나 매장되고, 그의 모든 소유물도 정리될 것이다. 그리고 머지않아 고인의 이름은 잊힐 것이다. 우리 모두 머리로는 언젠가 죽을 것이라는 사실을 알고 있지만, 마음은 늘 이 불변의 사실을 가리고 외면하려고 한다. 죽음이라는 사실을 아주 머나먼 미래의 일인 것처럼 착각한다. 그러나 죽음은 순간순간 우리를 향해 조금씩 다가온다. 그리고 누구도 오늘 저녁까지 살아 있을 것이라고 장담할 수 없다.

14대 달라이 라마께서는 삶의 귀함을 이렇게 말씀하신다.

'언제 죽을지는 불확실하다.' 우리는 내일이 먼저 올지, 내생이 먼저 올지 알 수 없다. 우리들 가운데 그 누구도 우리가 오늘 밤까지 살아 있을 것이라고 보장할 수 없다. 바이러스같이 가장 하찮은 것조차도 우리가 이 세상을 떠나게 만들 수 있다.

인과법을 기본으로 하는 불교에서, 보통 중생의 지성으로는 파악할 수 없는 복잡한 인과를 통해 일어나는 현상을 기적이라고 할 수 있겠다. 존자께서는 지금 살아서 이 책을 한 장 넘기고 있는 것 그 자체가 기적이라고 말씀하신다. 두 존자께서는 이 삶의 불안정함을 말씀하시면서, 이 인간의 삶을 이번 생에 가졌다는 것을 크게 감사해야 한다고 말씀하신다.

이렇게 귀한 인간의 삶을, 그것도 유가구족의 몸을 가지고 태어난 우리가 언제 다시 살 수 있을지 모를 인간의 삶을 함부로 쓰지 않는 것이 매우 중요하다. 이에 대해 3대 달라이 라마께서는 이렇게 말씀하신다.

내가 단 한 번 얻은 이 좋은 사람의 몸을 보물섬에 가서 빈손으로 돌아오는 것처럼 헛되이 보내지 않도록 이 악물고 노력하지 않는다면, 내 심상은 이미 썩은 것이나 다름없다.

여섯 가지 중생의 부류 가운데 깨달을 가능성을 가장 많이 가지고 있는 인간으로 태어나 물질적인 행복과 쾌락을 탐닉하거나 목숨을 연명하는 데 모든 인생을 쏟는 것을 보물섬에 들어갔다 빈손으로 나오는 것과 같다고 하시는 것이다. 이 대목을 읽으면서 등골이 서늘해지는 것을 느꼈다. 여기서 주의할 것은, 14대 존자께서 말씀하시듯 물질적인 즐거움을 경시하라고 말씀하시는 것은 아니라는 점이다. 14대 존자께서는 티베트의 속담을 인용하시며 이렇게 말씀하신다.

티베트 속담이 있다. "만일 그대가 가지고 있는 것이 벼룩만 하다면, 괴로움도 벼룩만 할 것이다. 염소만 하다면, 괴로움도 염소만 할 것이다." 소유하는 것은 가진 만큼의 괴로움을 가지는 것이다. 소유하지 못하는 것은 가지지 못한 만큼의 괴로움을 가지는 것이다.

윤회계에 있는 한, 소유만큼이나 무소유도 괴로운 것이다. 즉 안빈낙도安貧樂道는 불가능하며 설사 그렇게 느끼더라도 피상적인 눈가림에 불과하다. 따라서 진정한 무소유를 운운하면서 가지고 있는 것들을 포기하는 것은 그나마 승가에서 생활할 때나 가능한 것이지, 가족을 꾸려야 하는 재가자들에게는 맞지 않는 가르침이다. 한국에서는 예전부터 재가 신도들에게 무소유를 강조했지만, 결과가 그다지 좋았던 것 같지는 않다. 재가 신자의 생활과 환경은 무소유와는 거리가 멀기 때문에 무소유를 실천하는 사람의 마음은 잠시라도 편할지 모르겠지만, 주변 사람들은 그 소위 '무소유의 삶'을 받쳐 주기 위해 많은 것을 희생하고 가져야만 했다.

은사 법안 스님께서 수십 년간 말씀하시듯 가지지 않는 것이 덕목이 아니라, 적당히 올바른 방법을 통해 많이 가지고 복덕을 증장시킬 수 있도록 지혜롭게 잘 베푸는 것이 중요하다. 무소유, 무분별은 속제의 차원에서 실천하는 것이 아니라 진제의 차원에서 깨닫는 것이다. 이러한 맥락에서 나는 특히 존자께서 가지지 못하면 못하는 대로의 괴로움이 있다고 말씀하시는 부분에 크게 공감했다. 존자께서는 한 걸음 더 나아가 윤회하는 중생은 본질상 소유와 무소유에 관계없이 괴로움에 시달릴 수밖에 없다고 말씀하신다.

윤회하는 우리를 가장 절망스럽게 만드는 것은 영원한 생명의 고리 속에서 죽음의 공포를 무한 반복하고 있다는 것이다. 불교의 입장에서 보면 우리는 윤회하는 영원한 생명을 가지고 있다. 그리고 윤회의 생은 괴로움이다. 따라서 영생하는 존재는 영원한 괴로움의 바퀴를 굴리는 것이다. 이러한 괴로움이라는 생의 본질을 이해할 때, 두 존자의 말씀을 따르면 세 가지 길이 있는데, 윤회계 안의 최상의 안락을 누릴 수 있는 천상에 태어나는 길, 윤회계를 벗어나 열반에 드는 길 그리고 중생들의 괴로움을 보고 자비심을 일으켜 보리심을 성취하여 중생들을 구제하는 길이다. 물질적인 행복이 마음의 행복으로 그리고 윤회와 삶의 한계를 제대로 보고, 출리심을 내어 열반과 일체지를 향한 보리심의 발원을 하라고 말씀하시는 것이다.

존자께서 말씀하시듯 죽음의 때에는 그 어느 것도 다음 생으로 가지고 갈 수 없다. 은사 스님께서 90세가 넘은 법우님께 다음 생에도 이번 생의 행복을 누리고 싶다면 어떻게 해야 하냐는 질문을 받으신 적이 있다고 한다. 죽을 때 내생의 행복을 위해 가져갈 수 있는 것이 단 하나 있는데, 그것은 복덕이라고 은사 스님께서는 말씀하셨다. 이러한 맥락에서 존자께서도 죽을 때 가져갈 수 있는 것은 수행을 통해 터득한 지혜와 업이라고 말씀하신다. 즉 내생의 행복과 윤회로부터의 자유를 위해서는 수행을 통해 지혜를 터득하고, 인간의 몸으로 태어나 열반과 일체지를 향해 나아갈 수 있는 좋은 환경을 선업을 통해 이루어야 한다고 할 수 있다.

그렇다면 어떻게 복덕을 지을까? 두 존자께서는 십선업을 지으라고 하신다. 더불어 14대 존자께서는 저녁 때 하루를 돌아보며 십선업 가운데 몇 개를 어기고 몇 개를 지켰는지 돌아보는 수행도 좋다고 말씀하신다. 더불어 대승의 마음, 즉 다른 중생들의 행복을 위해 성취하는 깨달음인 보리심을 일으키고 실천하는 대승 수행자는 육바라밀을 닦을 것을 권하신다. 예를 들어 14대 존자께서는 보시 바라밀에 대해 이렇게 말씀하신다.

보시 바라밀은 내가 가진 여의주이며 다른 이들에게는 희망이다. 다른 이들에게 마음을 열고 관대해지는 것이 그들이 필요로 하는 것을 충족시켜 주고, 보시하는 그 행위로 말미암아 모은 선업이 미래의 나의 안락에 이바지하기 때문이다.

람림은 하사도를 수행하고, 중사도를 닦고, 상사도에 이르러 일체지를 성취하는 불교 수행의 요체를 체계적으로 제시한다. 14대 존자께서는 이를 수행하는 수행자에게 이러한 간곡한 부탁을 하신다.

나는 석가모니 붓다의 가르침을 따르는 승려 한 명에 불과하다. 한

사람의 승려로서 여러분이 수행에 최선을 다할 것을 간절히 부탁드린다. 마음의 본성을 살펴보고 계발하라. 이번 생과 다음 생의 안락을 생각해 보고, 이 생과 다음 생들에 행복을 일으킬 방법들에 확신을 가져라. 우리의 삶은 언젠가 끝날 것이며, 붓다의 신성한 가르침 역시 그러할 것이다. 그러니 지금 이 순간 우리의 수행을 면밀히 닦아야 한다.

이제 불혹不惑을 넘어 지천명知天命에 이르렀지만, 나의 마음은 아직 삼십 대 후반을 오가며 유혹을 떨치지 못하고 산다. 이번 학기 강의는 아주 평화로울 예정이었다. 좋아하는 것을 가르치며 한 학기를 보내고 다음 학기에 안식년을 맞아 책을 준비할 예정이었는데, 교수 한 분이 유방암 치료의 부작용으로 갑자기 한 학기를 쉬게 되어, 그분의 수업 하나를 떠맡게 되었다. 그분은 예전에 이 학교 캠퍼스 인터뷰를 왔을 때 마지막으로 나를 공항까지 태워다 주신 분이었다. 그때 나에게 교육 철학을 물었고, 나는 학생 운동을 하면서 느꼈던 한계를 극복하기 위해 교육에 인생을 바치기로 했다는 이야기를 했다. 차에서 내려 공항 옆 호텔로 가는데 그분이 나에게 무척 망설이다가 "또 봐요!"라고 하셨었다. 아마 그때 그분은 두 명의 후보자 가운데 나를 선택하기로 결심하셨던 것 같다. 최근에 그분과 줌으로 대화를 이어 가는데 나는 마음속으로 '이렇게 고생하시는 것보다 퇴직하는 게 낫지 않으실까?' 하는 생각을 했었다. 조금 후에 그분이 내 마음을 읽으셨는지 내게 "난 아직 퇴직할 수 없어. 아직 예순다섯도 안 됐어. 지금 퇴직하면 사회보장보험도, 연금도 이득이 없고 은행 융자는 또 어떻게 갚겠어?"라고 하셨다. 그제야 비로소 항암 치료로 눈에서 각막이 떨어지고 몸이 힘든 상황에도 왜 한 시간 넘게 운전하고 오셔서 한 과목이라도 가르치려고 하셨는지 이해할 수 있었다. 유방암 3기에 예상 수명을 넘겼는데도, 기를 쓰고 학교에 나올 수밖에 없는 이유가 결국은 병이 나은 후의 삶에 대한 막막함이었다는 것이 무척 서글펐다. 학교에서는 인품 좋은 교수님으로, 교원 노조의 지도자로 존경을 받지만, 당신의 아픔은 그 누구도 나눠 가지지 못하고 그 빈자리를 느끼는 것도 우리 과밖에 없었다.

번역을 마치고 역자 후기를 끝내기 바로 전, 한국에 있는 지인 한 분이 40세의 나이로 갑자기 돌아가셨다. 위험하지 않은 수술을 한 다음 날 폐 혈전증이 와서 입원한다고 한 지 나흘 만이었다. 그 소식을 전해 준 분에게서 당분간은 소식이 오지 않기를 바랐다. 귀찮아서가 아니라 혹시라도 안 좋은 소식이 들릴 것

456

같아서였다. 걱정에 잠도 설치다 보니, 자다가도 일어나서 핸드폰을 확인하며 메시지가 오지 않은 것을 보고 안도의 숨을 내쉬곤 했다. 소식을 받고 이틀간은 무척 마음이 뒤숭숭했다. 그러면서 다시《달라이 라마, 죽음을 말하다》와 본서의 세 가지 근원과 아홉 가지 명상 주제에 대해 생각해 보게 되었다.(6장 참조) 세 가지 근원은 다음과 같다: (a)죽음은 확실하다. 그러나 (b)언제 죽을지는 불확실하다. (c)죽음의 순간에서 진정으로 가치 있는 것은 다르마뿐이다. 이 세 가지에 대한 아홉 가지 명상은 하나의 근원이 하나의 그룹으로 각각 세 개의 명상 주제를 포함한다.

첫 번째 근원인 '(a)죽음은 확실하다.'의 세 가지 명상 주제는 다음과 같다. (1)지금까지 죽음을 벗어난 자(중생)는 아무도 없다. (2)몸은 여러 요소가 합쳐져 이루어진 것이며 죽을 때는 흩어질 것이다. (3)죽음의 원인은 너무나 많고, 생을 연장시킬 수 있는 것은 극히 적다. 두 번째 근원인 '(b)언제 죽을지는 불확실하다.'와 관련된 세 가지 명상 주제는 (4)얼마나 오래 살 수 있을지는 불확실하다. (5)살아 있을 확률보다 죽을 확률이 훨씬 더 크다. (6)생명은 너무나 유약하다. 세 번째 근원인 '(c)죽음의 순간에서 진정으로 가치 있는 것은 다르마뿐이다.'에 대한 세 가지 명상 주제는 (7)재산은 죽음의 순간에 아무런 도움을 주지 못한다. (8)친구와 친척도 도움이 되지 못한다. (9)우리의 몸도 아무런 도움이 되지 못한다.

그 지인의 죽음을 아홉 가지의 주제에 따라서 생각해 보면, (1)그녀 역시 죽음을 벗어날 수 없었다. (2)그녀의 몸은 지수화풍공식地水火風空識의 육대 요소로 이루어진 것이며 다시 흩어질 것이다. (3)그녀의 죽음의 원인은 너무나 많았고, 그녀의 삶을 연장시킬 원인이 될 수 있는 것은 극히 드물었다. 따라서 (a)죽음은 확실하다. (4)그녀가 얼마나 오래 살 수 있을지 알 수 없었다. (5)그녀처럼 우리도 살아 있을 확률보다 죽을 확률이 훨씬 더 크다. (6)생명은 너무나 유약하다. 따라서 (b)그녀가 언제 죽을지는 불확실했다. (7)있는 재산은 죽음의 순간에 어떠한 도움도 되지 못했다. (8)나를 비롯한 모든 이들이 죽음의 순간에는 그녀의 회생에 도움이 되지 못했다. (9)그녀의 몸도 그녀를 돕지 못했다. 따라서 (c)오직 인간의 몸으로 태어난 지금 닦는 불법만이 죽음의 순간에 진정으로 가치가 있는 것이다 라는 결론에 도달하게 된다.

과거의 영광도, 현재의 행복도 모두 죽음 앞에서는 의미가 없다. 오직 내가 지금까지 해 온 행과 업만이 남을 뿐. 모든 생명이 생과 사의 줄타기를 하고 살면서 그 줄이 위험하지 않다고 착각하고 살 뿐이다. 현실을 제대로 보고 대비심을 바탕으로 보리심을 발원하고 십선업과 육바라밀을 실천하여 복덕을 짓고 지혜의 기틀을 만드는 것이 이번 삶을 가장 잘 써먹는 길이며, 앞으로의 윤회 속 짧은 행복과 열반의 영원한 행복의 성취를 보장하는 길이라고 두 존자께서 한목소리로 말씀하시는 것이라고 생각한다.

부록에 담긴 3대 달라이 라마의 전기에는 섭정인 데빠 따쉬 랍뗸이 알탄 칸의 초청을 받고 불법을 홍포하시기 위해 몽골로 떠나는 존자의 말등자를 부여잡고 눈물을 흘리며 읊은 두 연과 3대 존자께서 완성하신 두 연이 나온다. 첫 두 행은 스승을 따르는 제자의 희망을, 그리고 뒤의 두 행은 자비로운 스승의 발원으로 이루어진 이 게송은 두 가지 발원의 다른 견지를 보여 주며 완벽한 조화를 이루고 있다고 생각한다.

불법을 지닌 성자이신 스승께서 오래도록 머무시고
불법을 지닌 이가 온 누리에 가득하기를 기원합니다!
불법의 공덕주에게 힘과 재물 더욱더 늘어나
불법이 오래 머무는 길상이 있기를 기원합니다!◆

스승을 따르는 제자의 마음으로 모쪼록 14대 존자께서 그리고 나의 스승들께서 건강하시고, 오래 이 땅에 머무시며 만 중생의 귀감이 되시고 이들을 안락으로 이끌어 주시기를 기원합니다!

***

세월이 지나면서 언제 다시 만날 수 있다는 보장이 없는 가족의 소중함을 더욱 절절히 느끼게 된다. 돌아가신 아버지, 한국에서 열심히 지장 기도를 하시는 어머니, 삶의 무게와 기쁨을 동시에 알려 주는 아사미, 대희, 수희, 제희에 감사드린다. 전생에 무슨 연이었는지 모르지만, 암흑 같던 삶에 빛을 가져다준 은덕이 무척 감사하다. 비록 피를 나눈 가족은 아니지만 가족처럼 나를 감싸 주는 은사 스님이신 법안 스님, 혜신 법사님, 윤원철 선생님,

---

◆ 게송의 번역은 소남 스님의 번역을 약간 수정했다.
　　뗀뻬뻴귤 라메삽뻬뗀　　བསྟན་པའི་དཔལ་འབྱོར་བླ་མའི་ཞབས་པད་བརྟན།།
　　뗀진께뷔 사뗑용라　　　བསྟན་འཛིན་སྐྱེས་བུ་ས་སྟེང་ཡོངས་ལ་ཁྱབ།
　　뗀뻬진닥 아탕졸빠게　　བསྟན་པའི་སྦྱིན་བདག་མངའ་ཐང་འབྱོར་པ་རྒྱས།།
　　뗀빠윤링 네뻬따쉬쇼　　བསྟན་པ་ཡུན་རིང་གནས་པའི་བཀྲ་ཤིས་ཤོག།

460

김성철 선생님, 은주 누나, 유상호 교수와 박영빈 법우님을 비롯한 많은 분에게도 무한한 감사를 드린다. 영국에서 수십 년간 한결같이 나를 믿고 응원해 주시는 모니카 누님께도 감사드린다. 그리고 갑작스레 여행을 떠난 고故 최희내 법우님이 부디 좋은 곳에 태어나 정진하여 보리심을 발원해 성취하고 만 중생에게 지혜와 복덕을 나누어 줄 수 있기를 기원한다. 모두 건강하시고, 행복하시고, 지혜를 일으켜 이번 생뿐만 아니라 다음 생에도 복덕과 지혜의 자량을 쌓으시며 안락하시기를, 다음 생에도 좋은 인연으로 다시 만날 수 있기를 기원한다.

끝으로 담앤북스 편집부와 이 책의 번역에 흔쾌히 동참해 주시고 여러 조언을 아낌없이 주신 부산 광성사의 게시 하람빠 소남 걀첸 스님, 여러 질문에 답해 주신 원역자 라마 글렌 멀린 님과 원역자께 내 질문지를 전해 주신 마이트리야 상가의 청월 거사님께도 이 면을 빌어 감사를 드리고 싶다.

2021년 9월 초입에

신증信證 이종복

남겔 사원에 대하여

남겔 사원은 본래 3대 달라이 라마께서 티베트에 지으신 사원이다. 남겔 사원은 창건 때부터 달라이 라마 전통의 개인 사원 역할을 해 왔다. 중국 정부는 사원의 명성과 이 사원이 포탈라궁에 있는 점, 달라이 라마의 개인 사찰이라는 이유를 들어 남겔 사원을 패쇄했다.

현재 이 사원은 인도 다람살라에 재건립되어 많은 젊은 스님들이 14대 달라이 라마와 전 주지 스님이신 로상니마께서 만든 교과 과정에 따라 십삼 년을 수학하고 있다. 남겔 사원은 또한 뉴욕주 이타카 시에 지부를 만들었는데, 인도와 같은 교과 과정을 오 년으로 압축했다. 남겔 사원의 미국 말사는 티베트 스님과 서구 학자 그리고 저명한 불교 학자들이 강사로 있다. 이 사원은 자격을 갖춘 학생들이 상주하거나 통학하며 공부할 수 있다. 남겔 사원은 뉴욕주 이타카 외곽의 아름다운 곳에 위치해 있으며 불교와 불교 미술에 관심 있는 많은 방문객과 학생들을 위해서 명상 센터와 기숙사를 확장할 계획을 하고 있다.

인도에 있는 남겔 사원 운영에 관심이 있거나 어린 스님들의 교육 또는 젊은 스님들의 전통적인 삼 년 안거를 재정적으로 지원하거나 보시하고 싶은 분은 다람살라에 있는 남겔 사원에 직접 연락하면 된다. 만일 불교 교육 기관과 달라이 라마의 미국 개인 사찰인 남겔 사원 미국 말사의 운영과 발전을 돕고 싶다면, 뉴욕주 이타카에 있는 남겔 사원에 직접 연락하기 바란다.

● 홈페이지 https://www.namgyal.org/

• 인도 남겔 사원	• 남겔 사원 미국 말사
Namgyal Monastery	Namgyal Monastery
Thekchen Choeling	Institute of Buddhist Studies
McLeod Ganj	P.O. Box 127
Dharamsala	Ithaca, NY 14851
Distt. Kangra (H.P.)176219	(607) 273-0739
India	

REFINING GOLD: STAGES IN BUDDHIST CONTEMPLATIVE PRACTICE
by The Dalai Lama
edited and translated by Glenn H. Mullin.

ⓒ 1982, 1994 by H.H. the Dalai Lama, Tenzin Gyatso, and Glenn H. Mullin

Korean translation copyright ⓒ Dam&books, 2022
Published by arrangement with Shambhala Publications, Inc.,
Boulder through Sibylle Books Literary Agency, Seoul

달라이 라마, 람림을 말하다
Refining Gold: Stages in Buddhist Contemplative Practice

초판 1쇄 발행 2022년 10월 26일

가르침 달라이 라마
편역자 글렌 멀린
옮긴이 이종복, 게시 하람빠 소남 걀첸
펴낸이 오세룡
편집 정연주 유지민 전태영 손미숙 박성화
기획 최은영 곽은영 김희재
디자인 [★]규
　　　　고혜정 김효선 박소영
홍보 · 마케팅 이주하

펴낸곳 담앤북스
주소 서울특별시 종로구 새문안로3길 23 경희궁의 아침 4단지 805호
전화 02)765-1250(편집부) 02)765-1251(영업부) 전송 02)764-1251
전자우편 damnbooks@hanmail.net
출판등록 제300-2011-115호

ISBN 979-11-6201-378-6 (03220)

정가 20,800원